NOUVELLES NOUVELLES

Fictions du Québec contemporain

NOUVELLES NOUVELLES

Fictions du Québec contemporain

Michel A. Parmentier
Jacqueline R. d'Amboise

Harcourt Brace Jovanovich, Canada

Toronto   Orlando   San Diego   London   Sydney

Edited by GROUPE DE RECHERCHE EN ÉTUDES FRANCOPHONES (G.R.E.F.)
Cover and interior design by JACK STEINER GRAPHIC DESIGN

Canadian Cataloguing in Publication Data
Main entry under title:

Nouvelles nouvelles : fictions du Québec
contemporain

ISBN 0-7747-3076-5

1. French language – Readers – 1950-   . 2. Short
stories, Canadian (French) – Quebec (Province).*
3. Reading comprehension – Problems, exercises, etc.
4. French language – Text-books for second language
learners.* I. Parmentier, Michel Alfred, 1950-
II. D'Amboise, Jacqueline, 1948-

PC2117.N68 1986   448.6'421   C87-093040-0

Printed and bound in Canada

5 4 3 2 1 87 88 89 90 91

Table des matières

Préface

L e présent manuel a pour objectif d'initier les étudiants de français langue seconde à la lecture et au commentaire de textes de fiction et de leur donner un aperçu de la production québécoise contemporaine. Nouvelles, contes et récits se prêtent naturellement à cette visée puisque la concision qui les caractérise permet, dans le cadre d'un seul cours, de présenter une grande variété d'auteurs, de styles, de sous-genres et de procédés narratifs, cela tout en préservant l'intégrité des textes. L'idée d'un tel recueil nous a semblé d'autant plus opportune que la nouvelle connaît au Québec depuis ces dernières années un nouvel essor. Nous avons donc cru pouvoir faire œuvre utile en rassemblant un ensemble de textes qui témoignent de la vitalité actuelle du genre.

Le choix des lectures s'est opéré primordialement en fonction d'exigences pédagogiques. Le recueil s'adresse à des étudiants qui ont acquis des connaissances de base en français et qui abordent pour la première fois de manière systématique des textes littéraires (soit en première ou deuxième année d'université, soit dans certaines classes terminales du secondaire) : il fallait donc retenir des textes qui soient accessibles en fonction du degré de compétence que l'on peut présumer acquis à ce niveau, tant sur le plan linguistique que sur celui de la culture générale. Dans ce cadre nécessairement restreint, notre souci a été de réunir des textes aussi divers que possible : diversité des traditions dans lesquelles ils se situent respectivement (réalisme, science-fiction, fantastique, nouvelle intimiste ou psychologique), diversité, aussi et surtout, des procédés de narration employés, de sorte que les étudiants puissent apprendre à interroger et à évaluer chaque texte dans son fonctionnement spécifique.

La grande majorité des nouvelles recueillies ont été publiées après 1980 ou peu avant (la plus ancienne remonte à 1974). Nous avons en effet voulu réunir des textes qui reflètent la production contemporaine et présenter ainsi des auteurs qui, soit commencent à s'imposer à l'attention de la critique, soit, déjà établis, n'en continuent pas moins à se développer et à consolider leur présence sur la scène littéraire. Nous espérons ainsi pouvoir encourager les étudiants à poursuivre au-delà leurs lectures des œuvres actuelles. C'est dans cette intention que nous avons fait précéder chaque texte d'une brève introduction d'ordre essentiellement bibliographique : on y trouvera les titres des ouvrages publiés par l'auteur jusqu'à maintenant (1986) — dans le cas d'œuvres déjà volumineuses, ne sont mentionnés que les points de repère essentiels et les titres les plus récents, l'étudiant pouvant aisément trouver dans les ouvrages de référence actuellement disponibles (*Oxford Companion to Canadian Literature*, par exemple) un complément d'information.

Chacun des textes est suivi de deux groupes distincts de questions, le premier servant à vérifier la compréhension linéaire du récit, le second à analyser et à commenter les particularités essentielles du texte au niveau de son fonctionnement d'ensemble.

L'exercice de compréhension comporte un nombre important de questions qui portent sur le déroulement et les détails du texte. Il s'agit donc d'un exercice d'interprétation littérale, indispensable en particulier pour les étudiants qui se voient confrontés pour la première fois à des textes relativement longs et dont la richesse lexicale et syntaxique est susceptible de les dérouter initialement.

Les questions renvoient aux paragraphes (ou groupes de paragraphes) du texte, lesquels ont été numérotés pour faciliter cet exercice. Par ailleurs, des notes en bas de page expliquent tantôt des allusions culturelles, tantôt des expressions ou des tournures qui se prêtaient mal à être incorporées dans le vocabulaire qui se trouve à la fin du volume. Cette liste de vocabulaire reprend l'ensemble des mots et expressions qui se rencontrent dans les nouvelles (à l'exception de ceux qui appartiennent au vocabulaire de base, d'après la liste du *Français fondamental*).

Le second groupe de questions prend la forme de suggestions d'analyse. Ces questions s'attachent à indiquer des pistes de lecture en attirant l'attention sur les éléments essentiels et caractéristiques du texte et la fonction qui leur est propre dans l'économie du récit. D'une nouvelle à l'autre, les étudiants seront ainsi amenés à prendre conscience des composantes fondamentales qui entrent dans la « fabrique » des textes de fiction : intrigue et composition, modes de narration et points de vue, présentation et développement des personnages, thèmes et motifs, espace et temps, utilisation des descriptions et des dialogues, procédés ironiques et parodiques, dimensions symboliques, etc. Pour chaque texte saisi dans son unicité, les questions sont formulées de façon à inciter les étudiants à s'interroger sur les fonctions des éléments dominants du récit, les effets qu'ils produisent et les choix dont ils procèdent. L'objectif demeure toujours d'examiner le pourquoi et le comment du texte en tant que produit d'un travail d'élaboration visant à des effets particuliers et mettant en œuvre des procédés choisis parmi des possibilités diverses. En d'autres termes, il s'agit de permettre aux étudiants de dépasser la perception du texte comme simple relation d'événements pour l'envisager sous l'angle d'un objet proprement littéraire, construit et agencé à partir de procédés qu'il convient d'identifier, d'analyser et d'évaluer. Pour modeste qu'il soit, cet objectif nous semble convenir à ce qui se veut proprement une initiation à l'analyse des textes de fiction, conçue comme une étape de transition, préliminaire mais non moins essentielle pour aborder ultérieurement des méthodes critiques systématiques.

Précisons encore que les textes recueillis présentent des degrés divers de complexité linguistique. Pour les besoins d'une initiation graduelle, ils peuvent être abordés selon la progression suivante qui correspond à trois groupes de difficulté croissante :

PREMIER GROUPE

Berthiaume, « La montée »
Carrier, « L'avenir, Mossié, est dans votre main blanche...»
Ferguson, « L'homme aux yeux lumineux »
Légaré, « Les trains-bulle de janvier »
Maheux-Forcier, « L'œillet »
Soucy, « Agonie »

DEUXIÈME GROUPE

Beaulieu, « La boule de caoutchouc »
Bélil, « Ascenseur pour le sous-monde »
Carpentier, « Le coffret de la Corriveau »
Jasmin, « L'assassin du président »
Lacasse, « Retour »

TROISIÈME GROUPE

April, « Le miracle de Noël »
Ferron, « Le luthier »
Major, « La dernière cigarette ou la tentation du désert »
Tétreau, « La dénonciation »
Thériault, « Les cyclopes du jardin public »

Nous souhaitons remercier Mariette Migneron et Hubert Balcaen dont les commentaires ont contribué à l'élaboration de ce projet. Heather McWhinney et Darlene Zeleney, de la maison Harcourt Brace Jovanovich, Canada, ont tout particulièrement droit à notre reconnaissance : les encouragements qu'elles nous ont prodigués ainsi que la qualité de leur travail ont grandement facilité notre tâche.

AVIS AU LECTEUR

Dans les notes en bas de page ainsi que dans le Vocabulaire à la fin du volume, l'astérisque (*) indique que le mot ou l'expression constitue un québécisme.

Photographes Bourret Inc.

Le miracle de Noël

JEAN-PIERRE APRIL

*Considéré comme l'une des figures de proue de la science-fiction qué-
bécoise, Jean-Pierre April a publié de nombreuses nouvelles, en particulier dans les revues* Requiem, Solaris *(1977–1980) et* Imagine *(depuis
1980). Le texte qui suit est tiré de son premier recueil,* La Machine à
explorer la fiction, *qui a été publié en 1980 et a remporté le prix Boréal
cette même année. Il a publié depuis un second recueil,* Télétotalité
*(1984), dont le titre fait apparaître la thématique centrale des textes
d'April. Dans ce monde imaginaire, la télévision est mise au service
de divers pouvoirs à vocation totalitaire qui visent à manipuler le public
en contrôlant, programmant, transformant les images de la réalité qui
sont destinées à la consommation. Satire d'un univers où les médias
s'efforcent de satisfaire la nostalgie d'un passé que le progrès techno-
logique a fait perdre à l'humanité, « Le miracle de Noël » exploite ce
jeu entre la réalité et la fiction qui a parfois de surprenantes conséquences.*

On se souviendra longtemps de la nuit de Noël qui marqua l'année 1
2327. Le comité des festivités s'était bien préparé ; on avait fait
appel aux meilleurs simulateurs d'Holyworld, les médecins étaient
dignes de confiance, et selon les données constantes du diagnostic électronique, l'enfant se présentait bien.

Partout sur la terre, à mesure que la nuit sainte recouvrait les continents 2
urbains qui s'illuminaient tout aussitôt, on s'unissait à la fête qui rappelait
l'événement miraculeux. Les villes grises arboraient des bannières colorées,
des pluies de confettis papillottaient dans les cañons de bétons, des jeux de
lumières animaient les édifices de verre et, dans les parcs encombrés où
l'on déversait des chants traditionnels, une foule houleuse célébrait le mystère de la Nativité dans une confusion charmante. Fête de la naissance, fête
de la foi, fête des affaires, peu importait, on laissait son masque au bureau,
on oubliait pour une nuit de programmer son ordinateur domestique et on
sortait ses alcools, ses drogues et ses fantasmes. Malgré la frénésie qui se
répandait à la faveur de la nuit illuminée, chacun pressentait la gravité de
la célébration ; à l'approche du moment où le mythe revivrait, une émotion
trouble émoussait les esprits. Petit à petit les fêtards semblaient intérioriser
leur joie, puis ils montaient dans leurs appartements respectifs et s'as-
soyaient devant leur écran où des spécialistes commentaient les préparatifs
de Noël et interviewaient des personnalités ; des vedettes du sport venaient
fraterniser avec leurs adversaires, des stars racontaient leurs souvenirs
d'enfance, des militaires profitaient de la trêve pour parler de paix, des
dictateurs pleurnichaient et des astronautes émerveillés, interrogés en
direct dans leur capsule spatiale, ne manquaient pas de décrire la Terre qui
scintillait comme une énorme boule de Noël.

3   À l'approche de minuit, le public de la planète était rivé à l'écran. Suivant la nouvelle tradition, la Naissance Divine était présentée sur les ondes du Réseau Mondial. Pour la 2327e fois, le Miracle de la Mère Marie aurait lieu, et cette fois encore Holyworld n'avait pas lésiné sur les moyens : le bœuf et l'âne étaient parfaitement reconstitués, l'étoile des Mages était due à un projecteur au laser et, pour la première fois depuis les débuts de la Nativité télévisée, on avait réussi à simuler une neige qui ne fondait pas instanta-nément sur le sol du plateau.

4   Au début d'avril, un jury avait procédé au choix des figurants et ce fut une petite Polonaise, Nadya Brzeztyla, qui fut désignée pour jouer le rôle de la Mère Marie. Nadya correspondait parfaitement au modèle idéal de la femme pure ; son corps gracile hésitait entre la fillette et la femme, ses gestes apparemment spontanés manifestaient une curiosité amusée ou une générosité bienveillante, son regard doux et franc passait bien l'écran. Pour que son image restât intacte au cours de ses nombreuses apparitions pu-bliques, des esthéticiennes avaient subtilement rehaussé la finesse de ses traits par un maquillage invisible. Nadya séduisait les téléspectateurs.

5   Enfin, presque tous. Marie n'avait plus tout à fait la faveur de ces féministes qui avaient voulu opposer son image à celle de la femme fatale, ou de la poupée d'amour ; à mesure qu'elles exploitaient leur idole, d'autres protestataires la rejetaient : le mythe de Marie voilait la réalité, Marie était l'exception qui confirmait la règle. Mais ces insatisfaites ne comprenaient tout simplement pas que Nadya, par exemple, avait voulu sacrifier son enfance pour se préparer rigoureusement à l'événement. Elle avait été sélectionnée parmi douze candidates de race blanche, douze vierges, dont la fiche biologique était impeccable. Des prophètes mythologues lui avaient expliqué le sens de son destin, de saints psychologues avaient modifié son comportement, de savants médecins avaient transformé son corps, si bien que Nadya était devenue l'élue vers laquelle le reste du monde avait les yeux tournés.

6   Quant à Joseph, il avait été choisi selon la coutume, parmi douze finalistes fringants, tous des Italiens. Cependant, pour favoriser la ferveur d'une couche différente de la population, le jury avait dû déroger à l'archétype ; cette fois Joseph était blond et poupin, il souriait abondamment, il s'activait sans cesse autour de Marie, mais l'écart s'arrêtait là ; comme tous les autres Joseph, il devait rester dans l'ombre de Marie ; malgré son air papelard et ses efforts pour paraître passionné, il devenait taciturne.

7   Cette année-là, le rôle obscur de l'Esprit Saint avait été confié à un homme de couleur, un boute-en-train qui devait animer la fête. Depuis longtemps, on croyait que ce personnage n'avait pas un rôle vraiment actif dans la sainte Famille, mais il permettait d'amadouer les mécontents, ceux qui se croyaient mal représentés.

8   D'ailleurs, depuis quelques décennies, la télévision par satellites contri-buait largement au rapprochement des cultures et des traditions ; les sectes

se regroupaient en supersectes, des églises subventionnées par l'État gé-
raient de puissants médias électroniques et il n'était pas rare de voir un
moine bouddhiste à l'Assemblée des Archevêques, ou des prêtres noirs,
rouges ou métalliques, au sein d'une même église multiconfessionnelle.

Plusieurs fidèles se prosternaient devant plusieurs idoles, mais de toutes   9
ces croyances, qui allaient de l'adoration de son propre nombril jusqu'au
culte des OVNI[1], l'Église de Dieu était la plus répandue. Peut-être parce
qu'elle n'avait pas craint d'utiliser la télévision et d'y lancer la mode des
« saintes émissions ». Tous les réseaux avaient vite développé leurs mythes
romancés, ou remis à la mode du jour[2]. Ces nouvelles interprétations avaient
formé la base populaire d'une foi confuse, mais très dynamique. « La foi
foisonne », disait saint Allas sur les ondes du Réseau Mondial. Le totémisme
télévisé se formait et se déformait au gré des émissions, mais la télévision
remplaça aisément les écritures sacrées et ainsi l'Église de Dieu put se
propager rapidement.

Les nouveaux apôtres n'allaient pas s'arrêter après ce premier phéno-   10
mène de conversion électronique. Pour consolider leur Église, les autorités
ecclésiastiques devaient proposer un mythe qui correspondît aux véritables
aspirations des fidèles. Le Ministre du Renouveau Religieux ne procéda pas
à l'aveuglette ; il utilisa l'ordinateur du Vatican — réputé pour son infaillibilité
— et réalisa une étude détaillée du marché de la foi.

Au début du troisième millénaire, la population était obsédée par l'avenir,   11
les lendemains lui paraissaient toujours incertains, des cataclysmes de toutes
sortes menaçaient la planète, on avait peur, la télévision répandait des
superstitions alarmistes, on avait affreusement peur, surtout depuis que les
naissances naturelles étaient prohibées… même si c'était là une mesure
pour garantir l'avenir de la race.

La télédiffusion de la foi ne suffisait pas à résorber les angoisses des   12
années 2100. Les fidèles n'arrivaient pas à vivre comme les saints de la
télévision ; ils étaient hantés par la déchéance écologique, ils manquaient
de conviction et ils ne croyaient même pas en eux-mêmes.

Ce fut en pleine période de crise, pendant les Années Noires, que   13
l'Assemblée des Archevêques trouva l'idée heureuse qui devait redonner
espoir à l'Église de Dieu : la Naissance Divine. Un mythe vieux de 2 000
ans, qu'on croyait disparu avec le XXe siècle.

La petite Nadya n'avait pas connu cette période perturbée où les maladies   14
de civilisation avaient affecté l'homme dans ses instincts. Les citadins tournaient en rond[3] dans leurs appartements de verre et de béton ; comme des
bêtes en cage, ils ne cherchaient plus à se reproduire. D'autant plus que

---

1. **OVNI** : objet(s) volant(s) non identifié(s).
2. **remis à la mode du jour** : adaptés au goût de l'époque.
3. **tournaient en rond** : marchaient sans but, en formant des cercles répétés.

les parturitions devenaient risquées ; à cause de la pollution atomique, l'enfantement était considéré comme une maladie ; chaque nouveau-né résultait d'un miracle de l'obstétrique. Depuis un siècle, les nourrissons ne pouvaient plus téter le lait contaminé de leur mère.

15   Les naissances devenaient mortelles et les nouveau-nés qu'on rescapait demeuraient des enfants maladifs. La race déclinait. Les embryons déformés ou prématurés ne survivaient plus que dans des milieux spéciaux, des bassins biologiques, beaucoup plus sécuritaires, pour lesquels on avait finalement opté. « Nous devons assurer l'avenir de l'humanité », avait déclaré le promoteur du Simili-Sein, cette sorte de matrice cybernétique qui, désormais, éviterait de mettre en péril la vie et la silhouette délicate de nos chères femmes.

16   Grâce à Dieu, les Années Noires étaient tout à fait révolues. Une ère nouvelle s'annonçait. La gestation synthétique offrait de nombreux avantages : quotient intellectuel accru, formation physique garantie, possibilité de déterminer le sexe et une gamme d'accessoires facultatifs. Les femmes sont libérées ! affirmaient-elles. Et les spécialistes de l'engineering génétique allaient même jusqu'à prédire une renaissance de l'humanité ; grâce à la Science et au Simili-Sein, les prochaines générations seraient pures, équilibrées, supervisées... et elles n'éprouveraient plus de difficultés à se conformer aux ordonnances morales de l'ordinateur.

17   Des éducatrices diplômées apportaient une attention égale à tous les rejetons qu'on gardait soigneusement dans les Parcs de Puériculture Programmée. Plus de disparités, plus de disputes stériles entre les enfants ! Il n'y avait qu'un seul modèle parental, le modèle idéal, défini par les spécialistes de l'État et popularisé par les saintes émissions.

18   Évidemment, pour adopter un enfant, il fallait remplir certaines conditions : être sain d'esprit, s'engager à respecter le contrat familial et pouvoir subvenir aux besoins de l'enfant. Les collectivités pauvres ne pourraient plus affaiblir l'économie mondiale par leurs familles nombreuses. La procréation était devenue une entreprise publique, une affaire sérieuse, qui devait tenir compte de la démographie.

19   Comme il fallait s'y attendre, ces mesures ne pouvaient satisfaire tout le monde ; quelques femmes souffraient d'un sentiment d'inutilité, elles cherchaient le sens de leur sexe, et certains mâles, centrés sur leur propre personne, ne s'occupaient plus de leur progéniture. Les véritables croyants comprenaient bien leur désarroi et ils compatissaient volontiers avec ces pauvres gens dépassés par l'histoire ; l'humanité avait dû choisir pour le mieux, mais les individus songeaient toujours aux naissances naturelles...

20   Vous devez donc comprendre pourquoi l'idée de la Nativité Divine eut tant de succès. En reprenant sur les ondes le vieux mythe de la sainte Famille, en réalisant réellement un accouchement à l'écran, l'État pourrait atténuer les fantasmes qui inquiétaient la population. Enfin l'homme pourrait

constater de visu[4] que sa virilité cautionnait toujours l'avenir de la race. Enfin la femme prendrait conscience que le monde était né dans son ventre.

Peu importait que le Sauveur fût un enfant débile, qui parfois mourait   21 au bout de quelques mois. Pourvu que la Nuit de Noël fût un bon show. C'est pourquoi les Archevêques usaient de tous les moyens pour que la cérémonie de l'enfantement ne tournât pas à la tragédie. Leurs précautions commençaient dès le choix des partenaires sexuels; seuls des êtres biologiquement parfaits pouvaient devenir les parents du Nouveau-Né-Naturel. Les candidats devaient s'entraîner sérieusement à l'amour. Ils étaient conseillés par les plus grands sexologues, et au besoin, Marie était secrètement visitée par l'insémination artificielle. À cette époque, un seul couple faisait l'amour une seule fois par année; cela suffisait à contenter toute la population.

La fin de la famille avait sonné le glas du couple. Les individus libérés   22 des responsabilités familiales s'unissaient sporadiquement, au hasard des rencontres. Les rapports sexuels devinrent un sport, un hobby, un art que tout un chacun[5] perfectionnait à sa façon. Devant une telle recherche d'excitations, les spécialistes de la jouissance mirent des gadgets sexuels sur le marché. Plusieurs préféraient prendre leur plaisir auprès de partenaires bioniques. La vogue de la jouissance contrôlée se propagea si bien qu'on en vint bientôt à considérer la copulation naturelle comme un acte de barbarie. Finalement, on se tourna vers une nouvelle génération d'appareils sophistiqués qui promettaient des orgasmes toujours prolongés. La jouissance cérébro-spinale était de loin supérieure aux quelques coïts — toujours trop vite interrompus — auxquels étaient réduits les ancêtres dans la nuit des temps[6]. Le plaisir avait cessé de faire tressaillir les entrailles de la femme; le fameux pénis, symbole de l'ère phallique, n'était plus qu'un organe mort qui pendait comme un gri-gri entre les jambes de l'homme. En adoptant l'érection mentale, l'homme et la femme jouissaient également. L'étreinte des appareils à plaisir n'avait pas de faiblesse. Désormais, la famille, le couple, la copulation, tout ça c'était de l'histoire ancienne, mais toujours vivante, grâce aux simulateurs psychiques...

Giovanni Godro, le Joseph italien de 2327, se disait en grande forme.   23 Nadya rayonnait de santé. Joseph et Marie allaient de nouveau montrer au monde que les posthominiens[7] n'avaient pas abandonné totalement les pratiques ancestrales. Toute l'attention du public était centrée sur la grossesse naturelle de Marie.

---

4. **de visu** : (mots latins qui forment une locution d'usage juridique) après l'avoir vu, pour l'avoir vu.
5. **tout un chacun** : toute personne, n'importe qui.
6. **la nuit des temps** : époque reculée dont on ignore tout.
7. **les posthominiens** : la nouvelle race humaine qui, dans le récit, a succédé à la famille des hominiens (à laquelle appartient encore l'homo sapiens du XXᵉ siècle!).

24 Comme à toutes les Noëls, certains vidéo-potins[8] avaient profité de la tension pour laisser entendre que les préparatifs s'étaient mal déroulés et que Joseph avait failli à la tâche. Mais lors d'une interview télévisée, le Noir qui jouait le rôle de l'Esprit Saint avait fermement rassuré le public ; il était bien placé pour le faire, puisqu'il était le seul à pouvoir assister à la cérémonie secrète de la copulation. Devant l'insistance de l'animateur, il avait avoué qu'il n'avait même pas eu besoin de prêter assistance au couple choisi ; la petite Nadya n'avait ressenti aucune douleur, et si Giovanni s'était finalement évanoui, c'était uniquement à cause de son inexpérience évidente.

25 Les médecins qui suivirent la grossesse de Marie étaient entièrement satisfaits de la gestation. Ils déclaraient à tous les réseaux qu'ils n'avaient eu aucune difficulté à déterminer le sexe de l'enfant. Tout allait pour le mieux, et visiblement, la petite Polonaise se portait comme un charme[9] ; à mesure que son ventre grossissait, elle semblait s'imprégner de la grâce divine.

26 Il se trouvait encore une poignée de mécontents qui parlaient d'imposture. Certains prétendaient que l'accouchement était truqué ; pendant qu'on tamisait les lumières, les médecins dégonflaient le ventre de Marie et faisaient apparaître un bébé dissimulé sous la couche. D'autres accusaient l'Église d'avoir détourné un mythe sacré. Cependant, il faut savoir que ces réactionnaires étaient de très vieilles personnes et qu'elles avaient connu la belle époque, avant les Années Noires. Dans l'ensemble, les téléspectateurs restaient fidèles aux saintes émissions.

27 De son côté, Joseph parcourait les studios de télévision en prononçant des conférences sur le sens de l'amour. Mais il avait la mine basse[10] et paraissait peu convaincu. De toute évidence, ses propos pompeux étaient rédigés par des religieux ; Giovanni était manipulé comme un vulgaire *pupazzo*[11].

28 Fort heureusement, l'Esprit Saint savait comment animer la période des réjouissances. D'ailleurs, on le choisissait toujours pour ses dons d'amuseur public. Celui de cette année était musicien ; à l'occasion de la Nativité, il avait composé une symphonie sur synthétiseurs qu'il exécuta magistralement à l'écran. Les téléspectateurs se souviendront longtemps de sa performance ; entouré de claviers disposés comme des gradins, il s'était démené comme un diable pour faire tournoyer ses allégros célestes. Il semblait électrisé ; l'inspiration le tenait dressé sous les feux des projecteurs qui faisaient rutiler ses yeux malicieux et son grand sourire éclatant.

29 Ensuite, comme le moment solennel de la Naissance Divine approchait, ce fut au tour des notables de paraître à l'écran. Tous les grands personnages défilèrent pour offrir devant l'objectif leurs vœux les plus sincères. La plupart

---

8. **vidéo-potins** : qui ont remplacé les journaux à potins *(gossip rags)*.
9. **se portait comme un charme** : était en excellente santé.
10. **avait la mine basse** : avait l'air peu sûr de soi.
11. **pupazzo** : (mot italien) sorte de marionnette.

incitaient la population à se pencher un instant sur la curieuse méthode de procréation utilisée par les ancêtres. Lors de son message de la Nativité, l'Archi-Archevêque de l'Église de Dieu avait de nouveau invité ses fidèles à se recueillir humblement sur le cas de l'Enfant Mutant qui naquit il y a 2327 ans pour sauver l'humanité...

Pour terminer l'émission de vœux publics, le Président avait rappelé 30 une fois de plus le bien-fondé de sa politique démographique; comme on vivait à une époque où l'espérance de vie dépassait la centaine d'années, l'État se devait de limiter les naissances. Tous les esprits lucides étaient d'accord; laisser l'initiative du peuplement aux individus, c'était risquer de sombrer dans la superpopulation. Aussi la seule naissance naturelle que l'on permettait était-elle imprégnée d'une grande richesse symbolique : l'enfant qui devait naître devant les caméras était en quelque sorte le rejeton du public.

Tout était prêt pour le recevoir avec dignité. La grossesse s'était dé- 31 roulée selon toutes les programmations. Les médecins avaient suivi l'évolution de la gestation et, grâce à leurs nombreuses potions, la mère avait supporté son état sans paraître fatiguée. La cérémonie de la Naissance Divine s'annonçait bien...

Le ciel des Studios Holyworld paraissait d'un noir lumineux. Une neige 32 ouateuse y descendait doucement; ses tourbillons légers étaient emportés au creux d'une vallée obscure, ils disparaissaient un instant dans la pénombre des collines, puis ils scintillaient à l'approche d'un feu de bois aux couleurs chatoyantes. Quand on pouvait distinguer des formes à travers cette bulle de lumière mouillée, on y apercevait un bosquet de palmiers, puis un troupeau de moutons presque authentiques, blottis dans une étable chaude et intime, particulièrement réussie. La caméra accompagnait les bergers qui jouaient de la flûte en s'approchant lentement, comme s'ils étaient fascinés par l'aura singulière qui émanait des lieux. On discernait alors l'âne et le bœuf, qui émettaient des cris émouvants, la silhouette courbée de Joseph, et au milieu de la crèche, couchée sur la paille dorée, Marie. Elle souriait toujours, même si des larmes perlaient dans ses yeux pétillants, elle continuait de fixer tout là-haut, dans la Nuit de Noël, l'étoile des Mages qui brillait intensément, éclairant la scène d'un faisceau au laser.

Dans quelques instants, il sera minuit. Marie vient d'avoir ses premières 33 contractions. Mais les analgésiques la soutiennent et elle ne cesse d'afficher un sourire de sainteté. Autour de sa couche, les trois Médecins Mages s'affairent et consultent leurs appareils électroniques à demi dissimulés sous la paille; le moment est venu de déclencher l'accouchement. Bientôt nous pourrons constater le Miracle de la Mère Marie...

Holyworld a tamisé le faisceau de l'étoile; la scène baigne dans une 34 pénombre bleutée où s'agitent les silhouettes des médecins, le chant des anges s'élève dans le ciel, le Sauveur va naître... En cet instant solennel, la direction et tout le personnel du Réseau Mondial se joignent à tous les télépénitents [12] pour se recueillir devant l'écran...

35   Ça y est! nous entendons un gémissement, puis un cri strident. L'étoile s'illumine, une lumière diaprée nimbe la scène de l'étable, nous apercevons l'enfant que les médecins sont en train de laver... un enfant magnifique... un!... une fille? une fille aux cheveux crépus et à la peau noire!

---

12. **les télépénitents** : mot forgé sur le modèle de *téléspectateur*, le pénitent étant la personne qui confesse ses péchés et qui fait pénitence.

COMPRÉHENSION *

§ 1.
   a. Quels détails évoquent d'emblée un monde futuriste?
   b. Expliquez « Holyworld ».

§ 2.
   a. Quelle ambiance règne sur la planète?
   b. Pourquoi cette ambiance se transforme-t-elle?
   c. Qu'est-ce qu'on voit à la télévision? Y a-t-il un parallèle avec l'époque actuelle? Relevez les détails ironiques.

§ 3.
   a. Quels détails contribuent à « l'authenticité » de la reconstitution?
   b. Quel effet produit cette description?

§ 4.
   a. Qu'est-ce qui a déterminé le choix de Nadya?
   b. Quel effet est-elle censée produire?
   c. Comment le narrateur suggère-t-il qu'il s'agit d'une image « fabriquée »?

§ 5.
   a. Quelle avait d'abord été l'attitude des féministes et pourquoi a-t-elle changé?
   b. Par quoi Nadya a-t-elle dû passer avant d'être choisie?

§ 6.
   a. Expliquez les critères qui ont servi à la sélection de Joseph.
   b. Quelles sont les connotations de « fringants » et d'« Italiens »?

§ 7.
   Comment l'Esprit Saint peut-il amadouer les mécontents?

---

* Les chiffres renvoient aux paragraphes du texte, qui sont eux-mêmes numérotés.

§ 8.
    a. Qu'est-ce que la télévision avait accompli?
    b. Que suggère le détail « prêtres métalliques » ?

§ 9.
    a. Qu'est-ce qui a fait la supériorité de l'Église de Dieu?
    b. En quoi consistaient les « saintes émissions » ? Quel en a été le résultat?
    c. Qu'est-ce qui semble important pour l'Église de Dieu?

§ 10.
    a. Quelle a été l'étape suivante pour l'Église de Dieu?
    b. Quel genre de méthode a-t-on employé?

§ 11.
Quel était le climat dominant après l'an 2000?

§ 12.
Que ressentaient les fidèles?

§ 13.
Quelle allait être la fonction de la Naissance Divine?

§ 14.
Quel était le plus grand problème de cette période?

§ 15.
Qu'a-t-on inventé pour remplacer la gestation naturelle?

§ 16.
    a. Quels sont les avantages de cette technologie nouvelle?
    b. À quoi fait allusion la « gamme d'accessoires facultatifs » ?

§ 17.
Quel progrès a été réalisé dans la façon d'élever les enfants?

§ 18.
Qui peut avoir des enfants? Comment? Pourquoi?

§ 19.
Comment la population a-t-elle réagi à ce nouvel état de choses?

§ 20.
Quelle est alors la fonction que remplit l'accouchement télévisé?

§ 21.
Sur quoi repose essentiellement l'humour de ce paragraphe?

§ 22.
    a. En quoi consiste la mutation de la sexualité?
    b. Relevez les expressions à valeur humoristique.

§ 23.
À quelle « pratique ancestrale » s'étaient livrés Marie et Joseph?

§ 24.
a. Qu'est-ce que les vidéo-potins avaient suggéré ?
b. Comment l'Esprit Saint a-t-il pu répliquer à ces insinuations ?
c. Que signifie ici « prêter assistance » ? À quoi cela fait-il allusion dans le Nouveau Testament ?

§ 25.
Comment se passe la grossesse ?

§ 26.
Qui étaient les mécontents et pourquoi l'étaient-ils ?

§ 27-28.
Que faisaient Joseph et l'Esprit Saint ? Quelle différence y a-t-il entre eux ?

§ 29-30.
Quel était le message des notables et du Président ?

§ 31-32.
a. Relevez les termes qui donnent à la description un caractère poétique.
b. Comment le narrateur rappelle-t-il qu'il s'agit d'une mise en scène ?

§ 33-35.
a. Quels sont les contrastes dans cette scène ?
b. Quel rôle joue maintenant le narrateur ?

ANALYSE

1. « Une fille à la peau noire. »
   a. Comment expliquer que l'enfant ait la peau noire ? De quelle logique ce phénomène est-il l'aboutissement ? Sur quoi repose l'humour de ce dénouement ?
   b. Quels éléments du récit se trouvent expliqués rétrospectivement à la lumière de cette « surprise » ?
   c. De quelles attentes particulières l'enfant noir de sexe féminin est-il la négation ? Comment ces attentes avaient-elles été justifiées et renforcées ?
   d. Sur quoi cet enfant apparaît-il comme une revanche ? Qui ou qu'est-ce qui fait les frais de cette plaisanterie ?
2. Composition.
   a. Identifiez les diverses parties de cette nouvelle et leurs fonctions respectives par rapport à l'ensemble.
   b. Analysez les rôles successifs qu'adopte le narrateur.
   c. À quels différents moments du temps le récit se situe-t-il et pourquoi ?
3. La télévision.
   a. Quelle place occupent dans le récit les références qui sont faites à la télévision ? Comment se justifient-elles ? Quelles en sont les fonctions ?

     b. À quels moments la narration imite-t-elle certaines techniques de la télévision, et pour produire quels effets?

     c. Relevez les passages où le narrateur opère un va-et-vient entre le spectacle télévisé et sa fabrication. Quel en est le rôle?

4. La religion.

     a. Quel rôle remplit la religion dans cette société futuriste?

     b. Caractérisez la façon dont opère l'Église de Dieu. Peut-on y voir une satire de ce que sont ou ont été les institutions religieuses?

5. La science-fiction.

     a. Quels sont les changements sociaux et les innovations technologiques qui caractérisent cette époque future? S'agit-il d'un avenir possible ou invraisemblable?

     b. Quels sont les aspects parodiques de la description de cet éden technologique?

6. Quelles sont les réalités et les tendances de l'époque actuelle qui sont caricaturées dans ce texte?

7. Relevez les éléments de la narration où l'auteur se sert d'allusions au Nouveau Testament pour produire un effet humoristique.

8. Quels sont les groupes sociaux et professionnels qui font l'objet de satires particulières?

9. Relevez les passages où le narrateur accumule les clichés : quels en sont les effets?

10. Le titre de la nouvelle est-il approprié? Quelles significations prend ce titre avant, pendant et après la lecture du récit?

La boule de caoutchouc

VICTOR-LÉVY BEAULIEU

Né à Saint-Paul-de-la-Croix en 1945, Victor-Lévy Beaulieu a été journaliste, publicitaire, directeur de magazine, directeur littéraire des Éditions du Jour, professeur de littérature à l'École nationale de théâtre. Il a participé à la fondation des Éditions de l'Aurore (1973) et a fondé les Éditions VLB en 1976. Son premier roman, Mémoires d'outre-tonneau, *a paru en 1968. Depuis, il a publié une quinzaine d'autres romans, des pièces de théâtre, des essais, une anthologie, et a écrit plus de 150 épisodes de téléromans (*Les As *et* Race de monde, *diffusés par Radio-Canada). Il a obtenu le Grand Prix littéraire de la ville de Montréal pour* Les Grands-Pères *en 1972, le Prix du Gouverneur général pour* Don Quichotte de la démanche *en 1975, le Prix France-Canada pour* Monsieur Melville *en 1979, ainsi que les prix Duvernay et Belgique-Canada pour l'ensemble de son œuvre. Aux bibliographies actuellement disponibles, on pourra ajouter ces deux récents livres :* Discours de Samm *(1983) et* Steven le Hérault *(1985). La nouvelle qui suit a été publiée en 1984 dans le recueil collectif (sous la direction d'André Carpentier)* Dix Nouvelles humoristiques par dix auteurs québécois.

J e viens d'une vieille famille de conteurs bien que moi-même je n'aie
jamais pu narrer quoi que ce soit, incapable de dire les choses comme
elles doivent être, avec ce minimum de verdeur et de poésie par
lesquelles n'importe quel texte prend son envol et peut atteindre au sublime.
Les mots ne sont donc pas mon affaire, quarante années de fonctionnarisme
n'ayant fait que m'éloigner toujours davantage d'eux.

1

Et si je mets fin à mon silence aujourd'hui, c'est tout simplement par
amitié pour les miens et, aussi, parce qu'ayant été mis à la retraite, je
m'ennuie et tourne en rond, comme quelqu'un qui n'attend plus que la mort.
En vous racontant la petite histoire qui suit, je ne voudrais que la déjouer,
ne serait-ce que quelques instants. Et tant mieux si je meurs au milieu
d'elle !

2

Ce matin-là donc, Charlemagne Bracq se leva en même temps que la
barre du jour[1]. Il n'avait pas dormi de la nuit, tout l'intérieur du corps en
démanche, avec les extrémités de ses pieds et de ses mains qui tressautaient
dérisoirement. Il enfila sa blouse, son pantalon et son tablier de charpentier
et, avant de sortir de la chambre, regarda sa femme qui dormait. La bouche
ouverte, elle ronflait, ses mains croisées sur le ventre qu'elle avait gros.
Charlemagne Bracq pensa : « Comme une ficelle dans laquelle il y aurait un
nœud. » Puis il hocha la tête et descendit l'étroit escalier qui menait à la
cuisine. Une violente envie de vomir lui vint. Il poussa la porte et, du haut
de la galerie, laissa le mauvais de son estomac souiller la folle avoine[2] qui

3

---

1. *la barre du jour : le lever du soleil, l'aube.
2. la folle avoine : l'avoine sauvage.

poussait devant la maison. Dans l'étable, une vache meuglait. C'est peut-être le veau qui est arrivé, songea-t-il. Il descendit l'escalier et marcha vers les bâtiments en bougonnant.

4   C'est que Charlemagne Bracq était inquiet, ce qui ne lui arrivait pas souvent. Sa femme avait déjà mis au monde quinze enfants, pourtant. Et toutes les fois, ils étaient venus sans faire d'histoire[3] et la tête la première, comme il convenait. Alors pourquoi l'angoisse? Charlemagne Bracq n'en savait rien. Mais il ne dormait plus, ne mangeait plus et ne travaillait plus. Depuis trois jours, les portes de sa boutique de cercueils restaient fermées. Il se contentait de regarder les boîtes de sapin par la fenêtre et restait planté là comme un grand nigaud, le souffle court et la tête vide. C'était l'enfant qui s'en venait qui le rendait de même, et il ne savait pas pourquoi.

5   Charlemagne Bracq poussa la porte de l'étable. La vache meuglait en écartant à petits coups de tête le veau qu'elle venait de vêler, tout noir. Le veau trébuchait, tombait et se relevait. Charlemagne Bracq mit un certain temps avant de comprendre, mais quand il se rendit compte que le veau n'avait qu'une patte de devant, toute son angoisse lui revint et il vomit de nouveau. Quelque chose n'allait pas quelque part, c'était certain. Il sortit de l'étable et revint vers la maison. Le ciel se beurrait, déchiré par de grands éclairs fourchus qui faisaient se rompre en deux les sombres enclumes du ciel. Quelque chose n'allait vraiment pas quelque part, c'était de plus en plus certain. Charlemagne Bracq grimpa quatre à quatre les marches qui menaient à la chambre, anxieux de retrouver le gros ventre de sa femme. Jambes écartées, elle gémissait, les mains ouvertes sous ses seins comme elle faisait tout le temps quand venait le moment d'accoucher. Charlemagne Bracq ferma les yeux pour ne pas voir la petite tête sanglante qui apparaissait déjà, et dont il attendait le pire.

6   Mais il dut l'attendre longtemps, la tête de l'enfant ne sortant du con avachi que pour y retourner, boudeuse et mécréante. Toute la journée passa ainsi, de sorte que quand le soir vint, Charlemagne Bracq attela sa jument pommelée et alla chercher le docteur Abel Brazeau, dit *l'aigle de Pohénégamook*, ainsi surbroqué à cause de son prodigieux nez qui prenait tant d'espace dans son visage qu'il n'y restait plus de place pour rien d'autre. Le docteur Brazeau ne mit pas de temps à flairer Madame Charlemagne Bracq. Quand ce fut fait, il pointa son prodigieux nez vers le ciel, martelant ses phrases au même rythme que le tonnerre enragé, et dit :

« Quelle idée de faire encore un enfant à votre femme, elle qui n'est pas loin de la cinquantaine! Les quinze autres avant celui-là qu'elle vous a donnés, et que vous avez rendus dans leurs grosseurs[4], ne vous suffisaient-ils pas? »

---

3. **sans faire d'histoire** : sans causer de difficultés, sans faire de manières.
4. ***que vous avez rendus dans leurs grosseurs** : que vous avez élevés jusqu'à ce qu'ils soient grands.

Honteux, Charlemagne Bracq baissa la tête. Était-ce sa faute s'il aimait   7
forniquer? Fabriquer des cercueils n'avait rien de drôle et quand il passait
toute la journée dans la boutique avec comme la face de la mort toujours
devant lui, il ne pouvait rentrer à la maison qu'avec le grand désir de l'oublier.
De toute façon, fabriquer des cercueils l'avait toujours fait bander et s'il
avait épousé Alexandrine Gosselin, c'est qu'elle était pareille à lui et qu'à
n'importe quel moment, elle était toujours d'accord pour une rapide ou une
courte fourrette. Elle était maigre peut-être, mais pas là où le ventre perd
son nom. Et ce n'était pas parce qu'elle approchait de la cinquantaine qu'on
pourrait y changer quelque chose.

« Peut-être bien, dit le docteur Brazeau. Mais il y a ce petit qu'il faut   8
mettre au monde et pour y arriver, ni Madame Charlemagne Bracq ni moi-
même n'avons besoin de vous. Alors, allez attendre dehors. »

Même si c'était la première fois qu'il n'assistait pas à la naissance de   9
l'un de ses enfants, Charlemagne Bracq sortit de la chambre, laissant le
docteur Brazeau seul avec Alexandrine Gosselin. C'était un homme qui
n'aimait pas perdre de temps avec une tête d'enfant boudeuse et mécréante,
de sorte qu'il sortit tout de suite de son portuna les forceps et se mit à
l'ouvrage, son prodigieux nez faisant des ombres bizarres sur les murs. À
force de forcer, les forceps eurent raison de la tête d'enfant boudeuse et
mécréante, et le reste du corps dut bien suivre. L'enfant n'était peut-être
pas beau à voir, son front aplati à cause des forceps, mais il l'avait bien
cherché. De toute façon, qu'était-ce donc une tête aplatie par comparaison
avec ce que le docteur Brazeau remarqua tout de suite, c'est-à-dire les
deux petits pénis que l'enfant portait? À Alexandrine Gosselin toute mortifiée de s'apercevoir qu'elle venait de donner naissance à un monstre, le
docteur Brazeau rétorqua :

« Vous savez, on est tous des monstres quand on y pense bien. Alors,
qu'on en ait un peu plus ou un peu moins, ce n'est pas ça qui peut faire un
grand pli sur la différence.

— Mais Charlemagne? demanda Alexandrine Gosselin.

— Vous n'avez qu'à rien lui dire. Pourquoi faudrait-il qu'il le sache?
Nous sommes deux à connaître la vérité. C'est bien assez, non?

— Et l'enfant?

— Ne soyez pas inquiète pour lui : venir au monde avec deux pendrioches au lieu d'une ne peut pas être une vilaine affaire. J'y verrais plutôt
le signe que le destin sera généreux envers votre enfant. Peut-être fera-
t-il un jour des choses dont on gardera mémoire pour les siècles.

— Mais les deux… les deux pendrioches, là?

— Ce n'est pas un problème, répondit le docteur Brazeau, dit *l'aigle de
Pohénégamook*. Une petite guerlite, c'est pas la fin du monde à enlever. Je
reviendrai demain et lui ferai son affaire. »

Ainsi fut dit et ainsi fut fait. Satisfait de son travail et pour s'en récom-   10
penser, le docteur Brazeau mit la petite queue coupée dans un bocal rempli

de formol et retourna à ses affaires, laissant Alexandrine Gosselin et Charlemagne Bracq s'occuper de rendre le petit Urbain dans ses grosseurs. Inutile d'ajouter que ce ne fut pas une mince affaire : Urbain Bracq poussa tout de travers et comme sans appétit, avec une voix de fausset qu'il devait garder toute sa vie, de même d'ailleurs qu'une indifférence totale pour les choses du sexe, à croire que le docteur Brazeau en l'opérant l'avait privé de la meilleure de ses deux pendrioches. Ce qui explique peut-être qu'il n'était doué pour rien, pas plus pour la boutique de cercueils de son père que pour les travaux de la petite ferme que la famille entretenait parce que les morts jadis plus nombreux que leur nombre mettaient tout à coup bien de la mauvaise volonté à se débarrasser d'eux-mêmes.

11   Et parce qu'il était la risée de tous, Urbain Bracq n'alla pas à l'école et ne marcha pas non plus au catéchisme. Il passait ses journées assis sous un pommier sauvage derrière la maison, à regarder les eaux dormantes du lac dans lequel, prétendait-on, un monstre à double queue mangeait les petits enfants et les femmes enceintes. Urbain Bracq n'y croyait pas, trop épais pour être seulement capable d'imaginer ce que pouvait bien être un monstre. C'était l'eau qui l'attirait et bien qu'il ne comprît rien non plus à la fascination qu'elle exerçait sur lui, il voyait déjà le jour où il se battrait contre elle et la vaincrait.

12   Urbain Bracq avait vingt ans quand son père le mit à la porte. Il avait fini par se lasser de le voir se traîner les pieds autour de la maison en récitant de sa voix de fausset des poésies qu'à défaut de savoir écrire, il composait dans sa tête et apprenait par cœur. Charlemagne Bracq avait dit à sa femme :

« Passe encore [5] qu'il ne sache rien faire de ses dix doigts et qu'il soit incapable de gagner son pain. Mais ça serait au-dessus des limites patientes de n'importe qui que de l'entendre marmonner à journée longue des foleries qui n'ont ni queue ni tête [6]. Qu'il s'en aille donc et que le vaste monde s'occupe de lui. »

13   Partit donc Urbain Bracq, emportant pour tout bagage cette minable valise de carton dans laquelle sa mère avait rangé comme il faut ses hardes, de même que le chapelet en cristal de roche qu'elle tenait de sa propre mère. Pas une seule fois, Urbain Bracq ne se retourna dès qu'il eut passé le seuil de la maison. Il se rendit tout droit à la gare, monta à bord de l'Océan Limité et, le nez collé à la vitre de son compartiment, se contenta de regarder défiler le paysage québécois. Ça ne lui disait rien : il avait vu tant d'arbres et tant de petites montagnes déjà qu'il n'avait rien à faire avec tous ceux et toutes celles que l'Océan Limité laissait derrière lui. Il ne souriait que quand il voyait la formidable masse d'eau du Saint-Laurent. Voilà

---

5. **passe encore** : cela peut encore aller, peut encore être accepté, admis.
6. **qui n'ont ni queue ni tête** : qui sont incohérentes, qui n'ont aucun sens.

tout ce qui l'attirait alors que le train continuait sa route, ne s'arrêtant qu'à Québec et Montréal parce qu'il n'y avait pas moyen de faire autrement.

Il en fut ainsi jusqu'à Springfield où la machine stoppa enfin. Urbain Bracq 14 y avait là un oncle qui consentit à l'héberger en attendant qu'il se trouvât du travail. Dur d'oreille, l'oncle ne remarqua pas la voix de fausset et n'entendit pas grand-chose aux plates poésies qu'ânonnait le bizarre neveu, opinant du bonnet par intervalles réguliers en s'imaginant qu'ainsi lui était faite la chronique de toutes les choses qui s'étaient passées à Pohénégamook depuis qu'il en était parti pour émigrer aux États-Unis.

Urbain Bracq trouva à s'embaucher dans une manufacture de pneus 15 d'automobiles et de bicyclettes. Il y faisait un tel vacarme qu'il pouvait y déclamer tout à son aise ses plates poésies : personne n'y comprenait rien. Urbain Bracq s'ennuyait bien un peu, mais ce n'était ni de Pohénégamook ni de ses parents ni de rien d'autre, ses sentiments n'allant pas jusque-là. C'est l'eau seule qui lui manquait et Springfield en était dépourvue. Sans doute Urbain Bracq n'y serait-il pas resté très longtemps si un événement d'importance n'était pas venu donner un sens à ses plates poésies et à tout ce qui, depuis son enfance, avait occupé son esprit.

Cela arriva par une belle journée de juillet, quand Urbain Bracq se joignit 16 à la famille de son oncle pour se rendre aux chutes du Niagara. Face aux trombes d'eau qu'il regardait comme si tout le sens de sa vie y avait été, Urbain Bracq comprit que le rêve lui était enfin révélé. Le poème qu'il composa sur le belvédère alors que, pareil à une éponge, il se laissait mouiller par l'eau frimasseuse, le disait bien :

La matinée terminée, le moment est venu.
La foule assemblée, la cataracte attend.
Tous sont venus pour assister à l'exploit d'Urbain.
Les eaux écumantes tonnent et disent :
« Étranger, tente une chose moins dangereuse ! »
Mais ma tête chavire sous un rêve glorieux,
Et la peur n'existe pas, et je n'ai pas de doute :
Je vois un avenir brillant m'apporter enfin la joie.

Quand, de retour à Springfield, Urbain Bracq parla de son projet à son 17 oncle, ce dernier se contenta de hausser les épaules. Il n'avait jamais rien compris aux plates poésies de son étrange neveu, et se persuada facilement de continuer à n'y rien entendre. Quelle idée, tout de même ! Sauter les chutes du Niagara dans une boule de caoutchouc, il n'y avait bien qu'Urbain Bracq pour imaginer pareille folerie ! Et comment croyait-il y arriver ? Urbain Bracq ne le savait pas encore mais, en cherchant bien, il trouverait. En fait, il mit six mois à imaginer la solution : une grosse et simple boule de caoutchouc dans laquelle il comptait bien se jeter du haut des chutes du Niagara. À son oncle, il expliqua la chose en ces termes :

« Pareille à un immense pneu de camion, ma boule sera faite d'une charpente d'acier recouverte à l'extérieur et à l'intérieur par six épaisseurs de caoutchouc. J'y ajouterai trente-deux chambres à air et dans chacune d'elles il y aura trente-cinq livres d'oxygène. Il y aura aussi un tube qui ira de l'intérieur à l'extérieur pour la prise d'air, et qui se fermera automatiquement. Au fond de la boule, je mettrai pour cent cinquante livres de métal. Comme je pèse moi-même cent cinq livres, cela devrait suffire pour empêcher la boule de se renverser. Quelques lampes de poche et un couvercle qui se referme par en dedans, et voilà tout ce dont j'ai besoin pour sauter les chutes du Niagara. »

18   L'oncle hocha la tête : qu'était-ce donc que tout cela sinon le dernier plat poème sorti tout droit du chaudron, sûrement fêlé, de son bizarre neveu ? Il ne fallait donc pas s'en occuper et attendre bien calmement qu'un autre poème prît sa place pour le détrôner.

19   Satisfait de lui, l'oncle cracha sur le plancher et passa à autre chose. Urbain Bracq ne l'imita pas toutefois, tout à son idée fixe, y trouvant l'énergie qui lui avait jusqu'alors fait défaut. Dans la manufacture de pneus d'automobiles et de bicyclettes, il besogna comme un nègre afin d'amasser le capital nécessaire à la fabrication de sa fameuse boule de caoutchouc. Quand il eut enfin tous les dollars qu'il fallait, il partit pour Akron et, dans une usine spécialisée dans l'armement de guerre, surveilla la confection de son rêve. Tout marcha comme il l'avait prévu et, le 3 juillet 1928, les ouvriers roulèrent l'imposante boule de caoutchouc à l'extérieur de l'usine où l'attendaient les journalistes alertés et Urbain Bracq vêtu pour la circonstance comme un gentleman anglais. On mit la boule dans un camion décoré de banderoles et, sous les éclairs des appareils photographiques, Urbain Bracq récita le nouveau poème que dans la nuit il avait composé à la demande même des journalistes :

> *Chutes et chutes et chutes du grand Niagara !*
> *Et montagnes des eaux écumantes !*
> *Là sur les hauteurs se tiendra Urbain Bracq !*
> *Il sautera dans la chute turbulente,*
> *Jusqu'aux traîtres rochers en bas,*
> *Tout seul dans sa boule de caoutchouc.*
> *Survivra-t-il ? Oh ! survivra-t-il ?*
> *Bien sûr, puisque la renommée toute grande*
> *Doit couronner une telle et belle audace.*
> *Ah ! Chutes et chutes et chutes du grand Niagara !*

20   Le poème eut un beau succès, surtout à Cleveland où, pour dépoussiérer la boule de caoutchouc, on s'arrêta, étonnés de l'enthousiasme de la foule : Urbain Bracq y fut accueilli comme un héros aux sons d'une fanfare et sous une pluie de fleurs qui tomba sur lui et sa boule de caoutchouc du haut d'un viaduc. La presse à sensation avait flairé la bonne affaire et ne lâchait plus.

Et même si l'oncle eût préféré continuer à faire le sourd[7], il dut bien entrer dans la danse[8], se faisant mener à Niagara Falls, où, bien en vain, il tenta de convaincre son neveu d'y laisser là son rêve et de se mettre à la composition de poèmes moins dangereux. En désespoir de cause[9], l'oncle alerta Pohénégamook : il ne voulait pas avoir la mort de son neveu sur la conscience. Au lieu de lui répondre, Alexandrine Gosselin, Charlemagne Bracq et le docteur Abel Brazeau, dit *l'aigle de Pohénégamook*, montèrent à bord de l'Océan Limité et, la veille du jour prévu pour l'exploit d'Urbain Bracq, débarquèrent à Niagara Falls. Charlemagne Bracq n'y alla pas par quatre chemins[10] : il fit venir son fils à l'hôtel et lui dit que s'il l'avait mis à la porte, il ne tenait pas plus que cela à le voir se suicider. Urbain Bracq ne répondant rien, le père sortit un canif de sa poche, défit la boucle de sa ceinture, laissant son pantalon lui tomber sur les chevilles. Sur sa cuisse gauche, un petit paquet se trouvait, bien protégé de lanières de cuir. Avec son canif, Charlemagne Bracq coupa les lanières, prit le petit paquet et l'offrit à son fils :

« Il y a là-dedans cinq mille piastres que ta mère et moi avons économisées. C'est pour toi en autant que tu ne sautes pas les chutes du Niagara dans ta boule de caoutchouc.

— Faites ce que vous voulez avec l'argent, répondit de sa voix de fausset Urbain Bracq. Parce que si j'ai décidé de sauter, c'est que je vais sauter. Pour le cas où[11], vous pouvez peut-être garder cinq piastres pour me faire enterrer à Pohénégamook. »

Et grand seigneur du haut de ses cinq pieds six pouces, il sortit de la [21] chambre d'hôtel alors que son père se reculottait et bougonnait :

« Même avant qu'il vienne au monde, je savais qu'il y avait rien de bon à attendre de lui. »

Alexandrine Gosselin vint pour en ajouter mais le regard courroucé que [22] lui jeta le docteur Abel Brazeau, dit *l'aigle de Pohénégamook*, lui fit reprendre son trou[12]. Ce n'était pas le temps de parler des deux queues et encore moins de celle qu'il avait coupée et que, dans son portuna, en homme précautionneux, il avait apportée avec lui. Aussi dit-il :

« Souvenez-vous, Madame Bracq. En vous aidant à mettre au monde votre fils, ne vous avais-je pas prédit qu'il accomplirait un jour de grandes choses ?

— Je ne vois pas ce qu'il y a de grand à vouloir sauter les chutes du Niagara dans une boule de caoutchouc ! bougonna Charlemagne Bracq. Et

---

7. **faire le sourd :** faire semblant d'être sourd.
8. **entrer dans la danse** (fig.) : se mettre de la partie, suivre le mouvement.
9. **en désespoir de cause :** comme dernier recours.
10. **n'y alla pas par quatre chemins** (fam.) : alla droit au but.
11. **pour le cas où :** pour être prêt à toute éventualité.
12. ***lui fit reprendre son trou :** l'a remise à sa place, l'a fait taire.

je vais faire tout ce que je peux pour l'empêcher.

— On a besoin de héros, rétorqua le docteur Brazeau. Et quand on en a besoin autant que nous, ne les arrête pas qui voudrait.

— C'est ce qu'on va voir ! » bougonna encore Charlemagne Bracq.

23   Et il sortit de la chambre d'hôtel, bien décidé à faire en sorte[13] que l'irréparable n'arrivât pas. Le docteur Brazeau resta avec Alexandrine Gosselin, à boire du gros gin chaud aromatisé de sirop d'érable. On n'en était encore qu'au petit matin mais il n'y avait pas d'heure pour les braves et le docteur Brazeau était de ce nombre, son prodigieux nez ayant besoin d'alcool pour se gonfler de grosses veinules pourpres et se mettre à flairer le vent du bon bord. La pinte de gros gin à moitié bue, il se leva de son fauteuil et invita Alexandrine Gosselin à le suivre. Dans le frêle esquif transportant sa boule de caoutchouc, Urbain Bracq devait glisser déjà vers les chutes du Niagara.

24   Le docteur Brazeau ne se trompait pas. Charlemagne Bracq avait eu beau demander à la police qu'on arrêtât son fils pour tentative de suicide, le shérif de Niagara Falls ne s'était pas laissé faire : la boule de caoutchouc avait attiré les curieux et le commerce marchait bien, de sorte que ce n'était pas la mort possible d'un illuminé qui pouvait le faire changer d'idée.

25   Alexandrine Gosselin retrouva son mari qui, se retenant à la rampe menant au belvédère, vomissait toute son inutilité. Rouge comme une tomate, il en voulait à mort à son fils. Il s'essuya la bouche avec le mouchoir d'Alexandrine Gosselin puis, lui prenant la main, il dit :

« Qu'il se tue si ça lui chante, mais moi je ne serai pas là pour le voir. On reprend le train pour Pohénégamook. »

26   La bonne femme eut beau protester, Charlemagne Bracq ne voulut rien entendre. Mais le docteur Brazeau refusa de partir avec eux. De toute façon, on aurait besoin de lui quand, la boule de caoutchouc entraînée dans le précipice, il faudrait courir après pour en extraire Urbain Bracq qui y serait alors peut-être plus proche de la mort que de la vie. Le docteur Brazeau accompagna donc le shérif de Niagara Falls jusqu'au pont Honeymoon où une embarcation l'attendait. Son portuna entre les jambes, il se munit de lunettes d'approche et regarda la boule de caoutchouc qu'on venait de lancer dans le courant avec Urbain Bracq dedans. À quoi devait-il penser, pour un temps ballotté assez douillettement, avant les chutes de deux cents pieds ? En fait, Urbain Bracq ne pensait à rien. Il n'en avait pas le temps. Il y eut d'abord un bruit terrible qui lui déchira les tympans, puis il sentit la boule de caoutchouc tourner comme une toupie alors que toutes les lumières des lampes de poche s'éteignaient. Tout de suite après, l'eau commençait à pénétrer par le tube devant assurer l'arrivée de l'oxygène. Mais, resté aussi calme que s'il avait été devant le lac aux eaux tranquilles

---

13. **faire en sorte que** : s'arranger pour que.

de Pohénégamook, Urbain Bracq se mit à tâter les parois de sa boule de caoutchouc, espérant qu'une fois le fond atteint, elle se mettrait enfin à remonter. C'est alors qu'il y eut ce choc et qu'en heurtant le plancher de métal mal recouvert, il perdit connaissance.

Quand il revint à lui[14], la boule de caoutchouc tournait encore. Puis il entendit comme le bruit d'une chaîne qui raclait l'extérieur de la boule en même temps que des voix criaient : 27

« Tirez, les gars! Tirez plus fort, voyons! Il est peut-être mort là-dedans! »

Urbain Bracq souriait. Même quand on lui demanda s'il était vivant, il ne répondit pas, trop occupé à composer dans sa tête le poème par lequel il saluerait la victoire qu'il venait de remporter sur les chutes du Niagara. En fait, il ne sortit de son silence que lorsqu'il s'aperçut qu'on était en train de couper la boule de caoutchouc avec un long couteau. Alors il dit : 28

« Faites attention, les gars! Vous êtes en train de me trancher le lard du dos! »

Et il sortit enfin de sa boule de caoutchouc, en pleine lumière près du pont Honeymoon, un peu de sang lui coulant du front. La foule se pressait autour de lui, on le photographiait de tous bords et de tous côtés et, dès que le docteur Brazeau lui eut fait ce pansement à la tête, il exigea le silence et, de sa voix de fausset, récita : 29

> *Dans sa boule de caoutchouc toute noire*
> *Urbain Bracq a vaincu le terrible Niagara.*
> *Il l'a fait comme fait un enfant*
> *Quand il joue à la marelle dans sa cour.*
> *Maintenant, Urbain Bracq va être riche*
> *Et conquérir les Madeira Falls*
> *Hautes de plus de mille pieds et si sauvages*
> *Que même les oiseaux aux ailes blanches*
> *Se tiennent loin d'elles, loin d'elles!*

Au plat poème d'Urbain Bracq, le docteur Brazeau applaudit comme les autres. Mais s'il trouvait que la poésie du héros de Pohénégamook s'améliorait, il n'en pensait pas moins que cela n'allait pas mieux du côté du rêve et qu'il y avait peut-être des limites à tenter le destin. Aussi emmena-t-il Urbain Bracq à sa chambre d'hôtel et prépara-t-il deux gros gins chauds aromatisés de sirop d'érable. Urbain Bracq y trempa les lèvres, mais n'alla pas plus avant[15]. Il ne pensait plus qu'aux Madeira Falls, et c'était bien suffisant pour l'enivrer. Déçu, le docteur Brazeau avala son verre, puis celui d'Urbain Bracq. Son prodigieux nez retrouvé, il flaira le vent et le trouva rempli d'appréhension. Mais il garda tout pour lui, se contentant de demander : 30

---

14. **il revint à lui** : il reprit conscience.
15. **n'alla pas plus avant** : n'alla pas plus loin.

« Et ces Madeira Falls, de quoi s'agit-il exactement ?

— Ce sont les plus hautes chutes du monde, répondit de sa voix de fausset Urbain Bracq. C'est au cœur du Brésil et c'est là que je vais aller maintenant.

— Mais pourquoi ? rétorqua le docteur Brazeau. Avoir sauté les chutes du Niagara dans une boule de caoutchouc et n'en être pas mort, n'est-ce pas assez pour la mémoire des siècles et des siècles ?

— Peut-être pour les autres, répondit Urbain Bracq. Mais pas pour moi. Le Niagara, c'était un petit rêve. Et même pour la mémoire des siècles et des siècles, il m'en faut maintenant un plus grand. »

31   Le docteur Brazeau ne trouva rien à ajouter. Il cala ce qui restait de gros gin dans la bouteille puis, en titubant, il marcha vers la garde-robe où il avait rangé son portuna qu'il prit et ouvrit, en retirant une petite boîte noire qu'il offrit à Urbain Bracq, disant :

« Fais ce que tu dois faire, mon garçon. Mais ce qu'il y a dans cette petite boîte noire t'appartient et ça serait bon que même dans le Brésil lointain, tu l'emportes avec toi.

— Si vous voulez, dit Urbain Bracq. Il y a de la place pour beaucoup de choses dans le rêve d'eau. »

32   Et, la petite boîte noire dans la minable valise de carton, il sortit de la chambre d'hôtel et marcha tout droit devant lui, jusqu'à la gare de Niagara Falls où il monta à bord du train pour le Brésil. Le docteur Brazeau sortit sur le balcon qu'il y avait devant sa chambre d'hôtel et le regarda s'en aller, les yeux brouillés de larmes. Puis il se fit apporter une bouteille de gros gin et un plein gallon de sirop d'érable, déterminé à se soûler comme il ne l'avait encore jamais fait. Il fit si bien que deux jours durant, on le décompta comme mort[16], après quoi, revenu à lui, il ramassa son portuna et retourna à Pohénégamook, tout le passé du rêve derrière lui. Il ne fut donc pas étonné d'apprendre qu'Alexandrine Gosselin et Charlemagne Bracq avaient trouvé la mort dans un incendie qui avait ravagé la maison et la boutique de cercueils. L'hiver s'en venait et le docteur Brazeau, son prodigieux nez lui faisant mal, entra en hibernie, ne retrouvant un semblant d'énergie qu'avec le printemps. Il écrivit au gouvernement du Brésil, désireux de savoir avant de mourir lui-même comment s'était comportée, à Madeira Falls, la mémoire des siècles et des siècles. Il reçut une courte lettre en portugais à laquelle il ne comprit rien évidemment, et que sa famille retrouva dans ses papiers après sa mort. Ce qu'elle disait était simple : Urbain Bracq s'était bel et bien rendu à Madeira Falls, mais comme le gouvernement du Brésil ne l'avait pas autorisé à sauter les chutes dans une boule de caoutchouc, il avait mis sa minable valise de carton sur un rocher, s'était dévêtu et, flambant nu, s'était jeté du haut des Madeira Falls. On avait fait l'in-

---

16. ***on le décompta comme mort** : on le compta parmi les morts, on le crut mort.

ventaire de la minable valise de carton pour n'y trouver qu'un chapelet en cristal de roche et une petite boîte noire qu'on avait ouverte et dans laquelle on avait trouvé un minuscule sexe baignant dans du formol. La lettre se terminait sur une interrogation : quel était le sens de tout cela ?

Mais pas plus à Madeira Falls qu'à Pohénégamook, personne ne pouvait 33 plus apporter de réponse à cette question, tant il est vrai qu'il en est des rêves comme des pays puisque la mémoire des siècles et des siècles ne saurait remonter jusque-là même quand on est comme moi d'une vieille famille de conteurs. Et c'est pourquoi, dans ma retraite commençante, j'ai pensé faire le maladroit racontement de cette petite histoire et, en fait, tout ce que j'y ai oublié, ce me semble, c'est ce qui advint de la boule de caoutchouc d'Urbain Bracq. Après avoir pendant de longues années occupé une belle place au musée de Niagara Falls, elle fut finalement mise en pièces et jetée aux ordures : plus personne ne savait ce qu'elle faisait là.

COMPRÉHENSION

§ 1.
Comment se présente le narrateur ?

§ 2.
Comment justifie-t-il le récit qu'il va faire ?

§ 3-4.
a. Comment se manifeste l'état mental de Charlemagne Bracq ?
b. Qu'est-ce qui cause son angoisse ?
c. Quel est son métier et où demeure-t-il ?

§ 5.
a. Quels signes viennent confirmer son appréhension ?
b. Dans quel état retrouve-t-il sa femme ?

§ 6.
a. Pourquoi Charlemagne va-t-il chercher le docteur ?
b. Qu'est-ce qui motive le surnom de ce dernier ?
c. Comment le docteur réagit-il ?

§ 7.
Comment Charlemagne justifie-t-il ses ardeurs érotiques ?

§ 8-9.
a. Comment le médecin procède-t-il à l'accouchement et avec quel résultat ?
b. Pourquoi Alexandrine est-elle mortifiée ?
c. Quelle est l'attitude du docteur Brazeau ?

§ 10.
a. Qu'est devenu l'enfant en grandissant ?
b. Expliquez « la voix de fausset ».
c. Pourquoi la famille entretient-elle une ferme ?

§ 11.
À quoi Urbain passe-t-il son temps et pourquoi?

§ 12.
Pourquoi son père l'a-t-il mis à la porte?

§ 13.
Comment caractériseriez-vous le départ d'Urbain?

§ 14.
   a. Où Urbain s'arrête-t-il?
   b. Qu'est-ce que ses rapports avec son oncle ont d'amusant?

§ 15-16.
   a. Quel est l'avantage de son emploi?
   b. Qu'est-ce qui lui manque?
   c. En quoi consiste « l'événement d'importance » et qu'est-ce qui se révèle à Urbain?
   d. Quelle comparaison introduit le ridicule dans ce moment dramatique?

§ 17-18.
   a. Quel est le projet d'Urbain et comment son oncle y réagit-il?
   b. Quel effet produisent, venant de ce personnage, l'accumulation et la précision des détails techniques?

§ 19.
   a. Comment Urbain a-t-il procédé à la réalisation de son projet?
   b. Par quoi est marquée l'importance de l'événement?

§ 20-21.
   a. Quelles ont été les réactions de la presse et du public?
   b. Qu'ont fait ses parents?
   c. Comment se comporte Urbain?

§ 22.
   a. Qu'est-ce que la mère voulait dire et pourquoi le docteur l'a-t-il empêchée de parler?
   b. Dans la remarque du docteur (« On a besoin de héros... »), à qui ce « on » fait-il allusion?

§ 23-25.
Caractérisez l'attitude du docteur, d'une part, et celle du père, d'autre part.

§ 26.
Comment se déroule la chute d'Urbain?

§ 27-29.
   a. Quelle a été l'issue de l'aventure?
   b. Comment Urbain s'est-il comporté?

§ 30.
   a. Quel est son nouveau projet?
   b. Qu'est-ce qui le motive?

§ 31.

Quelle importance la petite boîte noire semble-t-elle avoir pour le docteur?

§ 32.

a. Expliquez la réaction subséquente du docteur.

b. Qu'est-il arrivé à Urbain par la suite?

c. Qu'est-ce qui souligne l'absurdité ultime de son aventure?

§ 33.

Sur quelle image le narrateur termine-t-il son récit et quel en est l'effet?

ANALYSE

1. Examinez ce qu'apporte l'intervention directe du narrateur au début et à la fin de cette « petite histoire », en particulier :

   a. Comment le narrateur se caractérise-t-il et pourquoi de cette façon?

   b. Quel est le sens du rapport qu'il établit entre le fait de raconter cette histoire et sa mort qu'il imagine prochaine?

   c. Y a-t-il un rapport entre ces interventions du narrateur et le récit proprement dit?

2. Le protagoniste.

   a. Faites le résumé de la vie d'Urbain Gracq. Quels en sont les aspects saillants?

   b. Par quels aspects cette courbe de vie est-elle modelée sur celle d'un héros mythique et comment ce modèle est-il déformé et parodié?

   c. Qu'ajoute au récit le fait qu'Urbain soit « poète »? Qu'est-ce qu'apportent ces « plates poésies » à la narration et quel effet produisent-elles?

3. Les personnages secondaires.

   a. Quelles sont les fonctions respectives du père et du docteur dans le déroulement de l'histoire?

   b. Comment sont représentés les personnages secondaires? Dégagez les éléments comiques de leur caractérisation.

4. Quelle signification faut-il attribuer à la déformité congénitale d'Urbain et à la présence de la « petite boîte noire » jusqu'à la fin du récit?

5. Justifiez le choix du titre de la nouvelle.

6. Dégagez le rôle de l'absurde.

7. Identifiez et caractérisez les diverses formes de comique (farce, ironie, parodie, satire) qui apparaissent dans la nouvelle au niveau

   a. des personnages ;

   b. du langage ;

   c. de la construction du récit.

Ascenseur pour le sous-monde

MICHEL BÉLIL

Michel Bélil est né à Magog en 1951. Après des études en histoire et en journalisme à l'Université Laval, il a travaillé jusqu'en 1978 comme professeur de français pour le gouvernement fédéral, puis comme agent d'information pour le ministère québécois des Transports. Il publie des contes et des nouvelles fantastiques et de science-fiction depuis 1974 et a collaboré aux revues Requiem, Solaris *et* Imagine. *Il a publié deux livres de contes fantastiques,* Le Mangeur de livres *(1978) et* Déménagement *(1981), ainsi qu'un roman fantastique,* Greenwich, *en 1981. Certaines de ses nouvelles ont également paru dans des recueils collectifs, dont la suivante, publiée en 1983 dans* Dix Contes et Nouvelles fantastiques par dix auteurs québécois.

Pour se rendre à la cafétéria du sous-sol, Guy Malenfant doit des- 1
cendre pas moins de trente étages. Avec un peu de chance, ce
déplacement à la verticale prend environ une minute.

Six ascenseurs modernes assurent le service en temps normal. Mais ce 2
matin, il y a une panne majeure à l'un d'eux. Des techniciens appelés d'urgence s'activent à faire les réparations. Leurs blouses bleues sont déjà
maculées de graisse.

Guy Malenfant rend à sa secrétaire son sourire, puis se dirige à petits 3
pas vers le couloir du trentième étage. Il appelle l'ascenseur. L'attente dure
quelques minutes. Dans l'intervalle, le haut fonctionnaire, dont la taille est
plus petite que la moyenne, peut entendre la pétarade saccadée des machines à écrire qui se répondent d'un bureau à l'autre, comme des mitrail-
leuses ennemies sur un champ de bataille. C'est à qui abattrait le plus de
travail possible.

Un homme dans la cinquantaine, moustachu et fier de l'être, sort des 4
toilettes en remontant sa fermeture éclair. Il file vers sa tranchée sans
même regarder autour de lui. Avec un casque de fer et une baïonnette, il
ressemblerait à un héros de Verdun.

Le bouton lumineux s'éteint. La cage s'immobilise en sifflant comme une 5
locomotive à vapeur. Un son métallique. La porte s'ouvre. Malenfant s'en-
gouffre dans l'ascenseur. Il est seul à bord. Pas étonnant puisqu'en dehors
des heures de grandes manœuvres [1] pour se procurer un café le gratte-

---

1. **les grandes manœuvres** : dans le vocabulaire militaire, l'expression désigne des manœuvres qui mettent en mouvement de gros effectifs.

papier est plutôt casanier. La porte s'est refermée. Les numéros lumineux commencent à défiler sur le tableau.

6   Le haut fonctionnaire a déjà connu une secrétaire qui travaillait dans la même direction que lui. Pour une raison obscure, le service qui l'employait était logé au vingt-deuxième étage. Il l'a rencontrée à une fête de bureau, dans la semaine précédant Noël. L'alcool aidant, le couple a fait plus ample connaissance. Ils ont dansé ensemble et se sont embrassés dans le noir, se croyant naïvement à l'abri des regards indiscrets de la gent bureaucratique.

7   Elle l'a ensuite invité chez elle, dans un minuscule appartement qu'elle occupait, seule, au centre-ville. Une partie de la nuit en folles étreintes. Corps nus sur des draps en satin rose. Malenfant en garde des souvenirs nébuleux, à la frontière du vide absolu. À quatre heures du matin, il a quitté ce lit pour un autre, en banlieue cette fois. Une passade somme toute assez banale.

8   Il a revu la secrétaire du vingt-deuxième à quelques reprises, au hasard des couloirs ou des réunions de bureau. Une gêne d'autant plus tenace qu'elle restait indéfinissable a compliqué leurs rapports quotidiens. Guy Malenfant préférait le confort de sa vie de famille à une aventure dont il ne pouvait qu'appréhender les conséquences.

9   Comble de malchance, l'ascenseur s'arrête au vingt-deuxième étage. Une femme s'y introduit en douce. Le cœur du fonctionnaire cesse de battre l'espace d'une fraction de seconde.

10   « Je deviens stupide en vieillissant », se dit-il, alors que la silhouette féminine appuie sur le bouton du dix-septième.

11   Ce n'est évidemment pas la secrétaire du temps des fêtes. D'ailleurs, même si tel était le cas, qu'est-ce que cette rencontre inopinée aurait changé ?

12   Malenfant secoue ses pensées. Il a pourtant d'autres chats à fouetter[2], étant invité comme conférencier à un colloque portant sur l'économie d'énergie, dans un hôtel luxueux de la capitale, à onze heures. Ses notes sont assimilées depuis longtemps, mais il ne peut réprimer un soupçon de nervosité à l'idée de devoir affronter des centaines d'auditeurs inconnus.

13   Pour se redonner courage, il s'est juré de faire escale à la cafétéria du sous-sol pour prendre un bon café noir. Il en profitera pour réviser une dernière fois ses notes manuscrites, par acquit de conscience. Il serre instinctivement la poignée de sa mallette noire. De sa main libre, la gauche, il vérifie si sa cravate rouge est bien en place.

14   « Rien à redire, mon vieux, tu es impeccable ! »

15   Il fronce soudain les sourcils : a-t-il encore plein de pellicules sur les épaules ? Grave question qui le fait suer jusqu'à ce que la cage s'immobilise au dix-septième.

---

2. **il a d'autres chats à fouetter** : il a d'autres choses à faire, d'autres préoccupations.

La passagère en sort. Un léger parfum, au goût de lavande, flotte pendant 16
un instant dans l'air, tangue au moindre souffle, puis est aspiré par quelque
chose d'invisible.

En se croisant les doigts, Guy Malenfant espère pouvoir filer jusqu'au 17
sous-sol. Ce n'est pas qu'il soit pressé, bien sûr que non! mais il a toujours
détesté faire le trajet en compagnie d'inconnues qui charrient avec elles
toutes sortes d'odeurs troublantes.

L'ascenseur amorce sa descente. Subitement et sans raison, le courant 18
électrique flanche. Panne totale. Noir absolu. Plus de ventilation. Le haut
fonctionnaire ne panique pas. Contrairement à certains de ses collègues, il
ne souffre pas de claustrophobie. C'est du moins l'image rassurante de lui-
même qu'il se forge.

Il se rappelle l'emplacement approximatif d'un combiné, qui est relié à 19
la salle où ont coutume de se tenir les concierges. Il tâte un mur, puis un
autre. Enfin, il saisit le téléphone.

Une voix nasillarde, à l'autre bout du fil, répond presque aussitôt :   20
« Ouais, qu'est-ce qui se passe?
— Je suis pris dans l'ascenseur.
— Lequel?
— Euh... le numéro 3, je crois.
— À quel étage?
— Impossible de le savoir avec exactitude. Mais je pense que c'est entre
le seizième et le quatorzième étage.

Puis, après une courte hésitation, comme si l'évidence ne sautait pas 21
aux yeux :
— Il n'y a plus de courant.
— Tout est coupé?
— Je n'y vois goutte [3]. »

Guy Malenfant aime bien, par coquetterie de style [4], émailler son dis- 22
cours d'archaïsmes en prenant un ton qu'il voudrait le plus posé possible.

À l'autre bout du fil, son interlocuteur se mouche bruyamment, renifle, 23
tousse, se racle la gorge, crache, puis demande :
« Vous disiez?
— Que je ne vois plus rien.
— On va vous arranger ça en deux temps, trois mouvements [5]! In-
quiétez-vous donc pas, monsieur Chose! Pas de panique, surtout! »

Malenfant n'a pas le loisir de mettre en pratique les dernières paroles 24
de son bon Samaritain. Il entend des parasites dans le récepteur, suivis de
grognements tels qu'on croirait que des cochons sont menés à l'abattoir.

---

3. **je n'y vois goutte :** je ne vois rien du tout.
4. **par coquetterie de style :** par souci de se faire valoir lorsqu'il s'exprime.
5. **en deux temps, trois mouvements :** très rapidement, en un rien de temps.

Un déclic succède aussitôt à ce charivari alarmant.

25 « Mais qu'est-ce qui se passe donc à la salle des concierges ? »

* * *

26 L'attente ne fait que commencer. Perplexe, le parfait fonctionnaire regarde sa montre au quartz. Il est neuf heures trente-trois minutes précises. C'est la seule chose pratique qu'il peut encore accomplir, car, avec cette panne de malheur, il ne peut voir plus loin que le bout de son nez, au sens strict du terme.

27 Les minutes s'égrènent dans l'immobilité la plus complète. Le gourou le plus à la mode ne ferait guère mieux dans les circonstances.

28 Malenfant repasse mentalement tous ses dossiers qui encombrent son bureau. Le désordre y est manifeste, quasi agressif. Ne dit-on pas que c'est la preuve d'une surcharge de travail ? L'homme à la mallette noire sourit. Il n'est pas dupe de son rôle insignifiant dans la grande machine gouvernementale.

29 « Heureusement que je ne suis pas en pleine heure de pointe, en hiver ! J'étoufferais, c'est sûr ! Et puis il s'en trouverait certainement un pour piquer une crise d'hystérie ! »

30 Encore un peu, et il se réjouirait de sa chance. En attendant, il pense s'asseoir, mais se ravise : que dirait-on en haut lieu si on l'apercevait dans cette position ridicule ? Sûr que cela le tuerait comme une balle !

31 Des images fugaces, désordonnées, courent dans sa tête. Pas moyen d'y mettre le holà ! Comme lorsqu'il se couche et qu'il attend, la mort dans l'âme, le sommeil qui tarde invariablement à venir. Avec le noir, c'est la peur de la mort qui trotte, qui lance son fou [6], loin des contraintes imposées par le jour.

32 « Phobie d'enfance ! » murmure-t-il du bout des lèvres, comme s'il devait se confesser d'une faute inavouable.

33 D'impatience, il donne un coup de poing à la porte et hurle :
« Alors, ça vient ? »

34 Ce geste gratuit, inutile, l'apaise un moment. Il consulte sa montre, puis fouille dans l'une de ses poches. Le son métallique des pièces de monnaie le divertit pendant quelques secondes.

35 Il vient pour s'emparer du combiné et s'enquérir des derniers événements. Mais il se ravise, en homme calme et discipliné qu'il se croit.

36 « Un brin de patience et on m'ouvrira », se dit-il avec une pointe d'inquiétude.

37 Il pense à sa femme, qui n'a jamais rien su de son escapade d'une nuit, et à ses enfants, qui quitteront à tour de rôle le toit familial pour ne plus

---

6. ***qui lance son fou** : (plus communément *lâcher son fou*) qui s'amuse, qui se défoule.

revenir qu'occasionnellement, en tant que simples étrangers déjà séparés par de nouvelles routines.

Malenfant se sent devenir vieux. Est-ce l'obscurité totale qui le rend si 38 pessimiste ? À court d'angoisses, il sent un poids au bout de son poignet gauche.

« C'est pourtant vrai : ma mallette ! »   39

Il la dépose par terre avec mille précautions. Le temps presse. Il tape 40 du pied. Il doit pourtant se rendre à l'autre bout de la ville. Et il déteste se priver de café avant une importante conférence. Comme si on lui donnait un camouflet ou qu'on lui refusait de fumer un cigare à la fin d'un copieux repas.

Se raisonner. Prendre son mal en patience[7]. Après tout, ce genre d'in- 41 convénient peut arriver à n'importe qui, n'importe quand.

II

Une quinzaine de minutes passent dans le silence et le noir le plus 42 complet. Neuf heures cinquante et quelques poussières. C'est presque l'heure du branle-bas général. À qui arriverait le premier à la cafétéria.

Une rude secousse fait soudain tomber Malenfant de tout son long sur 43 le tapis. Un croc-en-jambe n'aurait pas fait mieux. La cabine se stabilise ensuite. Les techniciens ont sans doute trouvé la solution. Il était temps !

Un écho lointain. Quelques efforts, suivis de profondes respirations. 44 Malenfant croit entendre le grincement d'un câble d'acier sur une poulie simple. On doit haler sa cabine. Il sera à bon port[8] très bientôt.

La lumière crue éclaire tout à coup la cabine. Ne voyant pas la porte 45 s'ouvrir, il jette un coup d'œil inquiet vers le tableau lumineux indiquant le trentième étage.

« Misère ! Attendre si longtemps pour revenir à mon point de départ ! » 46

Dans un éclair, Malenfant se souvient de sa première journée dans 47 l'immeuble, voilà près de trente ans. Ses supérieurs l'avaient affecté au premier étage, faute du rez-de-chaussée qui était occupé par une caisse populaire[9], un dépanneur et un local réservé aux concierges.

Petit à petit, au fil de sa carrière qui n'avait rien d'éblouissant, il avait 48 gravi les échelons. En moyenne, un étage par année de loyaux services.

À présent, il est parvenu au faîte de sa carrière, puisque l'étage supé- 49 rieur, le trente et unième, est réservé à la salle des machines. Que peut-il espérer de plus, sinon remplacer l'adjoint au directeur général ?

---

7. **prendre son mal en patience** : se résigner à cet inconvénient.
8. **il sera à bon port** : il arrivera au bout de son trajet sans accident.
9. **une caisse populaire** : au Québec, une succursale de la Caisse populaire Desjardins, qui est un établissement financier coopératif.

50   Le haut fonctionnaire secoue la tête, affligé par une pensée bassement réaliste : il se sait parvenu à son niveau extrême d'incompétence. Une promotion additionnelle et il doit avouer sa médiocrité à la face du monde.

51   Une goutte de sueur à son front. Malenfant compte l'âge que peut bien avoir l'adjoint. Quand prendra-t-il sa retraite ? Huit ans ? Sauvé ! Dans huit ans, Malenfant sera beaucoup trop vieux pour espérer lui succéder. Mais les desseins de la bureaucratie sont si impénétrables qu'il vaut mieux prier et avoir foi en sa bonne étoile.

52   L'ascenseur ne bouge toujours pas. Malenfant plisse les yeux et appuie sur le bouton qui indique SS, pour sous-sol. Comme à regret, la cabine émet un hoquet, puis se met à descendre, mais lentement, très lentement.

53   « Est-ce qu'on me ramènerait à bout de bras ? » se demande-t-il en retenant sa respiration.

54   L'ascenseur stoppe au vingt-deuxième étage. Malenfant s'attend à voir déferler des hordes de petits fonctionnaires en mal de caféine. Au lieu de quoi, la même femme que tout à l'heure entre sans prendre la peine de lui sourire. Mais est-ce vraiment la même ? Pourquoi pas le sosie de l'autre ? Il y a parfois de ces ressemblances étonnantes… Ses cheveux sont plus ébouriffés. Elle a des poches sous les yeux et affiche un teint légèrement grisâtre. Elle ne sent plus la lavande. Bien au contraire : elle a une de ces mauvaises haleines des lendemains de la veille !

55   « Avec tout ce temps que j'ai perdu, elle aura repris un autre ascenseur. »

56   Sans montrer son étonnement, il remarque qu'elle a redemandé le dix-septième étage. Quelques secondes encore. Puis la femme disparaît comme elle est venue. Les portes se referment de nouveau.

57   « Pourvu que la cabine ne retombe pas en panne entre… »

58   La coïncidence aurait été du plus mauvais goût. Cependant, l'ascenseur poursuit sa lente descente. Guy Malenfant baisse le front. Sa mallette n'a pas bougé. Il se sent réconforté, sans savoir au juste pourquoi.

59   Une migraine lui vrille les tempes, au moment précis où il doit s'efforcer de se concentrer sur sa prochaine conférence. Ses oreilles se bouchent un instant. Il ressent le même malaise que le mineur de fond qui entre dans le ventre de la mine à une vitesse vertigineuse.

*   *   *

60   Rendu au sous-sol. La porte s'ouvre comme si de rien n'était. Il fait un tantinet plus froid qu'à l'accoutumée. Un éclairage bleuté, inhabituel en cet endroit, tamise le couloir qui semble avoir rétréci.

61   La configuration des lieux a également changé. Le plafond est plus bas et le béton a fait place à une sorte de pierre schisteuse, extrêmement friable si on en juge d'après les débris accumulés au sol.

62   Le haut fonctionnaire qui, voilà vingt ou trente ans, n'était qu'un gratte-papier tout aussi terne que ses pairs, risque un pas dans le couloir. Ce geste

irréfléchi lui est fatal. La porte claque derrière lui comme un fouet.

Dans sa distraction, Malenfant a oublié sa précieuse mallette dans la 63
cabine. Il fait demi-tour, perd presque l'équilibre et appelle l'ascenseur.
Mais en vain. La lumière témoin ne s'allume même pas.

Une vague inquiétude s'infiltre en lui lorsqu'il s'aperçoit qu'il n'y a qu'un 64
ascenseur là où, moins de deux heures auparavant, il s'en trouvait six.

« Je ne rêve pourtant pas : il y avait bien... » 65

Il n'achève pas sa phrase qui, de toute façon, est futile. Mal à l'aise, 66
l'homme sent un courant d'air froid lui recouvrir les épaules. Comme si un
inconnu lui avait jeté une serviette mouillée.

Doit-il attendre que l'ascenseur revienne, pour recouvrer son bien, ou 67
est-il plus avisé d'explorer ce nouvel environnement ? Il doit sûrement se
trouver quelque part un escalier de service !

Face au dilemme, il hésite. Les décisions rapides ne sont pas son apa- 68
nage. Dans sa trop longue carrière, il s'est constamment trouvé un supérieur
hiérarchique pour lui dicter ses gestes en telle ou telle circonstance délicate.

Un miaulement à peine audible lui fait dresser l'oreille. 69

« Sans doute l'air qui s'infiltre par quelque interstice. » 70

Malenfant n'est pas différent de ses congénères : il aime bien trouver 71
des explications au monde. C'est sa façon de mater l'angoisse et le stress.
Il agit pareillement en ces nuits interminables où, collé aux flancs de sa
femme, il tente de s'endormir.

Dans ces moments-là, toutes ses peurs, qu'il a vaillamment refoulées 72
au plus creux de lui-même en remuant des paperasses, refont surface comme
des bulles d'air. Peur de l'abcès qui l'obligera à rendre visite au dentiste.
Peur d'être dans la gêne et d'avoir à effectuer un emprunt. Peur de perdre
un membre de sa famille dans un banal accident. Peur de l'incendie qui le
jettera sur le pavé [10]. Peur de la maladie pouvant abréger ses jours qui, de
toute manière, fuient à la vitesse d'un missile antimissile. Peur de ceci ou
de cela. Peur surtout de la mort qui l'enverra, trop tôt, dans ce creuset
effroyable d'où l'on ne revient que sous forme de fantôme bilieux.

Comme d'autres confrères, il pourrait faire usage de somnifères. Mais 73
il craint d'en devenir l'esclave et de développer une trop grande tolérance.
Puis ce n'est qu'une façon bien malhabile de retarder l'inéluctable.

Quand sa femme ne remue plus à ses côtés et que sa respiration devient 74
plus régulière, Guy Malenfant s'invente mille histoires, toutes plus terri-
fiantes les unes que les autres. Des monstres à deux têtes et aux crocs
meurtriers lui apparaissent alors qu'il explore des châteaux hantés. Des
bêtes ailées, poilues comme des koalas mais en moins esthétiques, lui
arrachent le cuir chevelu. Des requins affamés fourmillent dans les eaux
tumultueuses qui ont fait échouer sa frêle embarcation.

---

10. **qui le jettera sur le pavé** : qui le mettra à la rue, lui fera perdre son domicile.

75   Dans ces débordements d'imagination, où l'orgie des images macabres
ne connaît plus de frontières, son cœur, qu'il sait fragile, commence à battre
de façon saccadée. Il peut ainsi attendre jusqu'au beau milieu de la nuit,
parfois jusqu'à la barre du jour, avant qu'un semblant de sommeil ne consente
à se nicher en lui.

76   Le réveil est ardu, sinon brutal. Il doit se lever d'un bond, sans tomber
de ses échasses grêles, et se brancher aussitôt sur le radar pour aller
prendre une douche. Même le savon qui se loge dans ses yeux, et qui le
fait pleurer, ne parvient pas à le sortir de sa torpeur. En ces instants de
profondes détresses, il donnerait toute sa maigre fortune pour qu'on lui
permette de replonger dans les draps.

77   Fonctionnaire consciencieux, rompu aux tâches les plus rebutantes, il
réussit tout de même à se reprendre en main [11]. Il s'habille alors comme un
automate, prenant grand soin de ne pas utiliser son complet de la veille.

78   Seul plaisir dans ce monolithe d'ennui : le choix crucial d'une cravate.
Malenfant en possède des dizaines et des dizaines, de toutes les couleurs,
de tous les motifs, de toutes les largeurs et de toutes les étoffes possibles
et imaginables. Il n'en a jamais jeté une seule. Dans cent ou deux cents
ans, un historien original pourra en faire un logiciel illustré sur la mode des
cravates, de la Deuxième Guerre mondiale à la fin du XXe siècle.

79   Notre collectionneur de cravates prend ensuite un léger déjeuner et
deux cafés noirs. Le tumulte des années passées, alors que les enfants
étaient d'âge à se chamailler pour des peccadilles, a fait place à un silence
oppressant. Tout à ses rêves, il se brûle les lèvres et étouffe un juron.

III

80   Guy Malenfant laisse vagabonder son imagination en attendant l'unique
ascenseur qui ne revient toujours pas au sous-sol. Mais se trouve-t-il vraiment au sous-sol?

81   « Où veux-tu que je sois, sinon ici? »

82   La question intérieure n'admet pas de réplique. À regret, l'homme suit
des yeux l'interminable couloir. Tout au bout se devine une issue de secours.

83   Il frissonne de la tête aux pieds. Comment peut-il en être autrement :
la température a chuté d'une dizaine de degrés. Par une vieille habitude, il
vérifie si sa cravate est bien ajustée. Une mine impeccable, sauf peut-être
un bataillon de pellicules...

84   Il s'avance avec crainte dans la lueur bleutée. Le miaulement se fait plus
distinct. Il fait cinq pas et doit enjamber une flaque d'eau où finit de pourrir
une bête à museau pointu et à queue rugueuse.

---

11. **se reprendre en main** : retrouver la maîtrise de soi, se ressaisir.

Les murs suintent une humidité malsaine. L'espace se rétrécit imper- 85
ceptiblement. Une vague odeur d'œufs pourris commence à chatouiller son
odorat. Il se sent agressé par mille choses invisibles. La température baisse
encore de quelques degrés.

« Pas de doute : j'ai dû aboutir au deuxième sous-sol. J'ai déjà entendu 86
parler d'un tel souterrain qui relierait notre immeuble aux boutiques de la
rue Principale. »

Belle façon de se mentir, tout en mettant un frein à ses phobies qui ne 87
demandent qu'un prétexte pour remonter à la surface et le terroriser. Des
peurs ? Ridicule ! Malenfant ne les tolère que dans son lit, au creux de
l'oreiller, la nuit venue. Le cauchemar tire sans doute à sa fin.

« J'ouvre cette issue de secours, là-bas, et je débouche... »   88

Il a envie de dire « à l'air libre », mais il n'en est pas sûr, pas sûr du 89
tout. Il rejette sur la stupide panne d'ascenseur le désagrément qu'il subit
en ce moment.

« Attends que je mette la main sur ce satané concierge à la manque ! Il 90
va voir de quel bois je me chauffe[12] ! »

On aura deviné que ses paroles dépassent sa pensée d'un iota. Il est 91
plutôt du genre à bien se comporter en public comme en privé, même
lorsqu'il lui faut déposer une plainte en bonne et due forme.

Arrivé à la porte vermoulue, preuve s'il en est de l'effet dévastateur de 92
l'humidité sur le bois, le haut fonctionnaire hésite encore. Il se rappelle
avoir oublié, dans son énervement, sa fameuse mallette.

Il tourne la tête en arrière. Tout au fond du couloir, il imagine apercevoir 93
la porte de l'ascenseur s'ouvrir. Ce n'est qu'une illusion, bien sûr, de celles
qu'on nomme mirages quand on est égaré en plein désert. Il a beau se
frotter les yeux, il n'y a plus d'ascenseur.

« C'est la distance qui m'empêche de bien voir... »   94

Fort de cet argument percutant, il n'a pas rebroussé chemin. Par bon- 95
heur, car il n'y a bel et bien plus d'ascenseur. À sa place, un mur en schiste
calcaire, friable à cause des gouttelettes qui ne cessent de s'infiltrer dans
la roche.

*   *   *

Malenfant ouvre enfin la porte à demi moisie. Un lamentable grincement 96
de gonds qui n'ont pas été huilés depuis une éternité. Une lumière aveuglante
salue son apparition dans la vaste salle. Une foule compacte, mais curieu-
sement muette, occupe toutes les tables de la cafétéria. Cette masse dé-
sœuvrée le suit pendant qu'il se dirige à l'endroit où doit être la cafetière.

---

12. **de quel bois je me chauffe :** quel genre de personne je suis.

97   Quelques costauds au front bas et aux yeux de brutes s'adossent à la porte et se croisent les bras. Ils semblent vouloir lui interdire toute fuite. Intimidé, le nouveau venu tousse comme s'il craignait de déranger. Se doute-t-il qu'il est pris au piège?

98   Dans cette masse, les gens ont les cheveux ébouriffés, des poches sous les yeux et le teint grisâtre. Seraient-ce des fonctionnaires qui, au lieu de gravir les échelons, sont rentrés sous terre comme des rats, descendant d'un étage à l'autre après chaque disgrâce? Comme une promotion à rebours?

99   Malenfant met quelque temps avant de remarquer qu'on fixe sa cravate rouge. Sa cravate rouge? À moins que ce ne soient ses pellicules de malheur? Comment savoir?

100   « Mademoiselle, il n'y a plus de café? »

101   L'employée le dévisage avec un sans-gêne étonnant :
        « C'qui a[13]? »

102   Malenfant tient sa tasse vide de la main droite. De l'autre, il tente de rajuster le nœud de sa cravate. Il a comme un chat dans la gorge.

103   L'employée vulgaire répète :
        « C'qui a?
        — Je dis qu'il n'y a plus de café... »

104   Puis voyant que sa remarque ne fait pas le moindre effet dans l'esprit de l'autre, il murmure :
        « Il vous reste peut-être du thé ou du chocolat chaud? »

105   C'est sa dernière phrase. On n'est pas tous de grands hommes qui meurent avec des paroles célèbres à la bouche. Plus vite que la foule, ou plutôt parce qu'elle est la moins éloignée, l'employée fait un geste qui la rapproche de Malenfant. Cette victime idéale lui donne l'eau à la bouche. Elle ouvre la bouche, fait un rictus démoniaque et s'apprête à rentrer ses canines dans le nœud rouge.

106   Surpris par l'agression, Guy Malenfant laisse échapper sa tasse, qui se fracasse dans un bruit épouvantable. Il n'a pas le temps de s'excuser de cette gaucherie. Répondant à l'appel apocalyptique des clairons, les sous-fonctionnaires se lèvent d'un bond. Ils ont trop souffert — trop longtemps! — de se voir confiner dans les sous-étages suintants de l'édifice. Quelqu'un doit payer pour ces décennies d'isolement et de déchéance!

107   Ils vont d'abord lui sucer la teinture rouge de sa cravate. C'est tellement meilleur que le sang! Ensuite, quand leur soif sera en partie étanchée, ils vont le pendre, haut et court, à la poutre principale de la cafétéria. Ce sera leur premier trésor de guerre. Et si, comme prévu, un autre cravaté tombe dans le piège de l'ascenseur numéro 3, truqué avec la complicité du sous-concierge, ils vont encore jouer aux émeutiers et aux exécuteurs de la basse justice.

---

13. **C'qui a?** : Qu'est-ce qu'il y a?

À force d'en tuer, ils se verront peut-être appelés à les remplacer aux 108
étages supérieurs. Sinon, malheur à tous ces parvenus qui ouvriront la
porte ! Les sangsues des bas-fonds les videront de toute teinture, puis les
accrocheront à la poutre principale comme des trophées de chasse. Et tant
pis si l'immeuble de trente étages a la mauvaise réputation d'être un lieu
hanté !

COMPRÉHENSION

§ 1-5.
   a. Où se trouve Guy Malenfant, qui est-il et qu'est-il en train de faire ?
   b. À quoi l'activité des bureaux est-elle comparée ? Relevez les jeux de
      mots et les contrastes qui font l'humour de ce passage.

§ 6-11.
   a. En quoi a consisté l'aventure qu'a eue Guy Malenfant et quelle en a été
      l'issue ?
   b. Quel aspect de ce personnage cet épisode révèle-t-il ?
   c. Qu'est-ce qui montre que cet épisode l'a marqué ?

§ 12-17.
   a. Qu'est-ce qui explique la nervosité du personnage et par quoi celle-ci se
      manifeste-t-elle ?
   b. Pourquoi veut-il descendre au sous-sol ?
   c. Qu'est-ce qui le gêne chez sa compagne d'ascenseur ?

§ 18-25.
   a. Que se passe-t-il dans l'ascenseur et comment Malenfant réagit-il ?
   b. Quel incident bizarre se produit-il ?

§ 26-41.
   a. Caractérisez les états mentaux par lesquels passe le personnage.
   b. Quel est l'effet du contraste entre ses préoccupations prosaïques et ses
      angoisses existentielles ?

§ 42-45.
   Que se passe-t-il dans la cabine de l'ascenseur ?

§ 46-51.
   a. Expliquez la correspondance qui est établie entre les étages de l'immeuble
      et la carrière de Malenfant.
   b. Quelle est son inquiétude ?

§ 52-59.
   En quoi cette nouvelle descente de l'ascenseur est-elle une répétition de la
   précédente ? Qu'est-ce qu'il y a de différent ?

§ 60-70.
   a. Quels sont les détails qui inquiètent Malenfant ?

    b. Pourquoi est-il rappelé ici que « le haut fonctionnaire, voilà vingt ou trente ans, n'était qu'un gratte-papier aussi terne que ses pairs » ?

    c. Qu'est-ce qui explique son hésitation ?

§ 71-75.

    a. Quelle est la cause de ses insomnies ?

    b. Caractérisez le genre d'images qui lui viennent à l'esprit.

§ 76-79.

    a. Comment se sent-il et se comporte-t-il à son réveil ?

    b. Que représente dans son existence sa collection de cravates ?

§ 80-95.

    a. Vers où se dirige Malenfant et que découvre-t-il au fur et à mesure qu'il avance dans le couloir ?

    b. Par quels gestes et quelles pensées essaie-t-il de se rassurer ?

§ 96-104.

Qu'y a-t-il derrière la porte ? Qui sont les gens qui se trouvent là et quelle est leur attitude ?

§ 105-108.

    a. Sur quels détails repose l'analogie avec les vampires ?

    b. En quoi cette analogie est-elle burlesque ?

    c. Quelle explication est donnée des agissements des sous-fonctionnaires ?

ANALYSE

1. La progression.
   a. Résumez chacune des trois parties de la nouvelle. Précisez à quelles étapes du récit elles correspondent, ce qui les relie les unes aux autres et ce qui les différencie.
   b. Quand le récit devient-il véritablement fantastique ? Quels éléments du texte, quels détails ont préparé le dénouement ?
   c. Quelle est votre réaction à la scène finale ? Vous semble-t-elle relever véritablement du genre fantastique (bon ou mauvais) ou en être une parodie ? Le fantastique de cette nouvelle vous semble-t-il être une fin en soi ou un moyen ?

2. Analysez l'utilisation qui est faite de l'espace et du déplacement.
   a. Précisez les étapes du trajet, les caractéristiques des lieux où se trouve le personnage et de l'ensemble spatial où se déroule l'action, ainsi que la fonction des oppositions (montée/descente, verticalité/horizontalité, lieux fermés/ouvertures).
   b. Quels sont les éléments d'analogie avec le schéma mythique d'une descente aux Enfers ?

c. Quels effets les lieux et les déplacements produisent-ils chez le protagoniste?

d. Examinez les détails du parallèle qui est établi entre la série d'étages et la carrière de fonctionnaire.

3. Caractérisez le personnage de Guy Malenfant.
   a. Est-ce qu'il vous apparaît tragique, comique ou pathétique?
   b. A-t-il une individualité propre ou n'est-il qu'une caricature?
   c. Que représentent sa mallette et sa cravate?
   d. Quelle image a-t-il de lui-même? Comment cette image contraste-t-elle avec la réalité de son existence? Pourquoi se compare-t-il fréquemment aux autres fonctionnaires?
   e. Comment ses peurs et ses angoisses le font-il apparaître?

4. Quelle fonction remplit dans le récit le rappel de l'aventure qu'a eue Guy Malenfant avec la secrétaire? Que représente la femme de l'ascenseur?

5. Comment l'auteur satirise-t-il la bureaucratie et le fonctionnarisme?
   a. Quelles métaphores utilise-t-il pour provoquer un effet de comique ou de ridicule?
   b. Quel est le sens des nombreuses allusions à la pause café?
   c. Quand et comment se manifeste l'importance accordée à la hiérarchie?
   d. Quel sens le récit donne-t-il au vampirisme des « sous-fonctionnaires »?

La montée

ANDRÉ BERTHIAUME

Professeur de littérature française et québécoise à l'Université Laval, André Berthiaume est né à Montréal en 1938. Il est coanimateur des Éditions Parallèles depuis 1977 et a été directeur de la revue Livres et Auteurs québécois *de 1978 à 1980. Il a collaboré à diverses revues littéraires et publié un roman,* La Fugue, *en 1966, lequel lui a valu le Prix du Cercle du livre de France. Ses autres livres comprennent un essai,* La Découverte ambiguë *(1976), et trois recueils de nouvelles :* Contretemps *(1971),* Le Mot pour vivre *(1978), d'où est extraite « La montée », et* Incidents de frontière *(1984).*

Par la grande fenêtre de la salle de séjour, je le vois qui monte vers 1
le chalet, sombre, penché en avant sur la pente blanche. Il a laissé
sa voiture en bas, en face du chemin obstrué par la neige. Il sera
ici dans quelques minutes. Il a relevé le col de son manteau de cuir, remonté
l'écharpe sous les yeux. Il ne vente pas, mais l'air est coupant. Il laisse
derrière lui une suite de pas réguliers, droits, profonds. Autour de lui, la
neige présente une surface lisse, à peine vallonnée ; elle scintille par endroits
et aveugle. J'ai dû mettre mes lunettes de soleil pour regarder dehors et
le voir distinctement.

Comme convenu, Paul vient me chercher. Ses jambes s'enfoncent main- 2
tenant jusqu'aux genoux. Déjà il est à mi-chemin entre la route et le chalet.

Plus il s'approche, plus je sens se préciser le malaise. Paul m'avait assuré 3
qu'il viendrait me chercher après le week-end : il tient parole. Le voilà,
malgré la sérieuse tempête des deux derniers jours qui a laissé plusieurs
pouces d'une neige lourde. Il est vrai qu'aujourd'hui le ciel est incroyablement
bleu et qu'il fait un temps magnifique. Tôt ce matin, le chasse-neige a ouvert
la route mais on ne déblayera sans doute pas la montée avant ce soir ou
demain.

C'est une bien curieuse expérience que d'habiter quelque temps la mai- 4
son d'un ami. Au début, on se sent un peu indiscret. Les objets, meubles,
bibelots, cadres, vêtements, livres, disques, parlent. Ils sont bavards, ils
chuchotent sans arrêt. Ils nous font d'étranges confidences, nous révèlent
des secrets imperceptibles, des habitudes, des goûts, des caprices. On
s'imprègne peu à peu d'une atmosphère, on découvre avec quel soin chacun
organise son existence quotidienne, crée son chez-soi, se protège, se dé-
fend. (Nous sommes si vulnérables, tous. Farauds, malins, crâneurs, mais

il suffit de peu de chose, une chiquenaude, un petit coup de vent, pour nous jeter en bas de notre branche.) Tout parle, les couleurs vives du papier peint, la bibliothèque faite habilement de planches et de briques superposées, le cageot debout qui sert de table de nuit, l'ancienne machine à coudre, les chaises cannées, les abat-jour, les masques africains, les fiches bien classées sur la table de travail, mille autres petits signaux. Tout parle, mais je ne suis pas sûr de comprendre.

5   Comment mon amitié pour Paul a-t-elle commencé ? Je ne sais plus. Les années se sont entassées rapidement comme la neige et elles ont effacé toute trace. Un camarade de collège que l'on revoit en ville par hasard, et tout recommence. Mais au contact de ses objets rudimentaires qu'il a peut-être choisis avec soin et qui le prolongent en quelque sorte [1], je me rends compte que je ne le connais pas, ou si peu, sans d'ailleurs trop savoir ce qui m'échappe. Les objets ont beau me révéler des facettes insoupçonnées, inconnues, je suis incapable de les déchiffrer.

6   Il a mis son chalet à ma disposition pour le week-end. Voilà qui est amical, clair, logique. Le chalet est isolé sur une hauteur, à vingt minutes de marche d'un village particulièrement ennuyeux. Quelques maisons en simili-briques, une église en bois, quelques commerces, une station-service, c'est à peu près tout. Deux lampes rouges, espagnoles, affreuses, restent allumées longtemps le soir dans la vitrine d'un magasin, à côté de l'église.

7   La montée que la neige des derniers jours a presque complètement effacée est étroite et raide. Des pans de neige compacte débordent du toit du chalet et vont s'affaisser un jour ou l'autre avec un bruit d'avalanche. Ce matin, il y avait du brouillard mais le soleil a irradié tout ce voile, l'a traversé, et maintenant, tout est clair, éblouissant. Les poteaux télégraphiques semblent suspendus dans l'air sec et blanc. Après une longue promenade dans les champs, la neige s'accumule sous les gants et brûle les poignets. En bas, une voiture passe sans bruit. Elle semble glisser sur la surface dure. Les cloches de l'église du village tintent faiblement.

8   Il monte sans effort, semble-t-il, mais sans se presser. Et plus il s'approche dans le blanc aveuglant, plus mon malaise grandit. Suis-je encore victime de mon aptitude à l'affabulation ? Suis-je le jouet d'un simple hasard ?

9   D'abord la photographie. Tandis que je feuilletais distraitement un livre de la bibliothèque, elle a glissé par terre comme une feuille morte. Je l'ai ramassée et j'ai reconnu Simone, le visage un peu long, le nez droit, parfait, les cheveux blonds, courts, avec la raie bien nette sur le côté, le grain de beauté sous l'œil gauche. Et je me suis rappelé le corps élancé, souple, les seins un peu lourds, les longues jambes.

10   Il y avait un sacré bout de temps [2] que je n'avais pensé à elle. Elle a

---

1. **qui le prolongent en quelque sorte** : qui sont comme une extension de lui-même.
2. **un sacré bout de temps** : un très long temps.

disparu sans que les choses soient parfaitement claires entre nous, et je l'ai regretté un peu. Il y a des souvenirs qui surviennent à l'improviste, et l'on se rend compte que ce sont des blessures. Qui pourrait dire avec certitude pourquoi elle a mis fin à ses jours?

Je sais que Paul avait manifesté de l'intérêt pour elle. Peut-être, après 11 tout, l'a-t-il aimée. Je ne sais pas. Maintenant que j'y pense, je me rends compte que nous avons été tous les deux très réservés sur les mobiles probables du suicide. Je l'ai cru aussi désemparé que moi. Car je sentais confusément qu'elle ne lui était pas indifférente[3]. Curieux que, pendant cette fin de semaine, dans ce coin perdu des Laurentides, elle soit réapparue tout à coup. J'ai été pris d'une certaine nostalgie en la revoyant. Quelle ne fut pas ma surprise quand, un jour, Paul me révéla que Simone m'aimait. Mon étonnement n'avait pas eu de bornes. J'ai alors brutalement senti à quel point les choses et les êtres peuvent m'échapper. (Je ne marche pas encore dans mes pas. Ma marche, ma propre montée n'est pas encore sûre, calme, unifiée. Mon jardin n'est pas encore lumineux. J'ai un rendez-vous avec moi-même, et je le remets tout le temps. Je n'aime pas tellement l'image surveillée, impeccable, sereine et mate que je projette. Il est grand temps que je m'ajuste à moi, que j'habite tout l'espace de mon corps, que mon regard s'ajuste à mon regard et que je me taise pour que le haut sapin que je vois par la fenêtre et qui projette une ombre massive sur le chalet me dise son secret.)

Pendant plusieurs mois, j'ai vu Simone en diverses circonstances, à 12 plusieurs reprises. J'appréciais sa compagnie mais l'idée qu'elle pût m'aimer ne me traversa jamais l'esprit. L'amour aveugle, paraît-il. Et l'insouciance, donc! Paul m'avait montré un carnet qui aurait appartenu à Simone. (Comment a-t-il pu entrer en possession de ce document?) Elle évoquait avec passion la présence d'un homme qu'elle aimait sans que celui-ci, apparemment, ne s'en rende compte. Et elle ne voulait surtout pas qu'il s'en rende compte, ce qui est totalement absurde. Elle notait les politesses les plus banales qu'il avait pu lui faire, par exemple ouvrir la portière d'une voiture. L'homme n'était jamais nommé, jamais décrit, mais Paul m'affirma que c'était moi. Je n'avais pas attaché trop d'importance à cette révélation. Je n'osais y croire. Comment Paul avait-il appris l'identité du mystérieux bonhomme? Simone lui aurait-elle fait des confidences? Comment se fait-il que je sois dans l'ignorance de toutes ces choses? J'avais été surpris par la révélation de Paul, puis j'avais préféré oublier. La nouvelle du suicide de Simone m'avait évidemment consterné mais je ne croyais pas — je ne crois toujours pas — y avoir contribué de quelque façon.

---

3. **elle ne lui était pas indifférente** : il ne se sentait pas indifférent envers elle, elle lui inspirait des sentiments amoureux.

13   Mais ici, dans cette solitude et ce silence un peu effrayants, je pense à elle et je suis pris d'une sorte de remords. Et je me rappelle un moment particulier qu'elle évoquait, maladroitement peut-être, dans son carnet.

14   Comme toujours, le printemps tardait à venir. La terrasse Dufferin était déserte. Il était trois heures de l'après-midi. Tous ces détails sont très précis dans ma mémoire. Ce qui est singulier, car j'ai tendance à tout oublier. Déjà le soleil déclinait derrière le cap Rouge. Au pied du Château Frontenac, un couple d'Américains âgés patinaient au son d'une valse crachée par un haut-parleur. De temps à autre, quelqu'un s'engouffrait dans l'abri du funiculaire, puis on entendait grincer les câbles gelés. L'île d'Orléans était à peine visible derrière les nappes de brouillard. Des mains blanches avançaient sans bruit sur le fleuve. La neige respirait. On aurait dit qu'elle souriait. Des touffes jaunes et rouges étaient restées accrochées aux branches. Je me suis tourné vers Simone et je lui ai demandé si elle avait froid. Elle a fait non de la tête.

15   Ai-je été assez stupide de ne pas entendre son appel silencieux? De n'avoir pas su lire son beau regard? Qui étais-je donc pour la traiter avec une pareille indifférence?

16   Paul monte vers moi, obstiné, silencieux, tache noire grossissante comme celle qui grandit dans mon estomac. Je me sens triste depuis que le souvenir de Simone me trotte dans la tête.

17   Hier soir, il est arrivé un incident infiniment stupide. Je venais de mettre la photo de Simone en évidence sur la cheminée, je ne sais trop pourquoi. Puis j'ai ouvert la télévision, sans doute pour entendre une voix, pour voir quelqu'un, puisque je ne pouvais plus entendre ni revoir Simone. Sur l'écran, des patineuses de différentes nationalités évoluaient avec grâce pour un championnat quelconque. La grande favorite glissait avec élégance sur la glace. Les applaudissements fusaient à chaque figure, le commentaire était enthousiaste. Soudain l'aspirante a fait une chute. Elle est bêtement tombée sur le derrière. Elle s'est relevée très vite et a pu terminer son numéro en beauté. À l'instant de la culbute, mes yeux se sont ridiculement embués. J'étais au bord des larmes et un peu affolé. Qu'est-ce qui m'arrivait? Depuis quand un téléspectateur larmoie-t-il quand il voit une patineuse faire une chute au milieu d'une valse de Strauss? Je me suis levé, j'ai tourné le bouton de la télé, j'ai marché nerveusement, arpenté toutes les pièces du chalet, tourné en rond. Je me suis regardé dans une glace et me suis moqué de moi à travers mes sanglots contenus. C'était absurde, incompréhensible. Je me suis versé une bonne rasade de cognac et je suis allé m'asseoir, les yeux fermés. Je respirais mal.

18   Cette nuit, j'ai fait un rêve. Je me trouvais dans une classe d'école, j'étais un des élèves et Simone était le professeur. Il ne semblait pas y avoir de différence d'âge entre Simone et nous. Elle écrivait au tableau des mots que j'avais mal orthographiés dans un devoir. Elle m'enguirlandait en prenant l'assistance à témoin. J'étais mal habillé. Ma chemise était à moitié sortie

de mon pantalon. Je me suis levé, je suis allé devant la classe et j'ai harangué les autres :

« Vous le saviez, vous autres, ce qu'il fallait faire ? Vous le saviez comment il fallait écrire ces mots ? On vous l'avait dit ? »

Simone m'a interrompu avec autorité. Elle m'a intimé l'ordre de sortir 19 et m'a défendu de remettre les pieds en classe avant un mois.

Comme je protestais de mon innocence et dénonçais l'arbitraire de sa 20 décision, elle m'entraîna tout à coup hors de la classe et referma la porte derrière elle. Dans un coin en retrait du couloir, elle tendit son visage vers moi et me dit qu'elle m'aimait. Sa bouche était comme un bouton de rose et cherchait la mienne. Je lui dis que je ne comprenais pas. À ce moment, je me réveillai et trouvai ce rêve inutile, désagréable, ridicule.

Paul aimait-il Simone ? L'aimait-il sérieusement, profondément ? Je ne 21 l'ai jamais interrogé directement sur le sujet mais, après tout, cela n'est pas impossible.

Il monte toujours. Il est maintenant arrivé à la hauteur du sapin et il va 22 disparaître pendant un moment pour contourner le chalet. J'ouvrirai, il es- suiera ses bottes sur le seuil, enlèvera sa tuque et son écharpe, secouera la neige sur ses épaules.

Le revolver que j'ai trouvé dans le tiroir de la commode, un hasard 23 aussi ? Tous ces objets ne sont-ils pas un peu trop en évidence ? Pourquoi un revolver chargé dans ce chalet ? Simple précaution dans un endroit re- culé ? Je n'y connais rien en armes à feu, je ne connais pas le calibre ni le fonctionnement de celle-ci. Les mains un peu moites, je l'ai déposée sur la table à café vitrée. On dirait que le revolver est suspendu dans le vide, noir, métallique, luisant.

L'arme sur la table, la photo de Simone sur la cheminée. Et Paul qui 24 monte.

Sur la table de la cuisinette, je me rappelle maintenant qu'il y avait un 25 roman policier. Je n'y avais pas prêté particulièrement attention à mon arrivée, avant-hier. Sur la couverture glacée, une main gantée de cuir braque un revolver tandis qu'à l'arrière-plan on devine plus qu'on ne le voit le cadran d'une horloge.

Mais j'entends des pas sur le balcon.   26

COMPRÉHENSION

§ 1-3.
  a. Où se trouve le narrateur et que regarde-t-il ?
  b. Où est situé le chalet ? Où Paul a-t-il laissé sa voiture et pourquoi ?
  c. Comment est le paysage et quel temps fait-il ?
  d. Que vient faire Paul ?
  e. Que ressent le narrateur ?

§ 4-5.
   a. Quelle réflexion le narrateur fait-il sur ce que représente son chez-soi pour une personne ? Qu'est-ce que cette généralisation nous apprend sur le narrateur lui-même ?
   b. Quels renseignements sur Paul peut-on dégager de la description des objets qui se trouvent dans son chalet ?
   c. Quel est l'état d'esprit du narrateur ?

§ 6-8.
Caractérisez l'atmosphère que créent les détails de la description. Précisez le contraste avec le malaise du narrateur.

§ 9-10.
   a. Quelle impression d'ensemble retire-t-on de la description de Simone ?
   b. Que semble-t-elle représenter pour le narrateur ?

§ 11.
   a. Comment le narrateur perçoit-il ce qu'était l'attitude de Paul envers Simone ?
   b. Qu'est-ce que Paul lui avait appris et pourquoi en avait-il été surpris ?
   c. Quelle image de lui-même le narrateur se donne-t-il ?
   d. En quoi cette réflexion sur lui-même est-elle reliée aux particularités du moment ?

§ 12.
   a. Qu'est-ce que le narrateur avait appris sur Simone et comment ?
   b. Quelle avait été sa réaction et pourquoi dit-il qu'il « n'*osait* y croire » ?
   c. Quelles questions se pose-t-il au sujet de Paul ?

§ 13-16.
   a. Quel souvenir revient à la mémoire du narrateur et qu'est-ce que cela a de curieux ?
   b. De quel genre de détails se compose ce souvenir ? Quelle signification ces détails donnent-ils à l'épisode, pour le lecteur et pour le narrateur lui-même ?
   c. Que s'était-il passé entre Simone et le narrateur ?
   d. Qu'est-ce qui cause maintenant son remords ? Comment celui-ci est-il relié à la venue de Paul ?

§ 17.
   a. En quoi a consisté l'incident ?
   b. Précisez le rapport symbolique qui est tacitement établi entre la patineuse et Simone.
   c. Que nous apprennent sur le narrateur sa réaction du moment et la façon dont il caractérise cette réaction par la suite ?

§ 18-20.
Qu'est-ce que le rêve révèle au sujet du narrateur ?

§ 21-26.

  a. Quel genre de questions le narrateur se pose-t-il et pourquoi?

  b. Qui est responsable de la mise en évidence de la photo et du revolver? Précisez l'ambiguïté.

  c. Qu'apporte le détail supplémentaire du roman policier?

ANALYSE

1. La montée.

  a. Précisez ce que désignent les diverses occurrences du mot « montée » dans le texte et dégagez les particularités de chacune de ces « montées ».

  b. Quel est le rôle que joue dans la construction de la nouvelle la progression de Paul vers le chalet?

2. Le narrateur-protagoniste.

  a. Étudiez l'évolution du narrateur-protagoniste :
    – au cours du week-end qu'il raconte ;
    – dans le déroulement même de son récit.

  b. Par quel processus se transforme la façon dont il pense à Simone? Quels sentiments éprouve-t-il envers elle (ou son souvenir)? Comment cela influe-t-il sur la perception qu'il a de lui-même?

  c. Comment expliquer l'importance que prend pour lui la découverte de la photographie de Simone et le retour sur lui-même que cette découverte l'amène à effectuer?

3. Que représente Paul pour le narrateur?

4. Quels sont les divers éléments d'ambiguïté du récit? Comment contribuent-ils au suspense?

5. Qu'est-ce que les descriptions de la nature apportent au récit? Quels sont les détails qui reviennent à plusieurs reprises et pourquoi?

6. Discutez l'objectivité du narrateur. Quels sont les effets sur le lecteur que permet l'utilisation du point de vue unique de cette narration à la première personne?

Photo Kèro

Le coffret de la Corriveau

ANDRÉ CARPENTIER

Né en 1947 à Montréal, André Carpentier a poursuivi des études en pédagogie, en psychologie et en études littéraires. Il écrit des chroniques littéraires, participe à des émissions radiophoniques, est chargé de cours à l'Université du Québec à Montréal et lecteur pour diverses maisons d'édition. Il a publié deux romans, Axel et Nicholas, *suivi de* Mémoires d'Axel *(1973) et* L'Aigle volera à travers le soleil *(1978), ainsi qu'un livre d'entretiens :* Yves Thériault se raconte *(1985). La nouvelle est pour lui un genre de prédilection : il a non seulement collaboré à des recueils collectifs (dont certains se sont élaborés sous sa direction), mais a publié en son nom propre un livre de récits,* Du pain des oiseaux *(1982), ainsi que les contes fantastiques de* Rue Saint-Denis *(1978), parmi lesquels se trouve « Le coffret de la Corriveau ».*

Je souhaite une culture faisant l'école buissonnière, le nez barbouillé de confiture, les cheveux en broussaille, sans pli de pantalon et cherchant à travers les taillis de l'imaginaire le sentier du désir.

HENRI LABORIT*

C'était le premier jour de l'été. Et il planait sur Montréal un soleil magnifique empreint d'insouciance, de désinvolture et de frivolité. D'aucuns étrennaient des petits souliers légers, d'autres des marinières ou des « bermudas » à frange, d'autres encore, des chapeaux à fleurs ou des verres fumés en plastique.

Depuis quelques jours, déjà, on voyait aux pieds des grands édifices du centre-ville, des secrétaires parées de couleurs estivales se faire bronzer le visage en y faisant réfléchir les rayons du soleil à l'aide de minces réflecteurs d'aluminium qu'elles tenaient sous leur menton.

À l'ouest de la ville, la rue Crescent[1] fourmillait de jeunes précieuses affriolantes et élégamment attifées, d'autres, savamment débraillées, d'autres encore innocemment guindées. Mais toutes assujetties à la mode dictatoriale et coûteuse des boutiques des environs. Et, tout autour d'elles, bien sûr,

* Tiré de *Éloge de la fuite,* Paris, Éditions Robert Laffont, 1976.

1. **la rue Crescent :** là où se trouvent les lieux de sortie à la mode (bars, restaurants, boutiques, cafés, discos) ; la division entre l'ouest et l'est de Montréal correspond par tradition aux quartiers qui sont respectivement à prédominance anglophone ou francophone.

des dandys élancés, des jeunes loups affamés et prêts à tout, des intellectuels d'opérette...

4   À l'est, rue Saint-Denis[2], les multiples terrasses regorgeaient de tout ce qui s'agite dans cette société et qui peut porter le *jean*. Somme toute, sensiblement le même phénomène que rue Crescent, mais à la manière de l'est.

5   Mado Brisson et Benoît Simard habitaient le bas d'un duplex de la rue des Érables, un peu plus au nord-est de la ville, duplex que Benoît aurait bien aimé acheter n'eût été le caractère dépensier et foncièrement bohême, disait-il, de Mado. Tous deux enseignants, lui au collège du Vieux-Montréal[3], elle à Rosemont[4], ils avaient bien les moyens, pensait-il, d'accéder à la propriété[5]. Mais Mado ne l'entendait pas de cette façon. Elle préférait, disait-elle, vivre maintenant, en fonction de l'immédiat plutôt que d'un hypothétique futur, ou d'une non moins hypothétique retraite.

6   Il faut dire également que Mado et Benoît, de toute évidence, étaient à la croisée des chemins. Au cours de ces derniers mois, d'ailleurs, ils s'étaient souvent posé la question à savoir s'ils devaient continuer à vivre ensemble. Et chacun croyait que oui, à condition, bien sûr, que l'autre changeât sa façon de vivre !

7   Benoît lui reprochait de n'avoir aucun soin de la maison et de dilapider leurs revenus. « Ce n'est pas comme ça que nous allons arriver », lui disait-il. Et elle se demandait bien où il voulait en arriver.

8   Mado lui reprochait d'être trop sérieux et de manquer de fantaisie : « Tu as perdu toute faculté d'émerveillement », lui disait-elle. Et il se demandait bien de quoi on pouvait encore s'émerveiller en ce bas monde[6] !

9   Oui vraiment, ils en étaient à la croisée des chemins. Et comme ils avaient pris l'habitude l'un de l'autre et qu'ils croyaient s'aimer, ils éprouvaient un profond besoin de se parler et, à défaut de savoir quoi se dire, d'être tout simplement ensemble.

10   Aussi, comme ils avaient tous deux congé, en ce magnifique après-midi, décidèrent-ils d'aller en ville, se promener, tout simplement, et jaser. Comme plusieurs de cette petite bourgeoisie montante, besogneuse et libérale, au sens large du terme, ils avaient envie d'un mélange de soleil et d'asphalte, de vent chaud et de Martini. Les terrasses de la rue Saint-Denis étaient donc toutes désignées.

---

2. **la rue Saint-Denis** : à l'est de la ville, elle est le pendant de la rue Crescent.
3. **collège du Vieux-Montréal** : cégep (voir note 7) dans le plus vieux quartier de Montréal, près du port.
4. **Rosemont** : quartier du nord-est de Montréal où se trouve un autre cégep.
5. **accéder à la propriété** : le fait, pour un locataire, de devenir propriétaire ; empruntée au vocabulaire juridique et administratif, l'expression est ici un peu pompeuse et connote les aspirations bourgeoises du personnage.
6. **en ce bas monde** : dans le vocabulaire religieux, le bas monde s'oppose à l'Autre monde, à l'Au-delà ; l'expression s'emploie couramment de façon ironique.

Comme ils aimaient à le faire souvent, ils avaient stationné la Honda en   11
face du carré Saint-Louis, ce parc étrangement attachant, à la fois marqué
par l'histoire de la bourgeoisie francophone du siècle dernier et par une
jeunesse chevelue issue de la génération des cégeps[7], une jeunesse en
même temps apeurée et révoltée, sérieuse et survoltée, limpide et mys-
térieuse. Une jeunesse à leur image, dans laquelle ils reconnaissaient leurs
propres aspirations rabrouées et leurs déceptions. Puis ils s'étaient laissés
descendre sur le flanc ouest de la rue Saint-Denis en direction des terrasses.

Là, entre la rue Ontario et le boulevard de Maisonneuve, dans de grands   12
gestes nerveux, ils s'étaient lancés avec avidité dans la quête des biens
acquis. Ils avaient d'abord mangé chez Jojo, tout près du soleil et du trottoir,
des petits rognons à la crème qui ne furent pas sans leur rappeler leurs
premiers dîners en tête-à-tête. Puis ils étaient allés acheter deux disques
à l'Alternatif, un *Rêve du Diable*[8] et un Gary Burton, et ensuite quelques
bandes dessinées en solde à la Librairie encyclopédique. Et enfin deux billets
pour le spectacle de Louise Forestier[9] qui aurait lieu dans quelques semaines
au théâtre Saint-Denis. Tout cela exactement comme si la consommation
de biens culturels pouvait à la fois servir d'exutoire et d'assurance-santé
morale.

Finalement, et aussi comme à l'habitude, ils allèrent s'asseoir à une table   13
de la Galoche qui leur permettait, encore une fois, d'avoir les pieds près
du trottoir et le soleil dans les yeux. Mais ils ne parlèrent pas, ce qui leur
indiqua d'ailleurs qu'ils s'étaient déjà tout dit... ou presque. Chacun, inquiet,
se demandait si ce silence, pour l'autre, équivalait à un reproche, à un
constat d'échec ou, au contraire, à une sorte de confort moral. Plus encore,
chacun se demandait ce que représentait pour lui-même ce silence de plus
en plus oppressant.

Et le temps passa ainsi, en de profondes méditations sur le silence, alors   14
que les bruits du bar et de la rue venaient s'entrechoquer exactement à la
hauteur de leur table.

Ce n'est que vers cinq heures, au moment où les employés des bureaux   15
viennent habituellement envahir les terrasses, qu'ils décidèrent de remonter
lentement la rue Saint-Denis, par le côté est cette fois, comme il leur arrivait
souvent de le faire.

Après quelques pas seulement, et peut-être uniquement dans le but   16
inconscient de couvrir le bruit de la rue, Mado engagea la conversation.
Elle sut tout de suite qu'elle venait de faire un faux pas, mais il était trop

---

7. **la génération des cégeps** : le cégep (Collège d'enseignement général et professionnel)
   a fait son apparition au Québec au début des années soixante-dix ; les études y sont de
   deux ans (enseignement général) ou de trois ans (enseignement professionnel), aboutissent
   à un diplôme et se situent entre l'école secondaire et l'université. En tant qu'institution,
   le cégep est issu de la libéralisation générale de l'enseignement au Québec.
8. **le Rêve du Diable** : groupe folklorique québécois.
9. **Louise Forestier** : chanteuse québécoise.

tard. Benoît s'était arrêté net et son visage était rouge... exactement de ce rouge écarlate qui avait toujours caractérisé ses colères les plus furieuses!

17   « Quoi, lui cria-t-il les dents serrées! Aller en Grèce cet été, alors qu'on n'a même pas les moyens d'aller chez ma sœur à Saint-Boniface [10]!... »

18   Et, pendant qu'elle levait les yeux au ciel, il se lança dans une violente diatribe qui provoqua presque immédiatement un attroupement de curieux et de badauds assoiffés d'insolite et de spectaculaire. En trente secondes à peine, il lui prouva à la vue de tous qu'un tel voyage allait les mener directement à la ruine. Puis il passa de la logique aux sentiments, et aux menaces. Un tel geste de sa part et ce serait la séparation!

19   Alors, comme pour reprendre l'initiative du débat, à moins que ce ne fût de façon délibérée et préméditée elle tourna radicalement les talons et alla se plonger dans la première vitrine de commerce à sa portée.

20   C'était une devanture des plus sobres, comme en ont souvent les commerces qui comptent sur une clientèle stable. Éloigné du trottoir et camouflé presque sous des escaliers extérieurs, il s'agissait de l'antre d'un petit antiquaire discret, identifié seulement par une enseigne de bois bordée de fer et une marque de commerce peinte en demi-cercle dans l'unique vitrine. Aux deux endroits on pouvait y lire : « **Le Chercheur de Trésor** [11] ».

21   Voyant Mado se diriger vers la vitrine d'une boutique, Benoît sentit peser sur ses épaules le poids stupéfiant du destin; et il retint sa respiration. Qu'allait-elle encore inventer?

22   Mado, de son côté, ne perdant pas contenance devant la foule de flâneurs, pensait qu'elle pourrait bien négocier un petit achat attrayant en retour d'un été au lac des Deux-Montagnes [12] plutôt qu'en Grèce. Un petit achat, au hasard et sans autre signification que celle d'acheter, comme ce coffret, par exemple, posé là dans la vitrine : le coffret dit *de la Corriveau* [13]. Et à un prix à faire oublier la Grèce : cent dollars seulement...

23   Benoît protesta avec énergie. Cette fois, c'en était trop! Et comme il ne comprenait pas que Mado considérait cet achat comme un cadeau de consolation, une sorte de prime à la tolérance, il pensa que le temps était venu de lancer un ultimatum :

« Non, Mado. Non, non et non!... »

24   Mais elle entra quand même dans la boutique.

25   « Je te l'interdis. Si tu achètes ce coffret... »

26   Il dut interrompre sa phrase. Mado était entrée et il était seul dehors.

---

10. **Saint-Boniface** : la principale ville francophone du Manitoba.
11. **Le Chercheur de Trésor** : c'est aussi le titre de la réédition (1864) de ce qui semble avoir été le premier roman québécois, *L'Influence d'un livre* (1837), écrit par Philippe Aubert de Gaspé, le fils de l'auteur des *Anciens Canadiens*.
12. **lac des Deux-Montagnes** : lieu de villégiature situé à proximité de Montréal, vers l'ouest.
13. **la Corriveau** : nom d'une sorcière de légende.

L'homme qui accueillit Mado était plutôt petit et mince. Il avait le crâne 27
dégarni et le nez en hameçon. Il portait fièrement une moustache fine garnie
de quelques poils blancs et devait avoir entre quarante et quarante-cinq ans.

L'homme était aussi vêtu de façon très recherchée. À première vue, 28
on eût plutôt dit un couturier ou un coiffeur. Fort maniéré, à la fois dans
ses gestes et dans son langage, il dégageait une sorte de vibration intérieure
émanant de l'étrange et de la magie. Il y avait quelque chose d'envoûtant
en lui. Et ses yeux derrière de petites lunettes rondes pesaient lourd dans
la balance...

Mais le petit homme n'eut pas l'occasion de pousser bien loin la conver- 29
sation, car Benoît, qui avait surveillé la scène quelques secondes à travers
la vitrine, entra précipitamment et tenta une dernière fois de raisonner
Mado.

« Mado, si tu achètes ce coffret, on ne pourra pas payer le loyer ! 30
— Le loyer, Benoît, lui répondit-elle du tac au tac, on pourra toujours
le payer le mois prochain, tandis que ce coffret, lui, dans un mois, il sera
dans le salon de quelqu'un d'autre si je ne l'achète pas... »

Ces quelques bribes de conversation saisies au vol furent suffisantes à 31
l'homme derrière le comptoir, dit *le Chercheur de Trésor*, pour comprendre
toute la portée de l'entêtement de Mado à vouloir acheter ce coffret. Aussi
pensa-t-il qu'il devait faire vite à la fois pour juger des qualités physiques
de la jeune femme et pour opérer cette vente avant que Benoît ne réussisse
à la raisonner.

Il l'examina donc rapidement de la tête aux pieds, jugeant d'un seul coup 32
d'œil qu'elle était manifestement beaucoup plus belle et séduisante que la
grande majorité de ses clientes.

Décidé à jouer le grand jeu, il sortit alors sa main froide et fluette de 33
derrière le comptoir et se saisit de celle de Mado, comme on agrippe un
beau livre coincé entre plusieurs autres...

Mado ne s'étonna pas vraiment de ce geste audacieux. De toute façon, 34
se disait-elle, il n'y avait pas de coin assez sombre rue Saint-Denis pour lui
faire avoir peur de ce nabot précieux. Et puis, inconsciemment peut-être,
elle était prête à tout pour embêter Benoît. Et le petit homme, toujours
suave, se mit à lire dans les lignes de la main de celle qu'il considérait déjà
comme sa prochaine prise !

Il lui parla de son sens de l'esthétique lié à une conscience poussée de 35
ses racines, donc du patrimoine...

« Mademoiselle doit aimer les objets historiques... »

Benoît trouva la scène d'un si haut ridicule qu'il pensa, pour un instant, 36
que Mado ne pouvait pas tomber dans un piège aussi grossier ! Mado elle-
même se sentit un peu gênée de ce manque de franchise et de subtilité.
Mais elle ne pouvait, ou plutôt ne voulait plus reculer. Aussi encouragea-
t-elle le Chercheur de Trésor, allant de soupir en ébahissement...

Le petit homme lui vit alors, dans les seules lignes de sa main gauche, 37 une fascination marquée pour le mystère et le besoin d'épater son entourage...

38   Benoît n'y tenait plus :

« Et je suppose que vous avez justement en vente ce bel objet historique, plein de mystère et de nature à épater les amis ! »

39   Mais le chercheur fit mine de ne pas entendre, fixant intensément Mado dans le fond des yeux et lui pressant la paume de la main. Mado souriait. Benoît était crispé et avait les mains moites.

40   Le petit homme profita alors de ce moment de silence oppressant pour sortir de derrière son comptoir et se diriger à pas lents vers la vitrine. Mado et Benoît purent ainsi constater que le Chercheur de Trésor boitait et qu'une canne était liée à son poignet gauche, comme des menottes à un criminel...

41   Il faisait très chaud.

42   En revenant vers le comptoir, l'homme se dirigea droit vers Mado et lui déposa le « Coffret de la Corriveau » dans les mains.

43   C'était un coffret bombé et grand comme une boîte à lunch. Il était fait de lamelles de pin vernies et liées entre elles par un squelette de fer noir. Une petite serrure en ornait aussi la face, mais elle ne contenait pas de clé.

44   L'homme sortit alors une chaînette de sa poche de veston et la passa au cou de Mado. La clé, qui y était liée, posait maintenant juste au-dessus de ses seins, cachant partiellement le pendentif de cuivre que Benoît lui avait donné.

45   Celui-ci, d'ailleurs, sentant sa pression monter, se lança précipitamment entre Mado et le Chercheur de Trésor, criant à l'un de cesser ce cérémonial ridicule et à l'autre de rentrer immédiatement à la maison avec lui.

46   « Mado, c'est ce coffret stupide ou moi.

— Je veux ce coffret, cria-t-elle encore plus violemment que lui, et c'est toi qui es stupide ! »

47   Benoît, comme un enfant contrarié, tapa brusquement du pied et sortit en criant : « Je m'en vais ! »

48   Mado resta donc seule avec le petit homme. Mais le départ précipité de Benoît l'avait un peu refroidie. Alors l'homme, sentant la jeune femme hésitante, enchaîna aussitôt :

« Mademoiselle, la sauvegarde de cet objet étant mon plus cher désir et, certain que vous saurez le garder avec amour et le transmettre aux générations futures, je suis prêt à vous le céder à un prix dérisoire. Disons soixante dollars. »

49   Et l'affaire fut rapidement conclue. D'autant plus qu'en ne payant ce coffret que soixante dollars, il resterait assez d'argent pour payer le loyer. Et Benoît serait ainsi satisfait.

50   Mado s'en alla donc prendre le métro avec le « Coffret de la Corriveau » sous le bras et la clé dans le cou, laissant derrière elle, partout sur les terrasses, une génération attablée, discutant, sirotant, draguant, et faisant des affaires...

En marchant sous les érables alignés de sa rue, Mado pensa qu'elle 51
l'avait bien possédé, le petit Chercheur de Trésor. Mais elle n'eut pas le
loisir de pousser bien loin sa réflexion. En arrivant chez elle, en effet, elle
eut beau appeler et regarder dans toutes les pièces, Benoît n'y était pas.
Au bout de quelques minutes, posée sur la table de la cuisine, elle trouva
une courte lettre laconique, signée de la main de Benoît, et qui la sidéra.

> *Mado,*   52
> *Cela ne peut plus durer. J'en ai assez de ce genre de vie. On n'arrivera*
> *jamais à rien comme ça. Je m'en vais passer quelques jours à la campagne,*
> *chez mon frère. On verra après...*
>
> *Benoît*

En vérité, Mado prit fort mal la chose. Elle téléphona d'abord au lac 53
Noir, chez Pierre, le frère de Benoît, qui n'était encore au courant de rien,
et le submergea d'insultes.

Puis elle alla s'asseoir sur le balcon à l'arrière, écoutant jusque vers huit 54
heures les enfants jouer au cow-boy dans la ruelle. Et à l'heure où les mères
appellent tour à tour leurs enfants pour les coucher, elle retourna à l'intérieur
et fit de même.

Vers onze heures, le sommeil ne lui était pas encore venu. Elle regardait 55
le plafond sombre, ni près ni loin. Elle pensait de plus qu'elle était bien idiote
d'aimer un type aussi scrupuleux et à cheval sur les principes [14] !

Alors, éreintée de tant d'insomnie, elle décida de se lever. Elle pensa 56
aussi qu'un petit sandwich avec des tranches de banane et du beurre d'arachides ne pourrait lui faire que du bien. D'ailleurs, Benoît et elle ne se
relevaient-ils pas souvent, après avoir fait l'amour, pour un sandwich aux
bananes et au beurre d'arachides ? Elle retourna dans la cuisine, plus seule
encore que dans son insomnie.

Et c'est là qu'elle se retrouva face au coffret, ce coffret stupide qui avait 57
tout déclenché. Poussée par une colère sourde, elle le jeta sur le sol, puis
le frappa à nouveau du pied. Le coffret alla s'échouer contre le mur, tout
près de la lampe torchère. Un jet de lumière heurta alors la serrure et vint
éclater dans les yeux endormis de Mado.

Alors sa colère tomba. Elle pensa, à raison d'ailleurs, que le coffret 58
n'avait été qu'une larme de plus, et que si cette larme avait fait déborder
le vase [15], ce n'était que parce que celui-ci était déjà plein. En fait, cet
incident n'avait-il été déterminant que par la position qu'il avait occupée par
rapport aux précédents ! De même elle s'étonna, étourdie qu'elle avait été

---

14. **à cheval sur les principes** : très attaché aux principes et tenant à ce qu'on les observe.
15. **si cette larme avait fait déborder le vase** : la locution « la goutte d'eau qui fait
    déborder le vase » s'emploie pour désigner le dernier petit élément qui, en s'ajoutant au
    reste, fait que l'ensemble devient insupportable.

— et en cela, l'espace d'une seconde, elle fut près de donner raison à Benoît — d'avoir acheté le « Coffret de la Corriveau » sans même l'ouvrir !

59 Elle s'empressa donc de chercher la clé qui pendait à son cou et la trouva sans peine, toujours recouvrant le pendentif de Benoît. Elle pensa d'ailleurs un peu à lui, comme à une image lointaine, un souvenir flou, tapi dans le brouillard !

60 Et en se penchant sur le coffret, comptant ne rien découvrir de bien extraordinaire dans ce qu'elle reconnaissait maintenant comme ayant été un attrape-nigaud, elle pensait davantage à son sandwich aux bananes et au beurre d'arachides qu'au piège diabolique, le sien de piège, dont elle allait activer le mécanisme...

61 Cette nuit-là, Benoît ne put non plus trouver le sommeil. Son frère Pierre l'avait aussi vertement sermonné à son arrivée, lui reprochant, comme Mado, son manque de fantaisie, d'humour et d'émerveillement.

62 Déjà il était enclin à s'accorder une bonne part du blâme. Il cherchait avidement en lui-même les raisons de son caractère et de sa conduite. Il pensait à son père, cet homme droit, juste et respecté ; à sa mère, joueuse, ricaneuse mais vertueuse ; à son grand-père paternel, rigide et profondément religieux et à sa grand-mère, soumise et laborieuse; à son grand-père maternel, plus aventureux, et qui n'était véritablement à l'aise qu'en société, et à sa grand-mère, une sainte femme...

63 Il pensa aussi à son enfance (on pense toujours à son enfance dans les coups durs), une enfance heureuse et sans souci, entre la droiture et la performance scolaire, entre les jeux organisés et les débuts de la télévision...

64 Il ne savait plus s'il avait eu tort ou raison. Et comme tous ceux qui ne savent s'ils ont tort ou raison, il opta pour un juste milieu. Mais cela impliquerait que Mado et lui fissent chacun la moitié du chemin...

65 Il tournait et retournait sans cesse tous les arguments dans sa tête. Et ce ne fut que vers quatre heures du matin qu'il comprit que toute cette agitation intérieure n'était pas signe d'autre chose que de son amour pour elle.

66 Puis il s'habilla rapidement, comme un amant surpris, et lança sa Honda sur l'autoroute en direction de Montréal et de sa Mado.

67 Lorsque Benoît atteignit le quartier Rosemont, le soleil pointait dans son rétroviseur, au bout de la rue Bellechasse. Et cela eut pour effet de le ramener un peu à la réalité. Ses rêves de bonheur parfait ne résistaient pas à la lumière du jour. Et puis, le sommeil commençait à le gagner en grignotant ses derniers efforts de concentration. Maintenant, le soleil lui faisait mal aux yeux.

68 En fait, Benoît était victime de cette période de creux, d'insuffisance d'énergie et de lassitude qui anéantit souvent les non-habitués de la nuit, juste avant, pendant et juste après le lever du soleil. Aussi entra-t-il chez

lui avec l'esprit lourd et le corps fonctionnant comme au ralenti.

Donc, en considération de son état de fatigue physique et morale, le moins qu'on puisse dire, c'est que son organisme enregistra une sérieuse et soudaine hausse de potentiel lorsqu'il constata que l'appartement était vide! Mado n'y était plus. Ni les meubles, ni son linge, ni ses petits objets quotidiens, tels sa collection de timbres, sa pipe ou ses outils. Rien. Ni store, ni rideau, ni tapis. Plus rien... Rien, sauf ce damné coffret, là, par terre, près du mur! [69]

Benoît n'en croyait pas ses yeux! Elle était partie, emportant tout avec elle. C'était à peine croyable! Il pensa aussi que cela justifiait bien ses appréhensions et qu'il avait bien fait de revenir cette nuit-là. [70]

Mais sitôt qu'il eut pensé cela, il se demanda comment elle avait bien pu opérer ce déménagement aussi rapidement! Et il conclut aussitôt — et cela eût porté bien des femmes à la colère — qu'il y avait un autre homme là-dessous. Sur ce, il se laissa rouler sur le parquet et gagner par le sommeil... le sommeil du juste. [71]

Ce sont les cris des enfants revenant de l'école qui l'éveillèrent, et peut-être aussi la résistance du parquet à la hauteur des omoplates et des fesses, et puis les courbatures... et un fort torticolis. [72]

Sa première pensée fut pour lui-même. Il se demanda en effet s'il allait s'éveiller ou s'endormir, si la réalité allait dépasser le rêve ou si la vérité en lui était plus forte que la fiction! Et il fut déçu de constater que vérité, rêve et fiction n'étaient tous qu'une même chose. Car l'appartement avait bel et bien été vidé! Il avait beau regarder tout autour de lui, il n'y avait toujours plus qu'un seul objet : le coffret. Et lui n'avait plus qu'une solution : s'en aller à son tour. [73]

Il prit donc le coffret sous son bras et partit sans regarder derrière lui. [74]

Mais que faire? Où aller? Il était depuis quelques minutes à peine conscient de sa solitude que déjà elle lui pesait! Et il ne voyait personne dans son entourage qui pût l'héberger. Personne, sinon peut-être Émile, son inséparable confrère de travail. Le surdoué et débonnaire Émile. Le raté sympathique. L'érudit complètement gavé d'alcool et de « pot ». Son ami Émile. [75]

Benoît téléphona chez Émile, mais il n'eut pas de réponse. Il essaya au cégep; Émile était parti manger! Et où Émile allait-il manger et boire le vendredi, sinon à une terrasse de la rue Saint-Denis? Et c'est cette direction que prit Benoît. [76]

Le hasard, cet abominable don du ciel et de la terre réunis, l'amena à stationner la Honda tout près de la boutique à l'enseigne du Chercheur de Trésor! Et ce fut sans doute afin d'accuser le sort de ses malheurs et de prendre une certaine revanche sur le petit homme maniéré que Benoît, avant que d'aller traîner d'une terrasse à l'autre au bras conciliant d'Émile, s'en alla directement à la boutique reporter cet inutile coffret. [77]

78   À sa grande surprise, le petit homme le reçut avec chaleur, s'enquérant de la santé et de la bonne humeur de sa jeune cliente de la veille.

79   Or Benoît n'attendait que cela. Et, lui à qui on avait jusqu'ici adressé tous les reproches, se lança dans une violente diatribe qui fit tout comprendre au Chercheur de Trésor. Celui-là d'ailleurs — et Benoît ne fut pas sans le remarquer — esquissa un léger et discret sourire, empreint de mystère et de satisfaction, car l'homme savait qu'il venait de trouver un trésor ! Et ce sourire attisa bien sûr la colère de Benoît.

80   Mais l'homme derrière le comptoir, désireux de couper court à cet exutoire et de reprendre au plus tôt son coffret, offrit de racheter ce dernier pour cinquante dollars.

81   Le sang de Benoît ne fit qu'un tour.

82   « Quoi ! Un coffret que Mado a payé cent dollars hier seulement. Comment voulez-vous que j'arrive, moi, avec seulement cinquante dollars ? Je n'ai plus rien. Plus de meubles ni de vêtements. Rien. »

83   Le petit homme parut encore plus satisfait, mais déguisa sa joie en peine, ce qui est plus facile que son contraire, et offrit à Benoît de lui rendre les cent dollars.

84   Surpris à son tour, Benoît accepta l'argent et repartit aussitôt, avant que l'homme ne changeât d'idée et sans même le saluer. Mais il pensa aussi que le Chercheur de Trésor, au fond, n'était pas un mauvais type.

85   Une fois Benoît parti, l'homme avait immédiatement fermé la porte à clé et tiré les rideaux de nuit. Il ne lui était même pas venu à l'idée qu'il avait perdu quarante dollars dans l'échange.

86   Il avait tout de suite téléphoné à son plus fidèle client qui, jusqu'au premier juillet, séjournait dans une île des Antilles.

87   « Mon cher maître, lui avait-il dit tout en entendant le murmure de l'océan, j'ai un nouveau coffret pour vous. Il s'agit cette fois d'une fort jolie blonde dans la vingtaine… Oui, je suis certain qu'elle vous plaira… Bien sûr, maître, toujours au même prix… et par la filière habituelle… »

88   Puis il avait raccroché, fier de son marché, et s'en était allé, se frottant les mains, passer le reste de la journée à une terrasse en pensant qu'un jour son petit pécule lui permettrait de garder la fille… comme ce jour-là il avait gardé les meubles…

Montréal, avril 1978.

COMPRÉHENSION

§ 1-4.
a. Quelle ambiance règne sur Montréal et pourquoi?
b. En quoi la description est-elle ironique?

§ 5-10.
a. À quel milieu social appartient le couple?
b. Quelles sont les aspirations respectives de l'homme et de la femme et que se reprochent-ils l'un à l'autre?
c. Où en est leur vie de couple?

§ 11-14.
a. À quelle génération appartiennent-ils? Qu'est-ce qui caractérise celle-ci?
b. À quelles activités se livrent-ils au cours de leur promenade? Qu'est-ce que ces activités ont en commun?

§ 15-18.
a. En quoi consiste le « faux pas » de Mado?
b. Pourquoi la réaction de Benoît est-elle aussi violente?

§ 19-26.
a. Que fait Mado et qu'est-ce qui la motive?
b. Comment Benoît perçoit-il l'attitude de Mado?

§ 27-31.
a. Quelle est l'impression que produit l'homme de la boutique?
b. Comment réagit-il à la façon dont le couple se comporte?

§ 32-41.
a. Caractérisez ce que Mado semble représenter pour le petit homme et son comportement envers elle.
b. Quelles réactions provoque-t-il chez Mado et Benoît?

§ 42-50.
a. Pourquoi Benoît considère-t-il le cérémonial comme étant « ridicule »?
b. Comment se conclut la transaction?
c. Comment agissent Mado et Benoît l'un envers l'autre?

§ 51-60.
a. Caractérisez les divers états d'esprit par lesquels passe Mado après être rentrée chez elle.
b. Que représente maintenant le coffret pour elle?
c. Qu'apporte le détail prosaïque du sandwich?

§ 61-66.
Quel genre de questions Benoît se pose-t-il et qu'est-ce qui domine en lui?

§ 67-71.
a. Comment se sent Benoît en rentrant chez lui et en quoi cela accentue-t-il l'effet de sa découverte?
b. Comment s'explique-t-il la situation?

§ 72-84.
a. Pourquoi Benoît part-il à la recherche de son ami Émile?
b. Qu'est-ce qui le pousse à s'arrêter à la boutique du Chercheur de Trésor?
c. Comment ce dernier se comporte-t-il envers Benoît?

§ 85-88.
Quel genre de rapport le Chercheur de Trésor entretient-il avec son « client »?
Pourquoi l'appelle-t-il « maître »?

ANALYSE

1. Discutez l'effet que produit la conclusion de la nouvelle.
   a. Vous semble-t-elle fantastique, réaliste, banale, comique?
   b. Comment apparaissent les personnages de Mado, de Benoît et du Chercheur de Trésor à la lumière de ce dénouement?
   c. Cette conclusion vous semble-t-elle appropriée? Y voyez-vous un rapport cohérent avec l'ensemble qui précède?

2. Le coffret.
   a. Comment Mado a-t-elle été amenée à acheter le coffret, puis finalement à l'ouvrir? S'agit-il d'un pur enchaînement de hasards?
   b. Quel sens prend l'expression d'insistance « le sien de piège » au paragraphe 60?

3. Le couple.
   a. Quel rapport y a-t-il entre ces deux personnages et le milieu social qui est décrit dans le texte? Qu'est-ce qui caractérise ce milieu?
   b. À quoi répond chez Mado et Benoît le désir de consommation? Qu'y a-t-il de conventionnel, de conditionné dans leurs désirs?
   c. Qu'est-ce qui cause la tension dans le couple? En quoi l'homme et la femme sont-ils différents et en quoi sont-ils semblables? Caractérisez leur comportement de couple.
   d. Précisez quelle est l'attitude du narrateur envers ces deux personnages.
   e. Comment les détails fournis sur le couple donnent-ils à la découverte et à l'achat du coffret un caractère prédestiné?
   f. Qu'est-ce qui indique qu'ils ne sont pas les uniques victimes du coffret et de l'antiquaire? Quel caractère cela donne-t-il à leur aventure ou mésaventure?

4. Le Chercheur de Trésor.
   a. Quelle impression l'antiquaire produit-il sur Mado et Benoît?
   b. En quoi l'antiquaire lui-même et sa boutique apparaissent-ils comme une caricature commerciale du fantastique?
   c. Quelle fonction remplit dans le récit l'insistance sur les signes conventionnels du fantastique?

5. Dégagez de l'ensemble du texte les rapports entre le thème de la banalité et celui de l'aventure et du merveilleux.

6. Étudiez les quatre premiers paragraphes du point de vue du style en faisant apparaître les procédés ironiques.

L'avenir, Mossié, est dans votre main blanche...

ROCH CARRIER

Roch Carrier a commencé sa carrière littéraire par deux livres de poésie mais c'est par son œuvre de conteur, de dramaturge et de romancier qu'il s'est surtout imposé, et ce, dès Jolis Deuils *(1964), un recueil de contes fantastiques et allégoriques qui lui a valu le Prix littéraire de la province de Québec. Né en 1937 à Sainte-Justine-de-Dorchester, un petit village de la Beauce, il a été quelque temps journaliste avant de devenir professeur de littérature au Collège militaire de Saint-Jean, où il enseigne depuis 1965. Ses trois premiers romans,* Floralie, où es-tu?, La Guerre, yes sir! *et* Il est par là, le soleil *(1968–1970), traduits en anglais peu après leur parution, ont fait de lui un écrivain apprécié tant du public anglophone que du public francophone. Il a depuis lors écrit six autres romans, dont les deux derniers s'intitulent* La dame qui avait des chaînes aux chevilles *(1981) et* De l'amour dans la ferraille *(1984), ainsi qu'un autre recueil de poésie, trois pièces de théâtre en plus de l'adaptation de* La Guerre, yes sir!, *un scénario de film pour enfants, un conte pour enfants,* Les Voyageurs de l'arc-en-ciel *(1980), et enfin des contes, des nouvelles, des articles dispersés dans des revues diverses. Le texte présenté ici est extrait du recueil* Les Enfants du bonhomme dans la lune *(1979), pour lequel Roch Carrier a reçu le Grand Prix littéraire de la ville de Montréal. Ce livre a été traduit en anglais sous le titre* The Hockey Sweater and Other Stories, *et Sheldon Cohen s'est inspiré de l'une des histoires pour son film de dessins animés* The Sweater, *produit par l'Office national du film du Canada.*

Le soir, l'autobus revenait de la ville. Parfois, il s'arrêtait et l'on 1
regardait descendre, avec ses valises, un enfant du village, comme
l'on disait, parti depuis longtemps et qui regardait autour comme s'il
était arrivé dans un village étranger.

Le village était construit à flanc de colline. Grâce à cette dénivellation, 2
nous pouvions nous allonger dans l'herbe du talus et avoir les yeux à la
hauteur de la rue. Écartant discrètement les brins d'herbe, nous pouvions
voir sans être vus. Nous pouvions espionner la vie.

Un soir, l'autobus s'immobilisa devant nous. Les freins puissants étrei- 3
gnaient l'acier des roues et les faisaient crier. La porte s'ouvrit et nous
aperçûmes des souliers recouverts de guêtres grises sur lesquelles tom-
baient de vastes pantalons rayés ; l'homme posa son pied guêtré sur l'asphalte,
sortant ainsi de l'ombre intérieure de l'autobus. Il était coiffé d'un chapeau
haut de forme comme en portaient les magiciens qui venaient donner des
spectacles. Son veston à queue, comme nous disions pour désigner sa
jaquette, descendait jusque sur ses mollets. Une boucle blanche ornait son
cou, et il tenait à la main une trousse de cuir comme celle du vieux docteur
Robitaille. L'autobus se remit en route. Alors seulement nous remarquâmes
que son visage était noir.

Était-ce un farceur qui s'était barbouillé le visage en noir, ainsi que nous 4
le faisions, les soirs de Mardi gras, pour mystifier les grandes personnes[1] ?
Des Noirs, nous savions que l'Afrique en était pleine, nous savions qu'il y

---

1. **les grandes personnes** : les adultes, par rapport aux enfants.

en avait aux États-Unis et dans les trains, mais il n'était pas possible qu'un Noir, venu en autobus, soit arrivé dans notre village.

5   « Ou bien c'est pas un vrai nègre, ou bien i' s'est trompé de village, dis-je à mon ami Lapin, écrasé dans l'herbe comme un chasseur qui surveille sa proie.

  — R'garde comme i' a les dents blanches ; c'est la preuve que c'est un vrai nègre. »

6   Sans bouger les pieds, ses pieds aux guêtres grises, le Noir regarda vers le haut de la montagne et vers le bas, il réfléchit un instant. Avec sa trousse de cuir, sa jaquette aux pans ouverts dans le vent, ses doigts noirs serrant le rebord de son haut-de-forme, il commença à marcher vers le haut de la montagne. Lapin et moi, nous attendîmes un peu avant de sortir de notre cachette afin de n'être pas vus. Puis, de loin, nous suivîmes le Noir. D'autres personnes aussi suivaient le Noir, mais cachées dans les maisons, derrière les rideaux qui se refermaient après son passage. À peu de distance de l'endroit où il était descendu, était situé *La Sandwich royale*, l'un des deux restaurants. Le Noir s'arrêta, regarda vers le haut de la montagne, puis vers le bas et, traînant ses pieds guêtrés, il entra à *La Sandwich royale*. Un horrible cri retentit et déjà la femme du propriétaire de *La Sandwich royale* sautillait dans la rue, les bras levés, en larmes et criant aussi fort que les cochons du boucher.

7   « C'est une femme, expliqua Lapin ; c'est normal qu'elle ait peur comme ça.

  — Un nègre que tu vois dans la revue des missionnaires, dis-je, et un nègre que tu vois en face de toi, vivant, c'est pas la même chose... »

8   La femme apeurée ne voulait pas rentrer toute seule là où était le Noir. Lapin et moi, nous nous étions approchés de la fenêtre, nous avions le nez écrasé contre la vitre. Le Noir s'était assis à une table.

9   « Le nègre, i' attend », constata Lapin.

10   Quelques personnes étaient accourues aux cris de la femme en panique. Pouce Pardu, qui avait fait la guerre[2], dans le régiment de la Chaudière[3], avait tout fait ce qu'un homme peut faire dans une vie. Il dit :

  « Moé, des Noirs, ça me fait pas peur. »

11   Il entra. Les grandes personnes s'approchèrent de la fenêtre et, comme Lapin et moi, elles virent Pouce Pardu s'approcher du Noir, lui parler, rire, faire sourire le Noir, s'asseoir avec lui, lui donner la main. Nous avons vu le Noir tenir longtemps la main du brave, la tenir ouverte, l'approcher de ses yeux. La femme du propriétaire de *La Sandwich royale* ne hurlait plus mais elle tremblait encore. Par la fenêtre, nous avons vu Pouce Pardu

---

2. **la guerre** : il s'agit de la Deuxième Guerre mondiale.
3. **le régiment de la Chaudière** : a effectivement participé aux combats en Europe et au débarquement des Forces alliées.

ramener sa main ouverte et tendre un billet au Noir. La propriétaire était un peu rassurée car elle dit :

« J' vas rentrer si vous rentrez avec moé. »

Nous rentrâmes, Lapin, moi, le autres gamins, et les grandes personnes   12 qui regardaient à travers la fenêtre ; Pouce Pardu annonça :

« Juste à regarder dans votre main, ce nègre-là connaît votre avenir et votre passé.

— Demande-lui qu'est-ce qu'i' veut manger », dit la femme du propriétaire de *La Sandwich royale*.

Un autre ancien soldat, qui avait fait la guerre à Terre-Neuve[4] et qui,   13 lui non plus, n'avait peur de rien, dit :

« L'avenir, j' l' connais : j'en ai pas. J' vas aller d'mander au nègre de m' conter mon passé. »

Nous avons vu le Noir penché sur la paume ouverte du soldat et chu-   14 choter. Après lui, d'autres personnes ont osé s'approcher du Noir et, le soir, des automobiles venaient des villages voisins, remplies de personnes qui venaient voir le Noir et qui voulaient apprendre l'avenir. Lapin et moi, nous ne l'appelions plus le Noir, mais le Sorcier. Seul un sorcier peut connaître l'avenir : un sorcier ou Dieu. Bien sûr, Dieu ne pouvait pas être noir...

Le lendemain, Lapin et moi, tapis dans l'herbe, nous avons vu réappa-   15 raître le Noir ; nous l'avons vu descendre de la montagne, avec son haut-de-forme, ses guêtres et les pans de sa jaquette ouverts au vent. Lapin et moi, écrasés contre le sol, retenant notre souffle, regardâmes passer le Sorcier : il avait, sur ses dents blanches, un vrai sourire du diable. Alors, Lapin et moi, nous n'avons pas eu besoin de nous parler pour comprendre. Nous avons sorti des cailloux de nos poches et nous les lui avons lancés de toute la puissance de nos petits bras blancs.

Plusieurs années plus tard, j'étais à Montréal, où je m'épuisais à essayer   16 de vendre mes premiers écrits. Un après-midi, j'allais proposer à un journal une histoire intitulée « La Princesse et le pompier » quand j'aperçus, de l'autre côté de la rue, un Noir, coiffé d'un haut-de-forme, portant des guêtres grises, un pantalon rayé et une jaquette. Je n'avais pas oublié le Noir de mon enfance. Je traversai la rue Sainte-Catherine[5], à travers les voitures, en courant. C'était le Noir de mon enfance, à qui nous avions lancé des cailloux à cause de sa peau noire, à cause de son chapeau inhabituel, à cause de ses guêtres ridicules, à cause de sa science étrange, c'était lui, vieux, courbé, son chapeau bosselé, ses cheveux blanchis, ses guêtres malpropres et sa trousse de cuir râpée. C'était lui ! La boucle blanche à son cou était devenue grisâtre :

---

4. **à Terre-Neuve** : il avait été soldat en garnison à Terre-Neuve : il n'avait donc pas réellement « fait » la guerre.
5. **la rue Sainte-Catherine** : la rue principale.

« Monsieur ! Monsieur ! appelai-je. Voulez-vous lire dans les lignes de ma main ? » dis-je en le rattrapant.

17 Il posa sa trousse sur le trottoir, il appuya son dos contre l'édifice. Je lui tendis ma main ouverte. Il ne me regarda pas, mais il se pencha pour voir les lignes dans ma main. Après un instant de silence absorbé :

« Je lis que vous regrettez quelque chose », dit-il.

COMPRÉHENSION

§ 1-2.
   a. Quelles caractéristiques du village peut-on déduire des indices que contiennent ces deux paragraphes ?
   b. À quoi comprend-on que « nous » désigne des enfants ?
   c. Expliquez l'expression « un enfant du village ».

§ 3.
   a. Quelle impression d'ensemble produit l'accoutrement de la personne qui descend de l'autobus ?
   b. Pourquoi les enfants remarquent-ils que son visage est noir « alors seulement » ?

§ 4-5.
   a. Qu'est-ce qui rend les enfants perplexes ?
   b. À quoi est dû le comique de ce passage ?

§ 6-9.
   a. Que fait le Noir et comment se comportent les enfants et les habitants du village ?
   b. Qu'est-ce que le nom du restaurant a de particulier et quelle impression crée-t-il dans l'esprit du lecteur ?
   c. Que se passe-t-il quand le Noir entre dans le restaurant ?
   d. Caractérisez le dialogue des enfants.

§ 10-13.
   a. Quelles sont les attitudes des divers personnages ?
   b. Qu'y a-t-il d'amusant chez les anciens soldats ?
   c. Que se passe-t-il dans le restaurant ?

§ 14-15.
   a. Comment les enfants appellent-ils le Noir et pourquoi ?
   b. Qu'est-ce qui provoque leur agressivité envers le Noir ?

§ 16-17.
   a. Quand le narrateur a-t-il revu le Noir et qu'est-ce que ce dernier était devenu ?
   b. Qu'est-ce qui pousse le narrateur à l'accoster ?
   c. Quelle est l'impression que produisent les paroles du Noir ?

ANALYSE

1. Résumez les deux parties de l'anecdote.
   a. Qu'est-ce qui a changé entre ces deux moments ?
   b. Qu'est-ce qui pousse le narrateur adulte à aborder le Noir ?
   c. Quel sens la conclusion apporte-t-elle à cette anecdote ?

2. La narration.
   a. Précisez le point de vue auquel se place le narrateur.
   b. Étudiez les procédés par lesquels le narrateur, dans la première partie, fait adopter au lecteur le point de vue de l'enfant.

3. Quelles sont les caractéristiques du village et de ses habitants ? Relevez les détails humoristiques.

4. L'enfance.
   a. Par quels détails le narrateur recrée-t-il le comportement et l'état d'esprit des enfants ?
   b. Que représente le Noir pour les enfants et quels sont les facteurs qui conditionnent leur perception ?
   c. Qu'est-ce qui produit les effets de comique dans le comportement et les observations des enfants ?

5. Examinez la façon dont s'expriment les personnages et ce que cela apporte au texte.

6. Précisez l'impression que vous laisse ce récit et discutez ce qui vous semble en être le ton et la portée.

L'homme aux yeux lumineux

JEAN FERGUSON

Né en 1939 dans la réserve indienne de Restigouche, Jean Ferguson a fait des études en philosophie et en éducation avant de devenir enseignant à Val-d'Or. Il a publié trois essais, dont l'un, Les Humanoïdes *(1977), lui a valu un prix au Festival du livre de Nice en 1978, et un roman :* Frère Immondice, trente-troisième cuisinier de l'ordre des Catacombiens de la très stricte réforme *(1980). «* L'homme aux yeux lumineux *» fait partie d'un recueil de contes fantastiques et de science-fiction que Ferguson a publié en 1974 :* Contes ardents du pays mauve.

Il y a des jours où je me demande si tout ce qui existe autour de moi 1
n'est pas une illusion cruelle. Et je vous assure que je suis bien placé
pour me poser une telle question. Mais il faudrait peut-être que je
commence par le début mon invraisemblable histoire.

À l'époque où se passa l'événement étrange que je vais raconter, je 2
remplissais la fonction d'instituteur et je demeurais dans une pension de
famille dans la petite ville maritime de Gaspé. Ce coin du Québec est particulièrement attrayant, mais ce que l'on sait peut-être moins, c'est qu'à
plus d'un point de vue, il y règne cette atmosphère digne de servir de cadre
à l'aventure merveilleuse de Tristan et Iseult. Incomparables paysages res-
semblant à ceux de Bretagne, même air de mystère et mêmes récits venus
tout droit de la mer. Combien de fois n'ai-je pas entendu les gens raconter
des histoires de navires qui apparaissaient et disparaissaient dans la brume,
des navires d'anciens temps avec des mâts et des équipages de pirates. À
Cap-des-Rosiers, un vieux loup de mer m'a affirmé qu'il voyait au fond de
l'eau près du rivage un trésor que personne ne pouvait remonter. À Cap
Bon-Ami, des chaînes grossières supposément espagnoles reposent dans
le fond de l'océan sur les galets et on les aperçoit par beau temps. Ceux
qui s'essaient à les tirer en surface ont un malheur dans le cours de l'année.
À ce même endroit aussi, on parle encore de cet espion allemand qui, du
haut de la falaise, faisait des signaux aux sous-marins pour qu'ils viennent
couler les navires de ravitaillement en route vers l'Europe. On vous mon-
trera même la cabane où il a vécu.

Cette année-là, je traversais une période très malheureuse de ma vie. 3
Des difficultés de toutes sortes m'avaient conduit au bord du découragement
et du suicide. Mon état d'esprit était tel que je craignais la folie. C'est alors,

à cette occasion précise, que l'insolite se glissa dans mon existence.

4   Novembre faisait frissonner les branches squelettiques de la rue. Étrange impression que me donna ce sournois vent d'automne. J'étais sorti prendre l'air. Puis, sans raison aucune, mes yeux se fixèrent sur l'autre côté de la rue où je vis dans l'ombre un homme qui me regardait sans bouger. Chose étrange, je remarquai que la lumière de la rue tombait sur lui et semblait se concentrer dans ses yeux. Ma première réaction fut celle du scepticisme, mais pourtant un frisson me glaça le sang dans les veines. Il y avait de quoi[1]. Se sentir observé par un être que l'on n'a jamais vu n'est pas une chose rassurante. Je fus à ce point impressionné que je n'eus même pas la pensée de m'approcher et de l'interpeller. Il ne fit pas non plus un geste vers moi.

5   Je renonçai aussitôt à la promenade à pied que j'avais projetée et je montai dans ma voiture avec l'intention bien arrêtée d'échapper au sentiment d'angoisse qui venait de me saisir. Je mis en marche et dans mon désarroi, j'oubliai complètement d'allumer les phares avant. Lorsque je fus parvenu à bonne distance, je ne pus résister à la tentation de jeter un regard oblique dans mon rétroviseur afin de me rendre compte si l'homme était toujours à la même place. Je voyais, grâce aux lumières de la rue, assez distinctement l'endroit où il s'était tenu. Il n'y avait plus personne. Assez perplexe, je me demandai avec, à la fois, un sentiment d'inquiétude et de soulagement où il avait bien pu aller. De toute façon, il avait pu disparaître n'importe où puisqu'il faisait presque nuit. Cette dernière constatation me rassura complètement et je continuai de rouler sur la route déserte qui va de Gaspé à Saint-Majorique, un petit village de la côte. J'avais besoin de me détendre les nerfs et je roulais à vive allure. Conduire vite dans la nuit donne une sensation de puissance. Je ne tardai pas à oublier ou plutôt à chasser de mon esprit ce qui venait de m'arriver.

6   J'allais prendre une longue courbe quand, soudain, mon attention fut attirée par un auto-stoppeur. Il m'arrivait souvent de prendre à mon bord des étudiants, car je connaissais bien les gens de la région et je n'avais aucune crainte à les faire monter. La plupart du temps, il s'agissait de jeunes gens qui allaient d'un village à l'autre, venant de Gaspé, la ville centrale. Même à la tombée de la nuit, cela arrivait souvent. Je ralentis donc dans l'intention de m'arrêter, lorsqu'un bref examen de l'individu me fit dresser les cheveux sur la tête. Il s'agissait exactement du même homme que j'avais vu sous la lumière de la rue en sortant de chez moi ! Le cœur me battit à tout rompre et parvenu à sa hauteur, au lieu de m'arrêter, j'accélérai subitement. J'eus malheureusement le temps de voir ses yeux. Si je n'avais pas peur de passer pour un fou, je dirais que leurs rayons luminescents balayaient la nuit comme les lueurs d'un phare. À un moment donné, j'eus

---

1. **il y avait de quoi** : il y avait une bonne raison à cela, c'était justifié.

même l'impression désagréable qu'un mince faisceau lumineux venu de cet homme me balayait la nuque. Cependant, comme la première fois, je ne pus distinguer un seul trait de son visage.

Il se passa un laps de temps assez long avant que j'aie la présence 7 d'esprit de ralentir. Je m'aperçus alors que l'aiguille du compteur de vitesse marquait quatre-vingts milles à l'heure. J'étais en troisième et le moteur commençait à donner des signes de fatigue. Ma peur avait été si grande que j'avais complètement oublié de passer en quatrième.

Pourtant, je parvins à me ressaisir à la hauteur de Cap-aux-Os. Quelques 8 lumières brillaient encore dans de rares maisons. Je me sentais toujours sous l'emprise d'une angoisse atroce et j'aurais donné cher pour me trouver dans mon lit. Un chat qui traversait la route me fit sursauter violemment. Je me demandai avec inquiétude si les événements survenus au cours des derniers mois n'avaient pas réussi à me rendre complètement fou. Je m'aperçus que, sous l'effet de la fièvre et de la peur, mes dents claquaient.

Voyant que j'arrivais au bord de la crise nerveuse, je décidai de m'arrêter. 9 Près de la grande route, je vis une maison encore éclairée malgré l'heure tardive et je m'y dirigeai. Je frappai quelques légers coups à la porte et aussitôt une femme vint m'ouvrir. Il faut croire que mon air hagard et ma pâleur lui causèrent un choc, car elle mit vivement une main devant sa bouche et eut le geste de refermer la porte. Puis, elle se ravisa, elle demanda d'une voix blanche :

« Ah ! monsieur, vous avez eu un accident ? »

Je n'eus pas le temps de lui répondre, elle m'entraîna à sa suite dans la 10 cuisine chaude et accueillante. Elle m'offrit un siège et sans un mot poussa la théière sur le foyer d'un grand poêle en fonte. Aussitôt que le liquide fut chaud, elle m'en offrit une grande tasse qu'elle arrosa de lait.

Je ne savais comment expliquer ma situation. Je résolus de dire simple- 11 ment que j'avais failli avoir un accident et c'était ce qui me bouleversa tellement. Elle sembla me croire. Le thé chaud aidant, j'en vins moi-même à douter d'avoir vécu ce cauchemar. Cela me paraissait tellement invraisemblable, tellement dénué de sens que je me demandais si, en fin de compte, je n'avais pas été le jouet d'une hallucination. Mais j'avais beau faire, je restais persuadé que tout cela était bien arrivé. Il y avait toujours au fond de ma mémoire ce visage noyé d'ombres, percé de deux trous lumineux.

Je pris finalement congé de la femme. Elle me regarda partir sans un 12 mot. J'étais bien aise d'être tombé sur une personne aussi généreuse et ma crainte était maintenant presque dissipée. Néanmoins, avant de monter dans ma voiture, je scrutai la nuit pour bien m'assurer qu'il n'y avait rien d'inquiétant. Je me sentais sans défense devant ce genre d'événements. Absolument aucun bruit ne troublait la nuit ; il n'y avait non plus aucune lumière, sauf celle des étoiles. Rassuré, je me remis à douter d'avoir réellement vu un être fantastique. Peut-être avais-je rêvé ? Il s'agissait sans aucun doute de deux hommes différents et qui se ressemblaient. Mon imagination enfiévrée avait fait le reste.

13 Il subsistait au fond de mon esprit un reste d'appréhension, mais pour la vaincre, je décidai de continuer ma route sans plus tarder. Je constate aujourd'hui que dans l'état où je me trouvais, j'aurais dû retourner au plus vite vers ma pension et me coucher au plus vite. Hélas, ce ne fut pas le cas. Quelque chose me poussait à reprendre la route en pleine nuit. Et puis, je suis persuadé que l'on n'échappe pas à son destin, quel qu'il soit. Il fallait forcément un dénouement à cette terrible soirée.

14 Je remis l'auto en marche et je me dirigeai vers une route de montagne qui relie Cap-aux-Os à Cap-des-Rosiers. Inutile de préciser que cette route est absolument déserte la nuit et qu'elle est renommée pour ses courbes dangereuses. Mais je me sentais obscurément poussé à la prendre. Peut-être ne faisais-je qu'obéir à un besoin de bouger, de changer d'endroit. Il faut admettre qu'il existe une force inconnue qui nous pousse au-devant des événements sans que nous y soyons pour quelque chose.

15 Le thé aidant, je me trouvais dans un état de surexcitation impossible à décrire. J'observais avec une sorte d'euphorie l'aiguille monter sur le cadran indicateur de vitesse. Je conduisais vite, mais je me sentais très sûr de moi et je tenais le volant d'une main de maître. Je ne pouvais pas vérifier l'heure à ma montre-bracelet, car je ne voulais pas éclairer l'intérieur du véhicule, à l'allure où j'allais, cela aurait pu être dangereux : les conducteurs témoigneront de ce fait, lorsque l'on s'est habitué à conduire dans le noir, si brusquement une source de lumière émanant soit de l'arrière ou de l'intérieur d'une auto se produit, on est aussitôt aveuglé et il est parfois impossible de continuer avant que la lumière ne s'éteigne. Donc, je ne vis pas l'heure, mais je puis affirmer que je roulais depuis au moins quinze minutes quand je pris conscience que quelque chose d'inusité se passait autour de moi.

16 Je ne compris pas tout d'abord de quoi il s'agissait. Mais quand après plusieurs minutes, je vis ou plutôt je compris ce qui m'arrivait réellement, mes cheveux se dressèrent à nouveau sur ma tête et je crus que le cœur allait me faire défaut. Une intolérable nausée me saisit et ce fut, je crois, mon intense frayeur qui me permit de surmonter tout cela. J'envisageai plusieurs possibilités pour me sortir de ma pénible situation, mais aucune ne me sembla satisfaisante. Je finis par m'apercevoir que mes dents claquaient et que je tremblais de tous mes membres en proie à une grande frayeur. Quel étrange instinct avertit donc l'homme quand le danger se présente à lui et l'oblige à s'agripper à la réalité ? D'un mouvement saccadé, j'appuyai à fond sur l'accélérateur, je vis l'aiguille sauter, le moteur gronda sourdement, mais suprême horreur ! je m'aperçus de ce que je savais déjà depuis quelques minutes, l'auto n'avançait pas ! Le paysage autour de moi restait le même en autant qu'il m'était possible de le juger dans la nuit : il n'y avait que le ruban sombre de l'asphalte qui se déroulait vivement sous

le véhicule. Ainsi, depuis mon départ de la maison où j'avais bu le thé, j'avais à peine couvert quelques milles! Cette constatation me jeta dans un état d'épouvante indescriptible. Je n'arrivais plus à penser lucidement et je crus bien cette fois devenir fou. Ensuite, je parvins à me raisonner. Mais ma consternation ne fit qu'augmenter lorsque je constatai que j'appuyais toujours à fond sur l'accélérateur. La tête brûlante, je décidai que la seule chose à faire, c'était de m'arrêter. Au moment où j'allais le faire, je m'aperçus avec surprise que tout redevenait normal. La voiture grimpait un raidillon. Mon soulagement fut tel que je pris la décision de retourner et d'aller me reposer au plus tôt. C'est alors que quelqu'un s'élança devant moi au milieu de la route. J'appliquai brusquement les freins et je crus un instant que j'allais perdre le contrôle. Heureusement, l'individu en question était encore à une certaine distance et je parvins à m'arrêter à quelques verges de lui. Je le vis très nettement dans la lumière crue des phares et ce qui me frappa immédiatement, ce fut l'intense luminosité de ses yeux. Il avançait lentement vers moi; alors fou d'horreur, je fis bondir l'auto et je sentis un choc mou. Il y eut aussi le bruit sec de l'éclatement d'un pneu et je perdis le contrôle du véhicule.

Je pense bien que je fus inconscient pendant quelques secondes. Je me *17* retrouvai assis sur le bord d'un fossé et je vis que l'auto s'immobilisait non loin de moi. J'eus toutes les difficultés du monde à me relever : une de mes jambes pendait inerte. Tant bien que mal, je me traînai jusqu'au véhicule. Ce n'était plus qu'un amas de ferraille. Il avait durement capoté et je me demandais par quel miracle j'avais pu m'en tirer.

J'étais sans force et la douleur de ma jambe me faisait grimacer. Je priai *18* le ciel pour que passe une auto. Je fus aussitôt exaucé, car je vis les faisceaux lointains de phares qui balayaient la route. Je me plaçai en plein milieu de l'asphalte et je fis des signes désespérés. Une auto s'arrêta et quelqu'un m'aida à monter alors qu'une voix me demandait si j'étais seul. Je réussis à expliquer qu'il y avait un homme gravement blessé quelque part sur la route près de l'auto accidentée. Le conducteur sortit une lampe de poche de son coffre à gants et alla examiner soigneusement les abords de la route. Il revint sans avoir rien vu. Je ne me possédais plus. J'arrachai la lampe de poche des mains de l'homme et en claudiquant je me précipitai vers l'endroit où je savais avoir frappé l'individu. Il n'y avait absolument rien sur la route ni autour, sauf une large tache visqueuse. J'espérais qu'il s'agissait de sang humain, mais après y avoir plongé le doigt et l'avoir porté à ma bouche, je dus me rendre à l'évidence : il s'agissait d'huile. Complètement brisé, je revins vers les gens qui m'avaient secouru et en m'assoyant, j'entendis le conducteur dire aux autres que le choc m'avait brouillé les esprits. L'auto démarra. Je ne pus m'empêcher de jeter un coup d'œil par la vitre arrière et avant de sombrer définitivement dans l'inconscience, j'eus le temps d'apercevoir à l'orée de la forêt deux yeux lumineux qui m'épiaient.

COMPRÉHENSION

§ 1-2.
   a. Où demeurait le narrateur à l'époque des événements qu'il va raconter et qu'est-ce qui caractérise cet endroit?
   b. À quel type de contes et de légendes fait-il allusion?

§ 3-4.
   a. Dans quel état d'esprit se trouvait le narrateur à cette époque?
   b. Qu'a-t-il vu d'étrange dans la rue et quelle a été sa réaction?

§ 5.
   a. Pourquoi est-il monté dans sa voiture?
   b. Qu'a-t-il ressenti en s'apercevant que l'homme avait disparu?
   c. Vers où s'est-il dirigé et comment conduisait-il?

§ 6-8.
   a. Pourquoi allait-il s'arrêter et qu'est-ce qui l'a fait changer d'avis?
   b. Quelle description donne-t-il de l'individu?
   c. Comment s'est manifestée la peur qu'a ressentie le narrateur et à quoi attribue-t-il cette peur?

§ 9-12.
   a. Où s'est-il arrêté et comment a-t-il été reçu?
   b. Qu'est-ce qu'il a pensé de l'incident dont il venait de faire l'expérience?

§ 13-14.
   a. Pourquoi a-t-il repris la route et vers où?
   b. Comment s'explique-t-il ce qui le faisait agir?

§ 15-16.
   a. De quel phénomène extraordinaire s'est-il soudain rendu compte et qu'a-t-il ressenti alors?
   b. Qu'est-il arrivé au moment où il a décidé de rentrer chez lui?

§ 17-18.
   a. Qu'a-t-il fait après l'accident?
   b. Qu'a-t-il dit au conducteur qui l'a secouru et qu'y avait-il sur la route?
   c. Qu'a-t-il aperçu lorsque l'automobile dans laquelle il était monté s'est éloignée?

ANALYSE

1. Résumez le conte.
   a. Quel en est le plan?
   b. Comment se marque la progression?
   c. Comment l'accident qui clôture le récit est-il préparé?

2. Comment le narrateur suggère-t-il deux systèmes d'interprétation : le fantastique et le dérèglement mental (hallucinations, paranoïa)? Le déroulement du récit permet-il de décider entre ces deux interprétations?

3. « Mon état d'esprit était tel que je craignais la folie. C'est alors, à cette occasion précise, que l'insolite se glissa dans mon existence » (paragraphe 3).

   a. Croyez-vous que l'insolite ne se manifeste effectivement, en règle générale, qu'à la faveur d'un état mental perturbé?

   b. Connaissez-vous en littérature d'autres œuvres qui exploitent ce rapport entre l'insolite, l'étrange, le fantastique et le déséquilibre mental?

4. Que pensez-vous de cette idée du narrateur : « [...] je suis persuadé que l'on n'échappe pas à son destin, quel qu'il soit »? Comment cette idée influence-t-elle le déroulement du récit?

5. Comment l'image des « yeux lumineux » (plutôt que le choix d'un autre détail fantastique) est-elle intégrée à l'ensemble du récit?

Photo Kèro

Le luthier

MADELEINE FERRON

Madeleine Ferron est née à Louiseville en 1922. Passionnée de la Beauce, cette région du Québec où elle a habité la plus grande partie de sa vie, elle lui a consacré deux essais écrits en collaboration avec son mari, Robert Cliche, Quand le peuple fait la loi *(1972) et* Les Beaucerons, ces insoumis *(1974), ainsi qu'un roman historique,* Le Chemin Craig *(1983). Elle a par ailleurs publié deux autres romans,* La Fin des loups-garous *(1966) et* Le Baron écarlate *(1971), ainsi qu'un recueil de contes,* Cœur de sucre *(1966) et deux recueils de nouvelles,* Le Chemin des dames *(1977) et* Histoires édifiantes *(1981). Ce dernier, qui comprend « Le luthier », a obtenu le Prix littéraire des Éditions La Presse en 1981.*

Toute création artistique, si parfaite soit-elle, doit, pour acquérir une 1
vie autonome, être fécondée de nouveau par quelqu'un qui lui soit
étranger... Ainsi pensait Jean-Baptiste Caron, en caressant du plat
de la main le violoncelle qui était posé sur ses genoux. Il était assis sur une
chaise basse dans cet atelier attenant à sa maison où il descendait en même
temps que les premières lueurs du jour, selon sa routine quotidienne et le
goût profond qu'il avait pour ce local dont trois des murs étaient percés de
larges fenêtres. Le côté nord s'ouvrait sur une palissade de planches grises,
le côté sud sur les deux arbustes de la petite cour mais l'est étant dégagé
de tout obstacle, fait remarquable dans un quartier populaire de ville, le
soleil levant entrait de plain-pied dans la boutique. Ce qui n'empêchait pas
Jean-Baptiste, même si la journée promettait d'être chaude, de faire une
attisée dans le petit poêle bas, trapu, qui lui venait de sa famille. Il allumait
avec le journal de la veille qu'il roulait en forme de torche. La porte de fonte
noire était dessinée d'une rose en relief cernée d'une guirlande où s'enla-
çaient des lettres rondes et de minuscules fleurs. Il fallait beaucoup d'attention pour y déchiffrer le nom de l'entreprise : la Fonderie de Beauceville.

Jean-Baptiste, accroupi sur ses talons, glissait la torche sous les copeaux 2
qui s'enflammaient aussitôt dans un intense et joyeux crépitement. Il re-
fermait la porte sur le prélude du rituel matinal, se levait doucement et d'un
regard circulaire embrassait tous les instruments pendus aux murs ou enfermés dans des armoires vitrées. Même par temps sombre, les instruments
s'animaient de reflets doux, soyeux dans une gamme de tons qui variaient
du miel onctueux jusqu'au plus chatoyant jaune doré, moirant différemment
les bois bruns selon qu'ils étaient pâles ou foncés. Jean-Baptiste décrochait
un premier instrument, le réchauffait de quelques gammes afin, disait-il, que

le bois dont il était fabriqué continue de vivre. Puis passait au suivant. Aux violons succédaient les altos. Avant de replacer chaque pièce, il la détaillait sans indulgence, avec une concentration qui durcissait son visage un instant ou l'égayait subitement selon le résultat de l'examen. Il pinçait une corde, accordait un instrument, en polissait un autre, jouait de chacun plus ou moins longuement, selon la qualité du plaisir qu'il en éprouvait. La tournée semblait terminée. Il se donnait quelques instants de répit, mettait une bûche dans le poêle si c'était l'hiver, ouvrait au printemps une fenêtre sur le parfum du lilas plutôt chétif qui fleurissait désespérément chaque année, ou buvait un verre d'eau à petites gorgées. Puis, d'un pas retenu, il allait s'immobiliser devant une châsse vitrée tapissée d'un fond de velours. Et, là, subitement, devenait un autre homme, un homme possédé. Il ouvrait presque religieusement la porte du petit cabinet, se recueillait quelques instants avant de décrocher le violoncelle qui était là, debout, appuyé au velours grenat. Son regard attendri glissait le long du galbe harmonieux, puis Jean-Baptiste s'emparait de l'instrument avec les gestes possessifs d'un amoureux. Il allait s'asseoir sur la petite chaise foncée de « babiche », posait le violoncelle sur ses genoux et tout en caressant le bois velouté, les cordes tendues, se laissait de nouveau envahir par les mêmes obsédantes réflexions. Ce violoncelle était l'aboutissement de ses efforts, la fin d'une trajectoire difficile. Ce violoncelle était l'incarnation d'un rêve réalisé, le résultat tangible de toutes ses recherches. Que de tâtonnements et d'hésitations avaient accompagné son inlassable peine pour découvrir les essences de bois qui, mariées entre elles, ajoutaient à la qualité de la résonance, comment affiner les procédés de coupe et de séchage, découvrir une nouvelle formule de colle plus dure et un vernis plus fin, conjuguer enfin tous ces éléments comme une hirondelle bâtit son nid de brindilles agglutinées de ses propres sécrétions. Jean-Baptiste aimait ce violoncelle, mais sa ferveur n'était pas sans inquiétude. Chaque création est arbitraire se répétait-il. Pour savoir si son œuvre existait réellement, pour découvrir enfin si cet instrument avait sa propre identité, une qualité particulière qui le différencie des autres et lui confère une personnalité, il fallait qu'il soit jugé par un musicien, un grand musicien qui inventorierait toutes ses possibilités, qui jouerait de son violoncelle pour qu'enfin éclatent ses qualités ou ses infirmités, sa perfection ou sa médiocrité. Comme le cheval de compétition est jugé dans la lancée finale de la course quand il franchit les obstacles les plus difficiles.

3   L'examen n'était pas sans risque, il le savait. Un texte, si réussi soit-il, peut très bien en passant dans l'esprit du lecteur se transformer en une chose exsangue, sans aucune consistance. Et cette pièce dont s'empare le comédien, qu'il passe au creuset de sa personnalité, qu'il coule dans sa voix, ses gestes, son attitude avant de la rendre au dramaturge éperdu qui doit, en plus, se soumettre au verdict de l'auditoire?... C'était un risque, un grand risque, il l'admettait volontiers, mais pensait aussi que le danger était plus évident pour l'auteur ou le dramaturge qui ne choisissent ni leurs

lecteurs ni leur public. Lui, il pouvait demander un musicien de son choix, un qui fût exigeant, perspicace mais attentif; un artiste qui puisse découvrir et s'émerveiller, si possible, de sa contribution, à lui, Jean-Baptiste Caron, afin que l'instrument atteigne l'ultime perfection.

Dire qu'il pouvait choisir suppose une liberté que Jean-Baptiste n'avait 4 pas; pour lui il n'existait qu'un seul grand violoncelliste : Pablo Casals.

Il répétait son nom avec enthousiasme ou frayeur selon ses états d'âme. 5 Cette idée qui lui était venue de soumettre au maître cet instrument de sa fabrication tournait à l'obsession. Pablo Casals, murmurait-il, se voyant tout à coup comparaître devant ce maître qu'il admirait sans réserve. Qu'il puisse trouver le moyen d'être admis auprès de l'artiste le mettait dans un état d'exaltation extrême qui était malheureusement suivi d'un sentiment de timidité si intense qu'il reportait à plus tard les démarches qui lui permettraient d'espérer être entendu du maître. Et cette ferveur tourmentée multiplia, avec les années, la vigueur de ce désir aussi exaltant que téméraire. Mais il sentait que bientôt il serait psychologiquement prêt.

En attendant l'occasion fortuite qui serait le signal du destin, la poussée 6 subite et irrésistible du courage espéré, il éprouvait beaucoup de satisfaction à penser que ses trouvailles personnelles étaient au moins des secrets de fabrication. Secrets qu'il gardait jalousement, qu'il défendait avec férocité, en prévision de ce jour indéterminé, lointain, presque inespéré, ce jour qu'il apercevait quelquefois dans l'obscurité de son avenir comme un point lumineux cerné d'un halo où il apparaissait lui, Jean-Baptiste Caron, livrant ses secrets avec magnanimité par reconnaissance ou plutôt en échange de la considération qu'on avait pour son talent et ses exigences envers ce métier si difficile de luthier. Métier qu'il avait pratiqué avec respect et diligence, mais qui ne lui aurait apporté qu'une honnête satisfaction n'eût été[1] la naissance de ce violoncelle. À partir de cet événement, les lignes de démarcation entre le métier et l'art étaient devenues mouvantes. Et le contentement qu'il éprouvait jadis n'était rien auprès de cette délectation qu'il ressentait maintenant en décrochant l'instrument. Il suffisait qu'il en joue quelques minutes pour atteindre aussitôt à cet état de félicité qui compensait sur-le-champ tous les tracas de sa vie passée. Qui effaçait miraculeusement le souvenir insupportable qui refluait si facilement au niveau de sa conscience, quand il laissait sa mémoire remonter jusqu'à la Crise des années trente.

Son désespoir, demeuré entier, renaissait alors et s'étalait telle une plaie 7 ouverte. Et Jean-Baptiste retrouvait aussitôt intacte la révolte qui s'était emparée de lui. Il revoit son poing levé comme un blasphème à l'adresse du destin qui le frappait avec une telle cruauté. Alors que pour lui cet emploi

---

1. **n'eût été** : s'il n'y avait pas eu.

de violoniste dans l'orchestre symphonique de Québec, c'était, en plus du gagne-pain, une consécration sociale, un idéal réalisé, un rêve concrétisé...

8   « Les miracles, ça existe », avait dit sa mère humblement alors qu'elle l'accompagnait dans le sentier qui conduit à la route où passe l'autobus pour Québec. « Ça existe », avait-elle répété avec plus de fermeté, « à la condition d'y croire... » « T'inquiète pas, maman », avait répondu l'adolescent, alors qu'il n'avait pas dormi de la nuit à cause de son énervement. Mais le miracle avait eu lieu. Jean-Baptiste avait été accepté pour faire partie de l'orchestre symphonique. Quand il était descendu de l'autobus le lendemain, la demeure de ses parents lui était apparue nimbée de lumière comme dans les contes de fées. Et le vent dans la forêt tout autour jouait la finale de la neuvième symphonie de Beethoven. Il était entré et avait hurlé la nouvelle tant son excitation était grande, oubliant la présence de son père qui ne croyait pas à cette vocation musicale qu'il qualifiait de chimérique. Jean-Baptiste ne vit que sa mère ce jour-là dans la cuisine. Jamais il n'oublierait l'intensité du regard qu'elle avait levé vers lui, un regard lumineux où se mêlaient la tendresse et la fierté pendant que furtivement elle essuyait ses larmes du coin de son tablier. Le jeune homme ne fut pas surpris d'une démonstration aussi discrète, puisque sa mère réservait ses épanchements pour manifester les joies ordinaires, quotidiennes ou de circonstance : accueillir la visite, recevoir les voisins, commenter les prônes du dimanche ou les commérages du voisinage. Il se souvient qu'elle était plutôt bavarde mais que ses propos ne concernaient jamais les secrets de son âme et de son cœur. D'ailleurs la famille, la parenté et les voisins se comportaient aussi de cette façon. Et tout l'environnement affectif du jeune homme se serait résumé en un fatras de mots, de rires, de disputes et de commentaires, n'eût été ce domaine secret, ce monde particulier où il retrouvait sa mère et son frère Dominique, grabataire depuis plusieurs années. « Il est condamné », répondait-on avec simplicité et fatalisme à ceux qui s'inquiétaient de cette maladie incurable qui consumait le jeune homme. Quand la température le permettait, on installait le malade sur la galerie. Une chaise longue en lattes, garnie d'une paillasse recouverte d'une cotonnade fleurie, lui était réservée. Il y passait des journées entières, le regard perdu dans la ramure des arbres de la forêt qui cernait la maison. À intervalles réguliers, la porte s'ouvrait doucement. La mère venait se laisser tomber sur le banc appuyé au mur de bardeaux qui était de ce gris mat, indéfinissable du bois vieilli sans peinture. Leur conversation se poursuivait inlassablement. Le rythme lent de leurs voix assourdies formait comme un cercle étanche autour duquel s'étendait l'indifférence absolue des autres membres de la famille. La mère et le fils condamné échangeaient avec une simplicité désarmante quelques vérités jugées essentielles. Le passage de la vie à la mort devenait un voyage rapide, périlleux, dont la destination était un pays merveilleux, sécurisant, aussi réel que le chœur de l'église, avec cette seule différence que les statues y étaient vivantes, affectueuses et compréhensives.

Jean-Baptiste assistait souvent à ces conciliabules qui s'ouvraient si ma- 9
gnifiquement sur une félicité sans fin. Il écoutait silencieusement, puis éprouvait pour sa mère et son frère malade une tendresse exclusive qui le rendait
subitement heureux d'une façon si intense qu'il se sentait comme contraint
d'exprimer les sentiments qui s'emparaient de lui à l'idée qu'il aimait profondément ces deux êtres assis l'un près de l'autre sur la galerie, qui parlaient
d'une façon naturelle et sublime des mystères de la mort et des exigences
de la vie. Jean-Baptiste choisissait dans la poche de sa chemise soit son
harmonica, soit la flûte qu'il avait taillée dans une branche de sureau. Il allait
s'asseoir sous l'arbre le plus proche, appuyait sa tête au tronc rugueux,
fermait les paupières et improvisait des mélodies toute simples mais vives
et toujours nouvelles. Dominique l'observait et disait chaque fois : « C'est
étrange, tu ne trouves pas, maman, que tout chez Jean-Baptiste se transforme en musique ? »

Cette métamorphose fut un jour si évidente que chacun dans la famille 10
se sentit obligé de prendre parti. Les plus vieux tolérèrent que leur frère
fût musicien comme ils supportaient que leur père fût fainéant et grognon.
D'autres furent plus réticents : est-ce que Jean-Baptiste ne devenait pas
un peu braque ? Pour tous, cette façon d'être de l'adolescent était comme
l'intrusion d'un corps étranger dans l'organisme familial. Il n'y eut pas de
rejet brutal, la réaction fut plus discrète mais tout aussi efficace : on l'isola.
Ce qui eut pour effet d'intensifier les liens qui unissaient le garçon, Dominique et sa mère. C'est ainsi que Jean-Baptiste put se révéler dans toute
sa prodigieuse dimension : il était un être prédestiné. Le malade et la mère
en furent bouleversés. Ils eurent la foi et l'espérance, puisqu'ils pouvaient
pratiquer ces vertus qui ne lèvent tribut qu'à même ce fonds inépuisable de
la confiance. Mais ils ne purent se permettre la troisième vertu la plus
importante, dans leur cas. Ils s'associèrent donc un oncle maternel qui, en
plus d'être marchand général au village, était riche et généreux. Autre
caractéristique : il n'avait pas d'enfant. Cette stérilité, qu'il imputait à sa
femme, il va de soi[2], était ressentie comme une injustice et un affront. Il
consentit donc facilement à accepter le rôle gratifiant de protecteur. Quelques
jours étaient à peine passés qu'il avait déjà, au comptoir de son magasin,
réussi à troquer une poche de sucre, denrée inflationniste de l'époque, pour
un violon. Il apporta l'instrument tout neuf à son neveu ébahi qui en joua
spontanément, avec assurance, comme si, durant son enfance, il n'avait rien
fait autre que se préparer pour ce jour de grâce, fixé par le destin.

Les progrès du jeune musicien devinrent bientôt si manifestes que l'oncle 11
commença sérieusement à se demander s'il ne serait pas coupable de ne
réserver à son neveu qu'un dérisoire succès local. Il s'amena un jour chez
sa sœur pour annoncer, d'un ton ronflant, qu'il ouvrait tout grand les cordons

---

2. **il va de soi** : évidemment, cela va sans dire.

de sa bourse. Il eut en même temps un mouvement des bras qui rappelait celui d'une écluse. L'image n'est pas forcée puisqu'à partir de ce moment l'argent déferla. Jean-Baptiste fut habillé soigneusement, pourvu d'un instrument de qualité et conduit au Conservatoire de musique de Québec où il fut aussitôt accepté, les qualités musicales du jeune homme étant indéniables. Il fut un élève remarquable mais peu remarqué, parce que ses progrès étaient constants, ses succès réguliers et sa conduite exemplaire. Quand arriva le soir de la dernière promotion, c'est l'oncle, évidemment, qui se leva pour offrir le diplôme noué d'un ruban jaune. Il était digne, ému, puisqu'il se jugeait aussi récompensé. Impression qui se confirma, à la fin de la séance, quand après la collation des grades, l'orchestre, formé des finissants, donna le premier mouvement de la cinquième symphonie de Beethoven. Les trois notes initiales, à l'accent populaire, qui devinrent le thème musical d'un espoir commandé par les Forces Alliées, lui donnèrent l'impression qu'il accédait à la connaissance privilégiée de la musique classique, abordant, enfin, une société d'élite dont il rêvait par goût et par ambition. Son illusion était aussi rassurante que sa satisfaction fut profonde. Quand il sortit du Conservatoire, tout illuminé en ce soir de fête, donnant le bras à sa sœur ravie, escortant un neveu transformé en musicien accompli et en jeune homme distingué, il était au comble de la joie, dans un état de complète euphorie. C'est ainsi qu'il mourut dans le mois qui suivit, frappé par la foudre. Il s'évita ainsi d'affreux désenchantements comme le licenciement du neveu de l'orchestre symphonique, quand la Crise économique entraîna partout des réductions de personnel. Et cette non moins affreuse nécessité qui obligea le jeune homme à travailler dans une usine de portes et fenêtres pour y gagner sa vie. Expression plutôt ironique, l'opération, le plus souvent, s'effectuant aux dépens mêmes de la vie des travailleurs. Dans le cas précis de Jean-Baptiste, la formule devenait sadique, se rapprochant de l'aphorisme chrétien : qui gagne sa vie la perd.

12   Alors que le jeune homme poussait vers la scie ronde un madrier, un mouvement d'inattention ou un geste mal calculé lui fit perdre l'équilibre en même temps que deux doigts de la main gauche. Les bouts de chair tombèrent dans le bran de scie, suivis d'un filet de sang. Le jeune homme eut un cri de désespoir si horrible et si perçant qu'il recouvrit le bruit assourdissant des moteurs. Les menuisiers se précipitèrent vers le jeune homme et purent ainsi le retenir alors qu'il posait sa tête sur la plaque de métal, tablier de la sinistre scie. On lui fit des garrots pour contenir le sang, puis on lui tapota l'épaule en guise de sympathie. Plusieurs parmi les menuisiers, en signe d'encouragement, exhibèrent des moignons plus ou moins longs, arrondis, lisses et roses.

13   Quand Jean-Baptiste arriva chez lui après être passé chez le médecin, sa fureur n'avait pas diminué d'intensité. Au contraire, elle atteignait cette phase finale de semi-conscience qui accompagne aussi la volupté, avec cette différence que la colère génère la violence alors que la jouissance conduit

à la béatitude. Il se précipita vers le salon, cette pièce réservée aux grandes occasions. Son violon, enfermé dans son étui, reposait sur une petite table recouverte d'un carré de dentelle. Il ouvrit la boîte, en extirpa l'instrument, le brandit au-dessus de sa tête et allait le rabattre sur le dossier d'une chaise, quand il sentit les bras de sa mère encercler sa poitrine en même temps que sa tête pesait au creux de son dos. Il entendit qu'elle sanglotait. Ces manifestations étaient pour lui si nouvelles et si inattendues qu'il retrouva subitement ses esprits. Et par un automatisme tout aussi naturel, il se retourna, prit sa mère dans ses bras et pleura comme le font les enfants : sans aucune retenue. Jusqu'à ce qu'un bruit de porte leur signifiât que quelqu'un entrait dans la cuisine. Ils se séparèrent aussitôt. La mère se moucha, essuya ses larmes, lissa ses cheveux et quitta la pièce pendant que Jean-Baptiste, son violon serré sur sa poitrine, contre tous les usages ouvrait la porte principale qui donnait sur le salon et s'enfuyait dans la forêt. Il y passa trois jours, ne rentrant qu'à la brunante, hagard de chagrin et excédé de fatigue. Puis il en dormit trois autres comme s'il eût été dans le coma et se releva dans un état de torpeur et d'hébétude qui dura des mois. Ses contacts avec le monde extérieur étaient non pas rompus mais tamisés par une indifférence, une apathie qui les rendaient comme irréels. Il vivait dans une espèce d'absence, un lieu intermédiaire entre la vie et la mort où le maintenait le seul instinct de survie, luttant au fond de son subconscient pour ne pas succomber à l'obsession fatale. Puis avec le temps, il reconnut la voix de sa mère. Les mots qu'elle lui répétait sans fin n'avaient pas encore de signification, mais il s'accrocha à la tendresse et à la chaleureuse intonation de sa voix. Il perçut peu à peu qu'elle lui parlait de résignation, d'acceptation et de courage. Bientôt, il put constater l'étendue de ce malheur qui le déchirait, qui lui arrachait le meilleur de lui-même, le dépossédait de ce qui était pour lui le bien précieux de sa vie. Il comprit aussi, en même temps, que pour choisir de vivre ou non, il ne pouvait faire autrement que d'assumer cette douleur, de la vivre avec intensité et désespoir comme on livre un combat. Il en causa longuement avec sa mère qui trouva judicieuse cette décision qui la rassurait. Elle savait que le sort de son garçon se déciderait presque à son insu, parce que la victoire ou la défaite dépendait toujours, en telles circonstances, de la ferveur avec laquelle on avait aimé la vie auparavant. Elle attendit patiente et attentive et ce n'est qu'au début de mai qu'elle se rendit compte que la vie, chez Jean-Baptiste, avait repris ses droits.

Un jour qu'il était étendu sous une plaine[3] fleurie d'innombrables et [14] minuscules clochettes rouges, Jean-Baptiste entendit que la brise bruissait dans la forêt comme un discret accompagnement aux ramages des oiseaux en transes nuptiales. Il eut l'impression qu'il se réveillait comme une mar-

---

3. **une *plaine** : nom du faux platane du Québec.

motte de son hibernation. Des effluves de vie l'irradiaient doucement de
rêves et de désirs. Émotions qui étaient diffuses et indéterminées au début
comme à la fin d'un songe. « Moi qui croyais ne plus pouvoir m'attendrir
au chant des oiseaux et aux bruits de la forêt! » avoua-t-il à sa mère avec
surprise et ravissement.

15   Avec les jours, son attention se précisa. Il se mit à observer non plus
la forêt, mais chaque arbre en particulier. Il réfléchit à la qualité du bois de
chacun, à son grain plus ou moins fin, à la résistance, la malléabilité, la
résonance possible de chaque espèce. Il sentit naître en lui un intérêt
nouveau qui eut bientôt la force d'un pôle d'attraction. S'il ne pouvait plus
en jouer, pourquoi ne le fabriquerait-il pas, cet instrument?

16   Adossé à la plaine qu'il préférait, il fut tout à coup envahi par cette
sensation assez particulière qui accompagne ce moment capital où le désir
devient une décision. La forêt se transforma en atelier sous son regard
rêveur, des instruments de musique pendirent aux branches des arbres,
des instruments splendides, perfectionnés, dont il était le novateur, lui,
Jean-Baptiste Caron devenu luthier.

17   Et c'est ainsi que commença le long apprentissage, l'installation en ville
de l'artisan promu[4], le cheminement inquiet, les recherches laborieuses, les
incessants recommencements, le découragement jugulé à temps par la trouvaille inespérée ou la découverte tant attendue. À force de patience, de
dextérité, d'obsession, répétant sans fin les gestes nécessaires, précis,
quasi amoureux, après vingt ans d'une poursuite obstinée de la perfection,
le luthier était devenu captif de son métier comme on l'est d'une passion.
Une passion qui heureusement trouva sa justification et sa récompense :
un violoncelle répondait à ses exigences, comblait son espoir et lui apporta
une paix délectable qui dura près d'un an. Puis Jean-Baptiste se mit à douter.
La satisfaction qu'il éprouvait à écouter cet instrument, l'exaltation qui le
saisissait quand il allait le chercher dans sa châsse vitrée, étaient-elles
justifiées? Ou n'était-il, comme la plupart des humains, que le jouet d'une
illusion compensatrice? Ce violoncelle n'était-il qu'une projection de son
esprit? Son travail n'avait peut-être pas la qualité ni les conséquences rê-
vées. Peut-être n'était-il d'aucune utilité? Quand il fut rendu à douter et de
son travail et de lui-même en même temps, il pensa à être jugé par Pablo
Casals dont le verdict serait définitif et irrévocable. Quand il se rendit compte
qu'il ne mangeait plus et dormait à peine, il comprit qu'il ne pouvait plus
reporter à un autre jour ou une autre semaine la rédaction de cette lettre
qui demanderait une entrevue. Il la recommença une dizaine de fois. La
dernière version était dépouillée de toutes les conventions sociales, de
toutes les précautions verbales et se résumait en un touchant et candide
appel. Qui fut entendu. « Venez la semaine prochaine. » Une réponse aussi

---

4. **l'artisan promu** : l'apprenti devient, est « promu » artisan à la fin de son apprentissage.

simple qui fixait la date de la rencontre à si courte échéance plaça la femme et les enfants de Jean-Baptiste comme devant un fait accompli. Les hésitations n'étaient plus permises, ni discutables les difficultés pécuniaires ou d'organisation que présentait ce voyage en Virginie. Tout fut réglé dans les jours qui suivirent. Quand la voiture du fils aîné vint se ranger devant la porte de l'atelier, le luthier en sortit avec précipitation en tenant nerveusement contre lui son instrument emmailloté. On avait prévu les provisions de bouche et quelques arrêts indispensables. Le voyage se fit sans incident ni diversion, si bien que le Jean-Baptiste qui sonna à la maison du maître était dans le même état d'esprit qu'à sa sortie de l'atelier : nerveux et exalté.

Le domestique qui ouvrit introduisit Jean-Baptiste Caron dans un petit   18
salon. Le luthier démaillota le violoncelle avec précaution tout en fixant, la gorge nouée d'émotion, la porte au fond de la pièce. Il se demandait combien de temps il pourrait, sans défaillir, supporter le trac épouvantable qui s'emparait de lui quand la porte s'ouvrit. Le maître entra. Il regarda le luthier avec bienveillance, l'instrument avec curiosité, le prit avec précaution, en tira des notes en pinçant quelques cordes avant de demander : « Vous êtes qui et vous venez d'où ? » Jean-Baptiste déclina son nom, sa nationalité, la province d'où il venait, puis se mit à trembler d'émotion, bouleversé d'être près de cet artiste qu'il vénérait et saisi en même temps d'une angoisse dont il n'avait jamais soupçonné la virulence. Le maître alla s'asseoir sur un petit fauteuil droit et s'installa dans cette position traditionnelle de l'artiste qui s'apprête à jouer en concert. Un silence infini, absolu, dura quelques secondes, puis le maître commença à jouer et le violoncelle se mit à vivre, comme ça, tout simplement, devant Jean-Baptiste ébahi. L'instrument se pliait à toutes les exigences du maître avec subtilité et raffinement. Le maître abaissa un instant l'archet, observa l'instrument avec une attention accrue, le fit tourner doucement sur sa pointe puis l'appuya de nouveau sur son épaule. Il se recueillit quelques instants, puis joua un mouvement rapide et le violoncelle étala dans toute la pièce une éblouissante sonorité comme un paon déploie l'éventail de son incomparable plumage. Jean-Baptiste pensa aussi aux jeux sublimes de certains soleils couchants, puis oublia toutes ces références d'une romantique sensibilité pour ne plus percevoir les qualités intrinsèques de son violoncelle que dans l'impitoyable dimension de leur abstraction. Jean-Baptiste, debout près de la petite table, ne bougeait plus. Quand le maître arrêta de jouer, il demeura immobile, mais tout dans son attitude manifestait la fierté et cette quasi-certitude où il était d'avoir gagné. Le maître se leva doucement, le regarda avec un étonnement ravi, alla appuyer le violoncelle à la petite table. « C'est émouvant, vous n'avez plus qu'à continuer », dit-il en serrant sur sa poitrine le luthier qui pleurait.

COMPRÉHENSION

§ 1.
a. Que fait Jean-Baptiste en se levant?
b. Décrivez son atelier.

§ 2.
a. En quoi consiste la « tournée » de Jean-Baptiste?
b. Comment se comporte-t-il avec le violoncelle?
c. Qu'est-ce que l'instrument représente pour lui et quels sentiments provoque-t-il chez lui?
d. Pourquoi Jean-Baptiste éprouve-t-il le besoin que son instrument soit jugé?

§ 3.
a. À quel risque sont exposées les créations artistiques?
b. Quel avantage possède Jean-Baptiste par rapport à un écrivain ou à un dramaturge?

§ 4-5.
a. À quel musicien rêve-t-il de soumettre son instrument et pourquoi?
b. Pourquoi ne met-il pas son projet à exécution? Précisez et expliquez ses sentiments.

§ 6-7.
a. Que représentent pour lui ses secrets de fabrication? Expliquez l'ambivalence de son attitude.
b. Quel changement le violoncelle a-t-il apporté?
c. Quels sentiments le souvenir de la Crise réveille-t-il en lui? Qu'est-ce que la Crise lui a fait perdre?

§ 8.
a. Quel avait été le « miracle »? Qu'est-ce que l'emploi de ce terme indique sur sa mère?
b. Comment avait réagi Jean-Baptiste à son retour de Québec? Et ses parents?
c. Quel était le comportement habituel de son entourage?
d. Quels étaient les rapports entre la mère et Dominique? Pourquoi constituaient-ils un « domaine secret »? Qu'est-ce qui était au centre de leurs conversations?

§ 9.
a. Que ressentait Jean-Baptiste envers sa mère et son frère, et pourquoi?
b. De quelle façon exprimait-il ses sentiments?

§ 10.
   a. Quelle a été la « métamorphose » et comment les autres membres de la famille ont-ils réagi ?
   b. Qu'est-ce que la mère et Dominique ont découvert chez Jean-Baptiste ?
   c. Expliquez : « [...] ils ne purent se permettre cette troisième vertu ».
   d. Pourquoi ont-ils fait appel à l'oncle ? Qu'est-ce que ce dernier a accepté de faire et pourquoi a-t-il accepté aussi facilement ?

§ 11.
   a. Qu'est-ce qui a poussé l'oncle à un surcroît de générosité et quel en a été le résultat ?
   b. Quel genre d'élève a été Jean-Baptiste ?
   c. Quels ont été les sentiments de l'oncle lors de la collation des grades et par quoi étaient-ils provoqués ?
   d. Quelle a été la conséquence de la Crise pour Jean-Baptiste ?
   e. Expliquez le double sens de l'aphorisme.

§ 12.
   Comment l'accident a-t-il eu lieu et comment Jean-Baptiste a-t-il réagi ?

§ 13.
   a. Dans quel état d'esprit se trouvait-il en rentrant chez lui ? Que voulait-il faire et qu'est-ce qui l'en a empêché ?
   b. Par quelles phases est-il passé par la suite ?
   c. Que pensait-il devoir faire pour continuer à vivre ?
   d. Quelle a été l'attitude de sa mère ?

§ 14-16.
   a. Comment s'est-il aperçu de sa guérison ?
   b. Quelle transformation s'est opérée en lui et comment ?

§ 17.
   a. Comment exerçait-il son métier et qu'est-ce que celui-ci est devenu pour lui ?
   b. Quels sentiments contradictoires le violoncelle a-t-il fait naître en lui ?
   c. Qu'est-ce qui l'a finalement décidé à écrire au musicien ?
   d. Quelle a été la conséquence de la réponse ?

§ 18.
   a. Qu'est-ce que Jean-Baptiste a éprouvé en attendant le musicien ?
   b. Comment s'est comporté ce dernier ?
   c. Comment Jean-Baptiste a-t-il su qu'il avait gagné ?

ANALYSE

1. Quel est le sujet de la nouvelle?
   a. Précisez le rapport entre le début et le dénouement.
   b. Qu'est-ce que l'histoire de Jean-Baptiste, qui s'intercale entre le début et la fin, apporte au sujet?

2. Étudiez la composition de la nouvelle.
   a. Quelles en sont les parties successives?
   b. Comment est-elle composée par rapport au déroulement chronologique et quel est l'effet de cette composition?

3. Quel rôle joue, dans la vie de Jean-Baptiste, l'accident qui lui a coûté deux doigts?
   a. Qu'est-ce qui, dans le récit de sa vie avant l'accident, accentue le caractère tragique de celui-ci?
   b. Qu'est-ce qui donne à l'accident le caractère d'une mort symbolique?
   c. Comment s'opère la « renaissance » de Jean-Baptiste? S'agit-il d'un acte de volonté?
   d. Précisez la nature du rapport entre son existence avant l'accident et ce qu'elle devient après l'accident : s'agit-il d'une rupture, d'une continuité ou d'autre chose?

4. Comment s'explique l'obsession de Jean-Baptiste, le besoin qu'il éprouve de soumettre sa création au jugement d'un maître?
   a. Cette obsession est-elle liée à sa vie antérieure?
   b. Qu'est-ce qui fait du violoncelle une création artistique plutôt qu'un simple objet artisanal?
   c. Quel aperçu cette nouvelle donne-t-elle de la relation qu'entretient l'artiste avec sa création?

5. Discutez le sens qu'il convient d'accorder au titre du recueil *(Histoires édifiantes)* en fonction de cette nouvelle?
   a. En quoi est-elle « édifiante » et faut-il l'interpréter dans un sens « moral »?
   b. Quelle façon de voir la vie se dégage de cette nouvelle?

6. Caractérisez le milieu social dans lequel a vécu Jean-Baptiste et précisez le rôle joué par les divers membres de son entourage sur son évolution.

7. Discutez l'attitude de la mère dans le passage suivant (paragraphe 13) :
   « Elle savait que le sort de son garçon se déciderait presque à son insu, parce que la victoire ou la défaite dépendait toujours, en telles circonstances, de la ferveur avec laquelle on avait aimé la vie auparavant. »

8. Quel sens ajoutent à la nouvelle les paroles de conclusion du maître (« vous n'avez plus qu'à continuer »)?

Photo Kèro

L'assassin du président

CLAUDE JASMIN

Né à Montréal en 1930, Claude Jasmin a publié son premier roman, La Corde au cou, *en 1960, et a remporté ainsi le Prix du Cercle du livre de France. Il a depuis publié une douzaine de romans dont le plus connu,* Ethel et le Terroriste *(1964), lui a valu le Prix France-Québec et a été traduit en anglais. Il a en outre publié des récits, des pièces de théâtre, des essais, des recueils de reportages et de nouvelles ainsi que de nombreux articles parus dans les revues et journaux québécois. Il a également écrit des textes pour la radio et des feuilletons pour la télévision. En 1981, il a remporté le prix Duvernay pour l'ensemble de son œuvre. Ses derniers livres comprennent* L'État-maquereau, *l'État-mafia et* Le Crucifié du Sommet-Bleu, *publiés en 1984, et en 1985* Une duchesse à Ogunquit *ainsi que* Des cons qui s'adorent. «* L'assassin du président » *fait partie d'un recueil collectif de nouvelles qui se situent dans la lignée du roman policier,* Fuites et poursuites, *publié en 1982. On y retrouve des thèmes qui parcourent l'œuvre de Jasmin, tels la violence, la marginalité, la dénonciation du pouvoir et la satire de l'ordre établi.*

J e suis bien nourri. C'est agréable ici. C'est une clinique privée. Semi- 1
privée. Il paraît que le directeur reçoit des subventions de l'État. Les
patients qui habitent ici ne semblent pas bien malades. En tout cas,
on ne me pose pas de questions. Je n'ai pas droit aux soigneurs spécialisés.
Le directeur m'a dit ce matin : « Ne vous tracassez pas. Vous pouvez rester
ici tant que vous voudrez. Avec le temps, on vous laissera sortir. Le temps
efface tout, vous verrez. » Je suis donc logé, nourri, et je reçois même
chaque vendredi une enveloppe qui contient pas mal d'argent. Bien plus qu'il
m'en faut. Je peux sortir, accompagné d'un garde-infirmier. Je vais aux deux
petits cinémas du village, aux restaurants des alentours. Et je peux même
fréquenter une fille de la place. Elle est serveuse au snack-bar du carrefour.
Le garde est discret et il va jouer aux quilles dans un édifice. Voisin de celui
de ma... dulcinée. C'est parfait. Hier, Frank est venu me voir. Il m'a dit :
« Il n'y a qu'une consigne. N'en parle pas. Ne raconte à personne ce qui
t'est arrivé. Ça t'aidera à sortir de cette clinique bien plus rapidement.
Oublie tout. Fais comme si cela avait été un cauchemar. »

Qui je suis ? Je suis un orphelin qui a été ballotté de foyer d'adoption en 2
foyer d'adoption. Bafoué ou non, selon les adopteurs. Délinquant classique
à quinze ans. Fugueur. Le vrai sujet d'articles à sensation pour faire pleurer
le bon petit bourgeois. Résultat ? Un gros penchant pour... la bière. À vingt-
cinq ans, déjà, j'avais battu pas mal de records dans certaines tavernes et
pubs de la capitale. C'est d'ailleurs dans une petite brasserie de la banlieue
que j'ai rencontré, sur rendez-vous, mon bon ami Frank. Frank c'est le type
cool. Mince, grand, lunettes à montures de corne foncée, bien vêtu, bonnes
manières, toujours calme. Méthodique, mon Frank. Il m'a fait une proposition, difficile à refuser, car j'ai toujours aimé les complots, les combines
compliquées, et la bière !

3   Il m'a mis dans ses confidences. Il sait, malgré une certaine froideur, réchauffer une âme sensible. Il a fini par me dire, par m'avouer : « Le président est mal pris. Il n'est pas certain d'être réélu. » Moi, la politique, ça me laisse de glace. Je savais bien que le président était en mauvaise posture, ça, tout le monde le savait, pas vrai ? J'ai suivi Frank dans un petit bureau fraîchement loué. C'était écrit « Communika Inc. » sur la porte du bureau de Frank. « Ce n'est qu'une filiale », m'a-t-il glissé. On a bu. Lui du scotch, moi... ma chère bière. Il en a fait venir car il n'en avait pas dans son petit bureau de « Communika kaka ». On a bu pas mal. Il m'a appris qu'il avait cherché assez longtemps un personnage dans mon genre. Un bonhomme avec un « casier » pas trop lourd, je parle de casier judiciaire. Un type pas trop bien, pas trop louche non plus. Et surtout qui aurait déjà eu des difficultés de... « réinsertion sociale ». Un gars qui aurait déjà été suivi, non seulement par la police mais par des psychiatres. Car, oui, j'ai déjà voulu me suicider, et on m'a traîné chez des confesseurs-médecins. Bref, j'étais l'acteur parfait pour le mimodrame que venait d'inventer monsieur Frank Pietri, expert en publicité, en communication, en relations publiques, en tout ce que vous voudrez.

4   Un expert ? Absolument. Tout a été réglé. Un vrai ballet. Il m'a fait répéter mon rôle. J'étais l'acteur idéal. Pas une réplique dans son scénario. Un rôle muet. Un rôle plein. Avec beaucoup de figurants. Un grand premier rôle : tirer sur le président de mon pays ! Ne pas le rater. Dans les jambes. Ne pas rater les jambes. On m'a fourni les accessoires. Un bon pistolet. On m'a fait faire des exercices. Je suis allé tirer durant des semaines. Je tirais déjà pas trop mal. Mais cette fois il fallait être parfait. À mesure que la campagne électorale présidentielle avançait, à mesure je devenais expert tireur. J'aurais pu tirer un moineau à mille pieds de distance. Frank était fier de moi. Il jouissait. Il me tapait dans le dos. Il m'emmenait manger et boire. Il ne me lâchait plus. Et il me parlait de son idole, du président menacé d'être battu aux élections.

5   Je l'écoutais vanter les mérites de son maître. Car j'ai bien vu que les ficelles étaient tirées en haut lieu, que Frank obéissait à des gens importants. J'étais sa marionnette et lui était la marionnette d'un autre. Au téléphone, souvent, je l'entendais dire poliment : « C'est entendu, monsieur, j'y verrai personnellement, monsieur, je ferai comme vous voudrez, monsieur. » Il en devenait onctueux parfois. Et nerveux aussi. Plus le jour J approchait, plus il devenait fébrile. Surtout que la cote d'amour[1] de son président en campagne baissait de sondage public en sondage public. Il m'a dit une semaine avant que j'entre... en scène : « J'espère que tu sais le rôle important que tu vas jouer dans l'histoire. Un président qui se fait tirer dessus, qui va en réchapper, qui va paraître increvable, intouchable, qui va sembler

---

1. **la cote d'amour** : l'indice de popularité d'un candidat.

presque un ressuscité, un superman, ce président-là, grâce à toi mon vieux, va faire se retourner l'opinion publique. Les gens aiment les héros dans ce pays. Ils aiment un homme qu'on a voulu tuer, qui ne meurt pas, qui se relève et qui continue à marcher... du moins à rouler. Car, tu verras, ce sera le premier « président-en-chaise-roulante » élu avec une très grande avance sur son adversaire. » Je lui avais demandé : « Il est au courant ? Il sait qu'il ne va plus pouvoir marcher ? » Frank m'avait répondu : « Il ne veut qu'une chose. Ne pas perdre le pouvoir. Il a accepté. La puissance en chaise roulante plutôt que de perdre la puissance. »

Je ne sais pas ce que c'est le pouvoir. Je n'en ai jamais obtenu, pas 6 même un petit bout. Frank m'a expliqué longuement cette drogue. Cette jouissance particulière de commander à toute une nation. Et surtout à la nôtre, qui, comme on sait, n'est pas n'importe quelle nation sur ce globe. Je suppose que c'est une griserie au-dessus de tout. Je le suppose. Pour accepter de devenir infirme, ce doit être en effet une bien grosse euphorie.

Vous auriez dû me voir le jour J. Je me sentais plutôt énervé. J'avais 7 les jambes légèrement flageolantes. Tout était prévu. On me guidait. Frank téléphonait. À un tas de gens. Il parlait par saccades brèves. Le président donnait un grand discours devant les membres d'une grosse association d'entrepreneurs. Frank, au téléphone, s'agitait, faisant mine de garder tout son calme mais je le connaissais un peu mieux et je savais bien qu'il était supernerveux. Ensuite, il est venu près de moi, il était midi, ce vendredi-là. Il m'a montré pour la nième fois les photos des lieux. La rue étroite derrière l'hôtel où allait discourir son cher président. La ruelle qui coupait cette petite rue. La porte de garage marquée « Marchandises seulement », qui s'ouvrirait automatiquement quand je presserais le bouton-lumière rouge au-dessus de ma tête derrière un carré de toile grise. Photos du garage, de l'entrepôt. Petit escalier de bois au fond de l'entrepôt. La porte métallique qui conduit aux toilettes. Une autre porte métallique. Un autre escalier. En métal cette fois. Photos toujours. Puis la porte de bois. Le hall de l'hôtel. Je devais marcher jusqu'au grand portique. Aller sous l'auvent rayé, dehors, à ma gauche. Montrer ma carte de journaliste aux gardiens qui, sans doute, l'exigeraient. Et là, attendre patiemment la sortie du président. Le laisser saluer la petite foule qui se trouverait sans doute rassemblée, attendre qu'il s'approche de la limousine noire. Et là ? Et là, crier dans sa direction : « Mort au président libéral ! » Je répétais mon cri comme un comédien dans les coulisses en examinant l'entrepôt, l'escalier, puis les toilettes... puis le hall de l'hôtel, l'auvent rayé...

J'ai montré ma carte de presse. Un garde a grogné : « Merci, m'sieur ! » 8 Vous savez maintenant que ce vendredi-là il faisait un temps de cochon. Une pluie glaciale. La foule n'était pas bien nombreuse.

Le président sortit de l'hôtel. Poudré, maquillé, bien coiffé, avec l'éternel 9 sourire de tous ses posters. Il me semble qu'il m'a regardé. Vérifiait-il si tout le plan se déroulait parfaitement ? J'ai sorti mon revolver. J'ai crié en

bafouillant : « À bas le libéral président ! » Il s'est retourné, il a regardé
Frank tout près de lui. Frank m'a regardé. J'ai eu envie de tirer sur Frank !
Un goût subit. La désobéissance. C'est bien la première fois de ma courte
vie que j'obéissais aveuglément à quelqu'un. Il me semblait que le temps
lui-même s'arrêtait, que ces secondes, ces fractions de secondes duraient
des heures. Je me souviens, j'ai entendu un cri, loin, un cri étrange : « Oublie
pas ! » Je n'ai jamais su qui, dans la rue voisine, avait crié : « Oublie pas ! »
Je me rappelle, j'ai pensé à un gars qui criait à sa blonde : « Oublie pas ! »
Un rendez-vous ? Et j'ai tiré. Des cris de panique montèrent de la petite
foule.

10   Frank me l'avait dit, deux des hommes de garde du président me tom-
beraient dessus, me cogneraient un peu et m'enfourneraient à toute vitesse
dans une Plymouth rouge. La Plymouth rouge filait. Derrière nous, d'autres
voitures anonymes et des motocyclistes de la police. Un beau chahut. Des
sirènes de tous les côtés. J'étais, moi aussi, un héros. Les caméras de télé
avaient dû enregistrer tout mon numéro. Si bien rodé. Tellement bien
répété, n'est-ce pas, monsieur Frank Pietri ?

11   Après mon numéro d'acteur, tout s'est déroulé comme me l'avait prédit
Frank. Incarcération. Trois jours dans la capitale. Ensuite une prison lointaine. Le procès, bidon. L'avocat, brillant. Le défilé des témoins. C'était
bien moi le tireur. Pas de doute. Mais était-il sain d'esprit ? Le vieux psy-
chiatre de la police. Le questionnaire en règle. Les tests. Je connaissais les
questions par cœur. Et les réponses donc ! J'ai obéi. J'ai répondu comme il
le fallait. Et ce fut le transfert à l'asile-prison. Les menaces. Des menaces
bien organisées. Frank dans le grand bureau de direction de l'asile. Le
directeur qui m'explique solennellement que ma vie était en danger. Qu'il
fallait m'éloigner. Me cacher. Il me parla comme on parle à un fou. Lentement. Sûr que le misérable sonné ne comprendrait pas bien. J'avais envie
de rire.

12   Et ce fut la petite clinique semi-privée. Et ce fut le jour des élections.
Et le triomphe électoral du cher président de Frank Pietri, le génie de la
publicité ; en chaise roulante qu'il prêta le serment, son président, en chaise
roulante de grand luxe ! Il faut aimer gouverner. Il faut aimer ça, le pouvoir,
je vous le dis.

13   Le directeur de la clinique a reçu l'ordre de donner mon courrier, si
jamais j'en recevais, à monsieur Pietri. Frank, un soir qu'il avait bu un peu
plus que de coutume, me fit lire une annonce parue dans un journal de la
capitale. Ça disait à peu près : « Où que vous soyez, sachez que nous
souhaitons publier un livre sur vous, sur votre vie passée, faites-nous signe,
votre prix sera le nôtre. » Frank m'avait dit : « Tu n'auras jamais besoin
d'argent. » Puis Frank me lut une lettre curieuse, c'était écrit : « Je suis
un autre pensionnaire comme vous, pour avoir osé faire ce que vous avez
fait à notre cher président, un jour, vous ne savez pas quel jour, je vous
abattrai. » C'était signé : « Assassin pour assassin. »

Frank ajouta : « Est-ce que ça te fait peur ? » J'ai répondu : « Oui. » 14
Frank a souri et il est parti ; rendu au fond du couloir de la clinique, à l'étage
des chambres, il s'est tourné vers moi et a dit : « Il ne fera rien sans mon
autorisation. Ne crains rien ! » Et il avait ri.

Je me rappelai soudain avoir vu Frank se promener dans le jardin de 15
l'asile avec un certain Simon. Je m'étais dit que Frank s'amusait à écouter
parler ce grand malade. Simon délirait souvent, se disait une réincarnation
de Moïse. C'était un cinglé agressif. Il faisait parfois des crises et cassait
tout sur son passage jusqu'à ce qu'on vienne l'envelopper dans une camisole
de force. C'était peut-être, ce Simon, une autre des marionnettes de Frank ?

Un matin, j'ai trouvé une pile de coupures de journaux sur le pas de ma 16
porte de chambre. J'ai lu ça, c'était la relation des événements. On parlait
de blessures aux jambes du président mais aussi aux reins et aux poumons.
Je n'avais tiré que dans les jambes ! Je m'étais assez exercé ! Quand j'en
parlai à Frank, il m'expliqua que tout avait été prévu : l'hôpital, un petit
hôpital privé, à quatre pâtés de l'hôtel, le chirurgien en devoir, tout, tout,
tout. J'ai compris. Il fallait un martyr. Un vrai. Un héros. Un superman qui
se relève des catacombes, un Lazare qui sort de son tombeau, vivant ! J'ai
tout compris. Frank était sans doute un génie. Lui et ses adjoints.

Après des mois de cette vie de demi-reclus, je commençai à m'ennuyer. 17
Je trouvais le temps mort. J'étais fatigué de cette vie en clinique, entouré
de demi-aliénés, de vrais fous, de blouses blanches. Je ne pouvais plus voir
ce directeur et ses manières de faux prêtre. Je voulais m'en aller. Sortir.
Vivre libre. Me débarrasser de ce beau collier en argent installé par mon
vieux Frank si prévenant.

J'en avais assez. J'en étais venu à regretter cette mascarade, ce faux 18
attentat. Un soir, je profitai d'un moment d'inattention de mon gardien de
sortie pour jeter une lettre à la poste du village. Je l'avais adressée à l'éditeur
qui avait publié cette annonce apportée imprudemment par Frank. J'avais
écrit une lettre très brève à cet annonceur intéressé à publier l'histoire de
mon forfait. J'avais seulement indiqué : « Je suis l'assassin du président. Si
vous pouvez me faire enlever et me cacher un certain temps, je ferai votre
fortune… et la mienne par la même occasion. Une histoire politique et
policière pas trop banale, vous verrez. » Et j'avais donné l'adresse de la
clinique avec un plan du jardin, des murs, et cætera. Chaque soir, je m'en-
dormais très tard, j'imaginais les gens de mon éditeur montant à l'assaut
de la clinique, on frapperait discrètement à ma porte et je serais transporté
nuitamment hors d'ici, loin, libre, rédigeant le récit de cette aventure. Les
jours passaient. Rien ne vint.

Un matin pourtant, j'avais oublié mon appel au secours, le directeur, 19
toujours amène, me réveilla tout doucement en m'annonçant que l'on me
demandait dans le hall de la clinique. Je me suis habillé en vitesse. « On
vient me chercher ? » Je répétais cela en jetant dans ma valise tous mes
effets. Enfin ! C'était mon éditeur ! Il avait réussi à tromper le directeur,

Dieu seul sait sous quel prétexte. J'ai failli débouler l'escalier de la clinique.
20   Dans le hall, il y avait un homme. Je m'arrêtai de marcher. Il vint vers moi, très lentement, en faisant balancer son large torse, ses épaules d'armoire. Je vis, dans une de ses larges mains-battoirs, ma lettre à l'éditeur! L'enveloppe décachetée avec l'en-tête de la clinique. L'homme s'arrêta à quelques pas de moi et dit : « Allez-y, sortez, je vous rejoindrai, il faut que je fasse les derniers arrangements. »

21   Je marchai lentement vers le portique, puis descendis le vieil escalier de pierres. Le jardin était lumineux. C'était un vrai beau matin d'été. Une aube rare. Avec un soleil levant éblouissant déjà. Au fond du jardin je vis un tas de fauvettes. Et qui soudain s'envolèrent! Derrière un bosquet, je vis Simon! Le fou à[2] Simon! Il était en pyjama blanc et marchait vers moi. Il tenait quelque chose dans sa main droite. C'était sans doute un revolver. Je voulus fuir, je regardai vers la barrière de fer ornemental. Je vis la Plymouth rouge et à côté, la Mercedes grise de Frank. J'avais compris. J'imaginais déjà une manchette : *L'assassin du président voulant fuir l'asile est abattu par un dément.*

22   Le faux prêtre me fit sursauter. Il était rendu juste derrière moi, il me dit à voix basse : « Vous avez compris, jeune homme? Il faut promettre de ne plus écrire. Ne plus jamais écrire ni téléphoner même. » Je me suis jeté à ses pieds. Je l'ai imploré, supplié. Le directeur alors m'a pris par le bras et m'a fait rentrer. Il a dit à l'homme de la Plymouth rouge : « Il va être sage. Il m'a promis de ne plus sortir. De rester ici avec nous bien sagement. » L'armoire ambulante[3] sortit. Je regardai par la fenêtre. Frank me salua de la main, plusieurs fois. Les deux voitures quittèrent l'allée de gravier de l'asile. Simon entra à son tour. Il ne me regarda même pas. Le directeur tendit la main et je vis que Simon lui remettait un gros fusil à l'eau, un gros jouet métallique gris.

23   Simon monta tout doucement l'escalier. « C'était un fusil à l'eau, non? » Le directeur sans me regarder marcha vers son bureau en disant : « Il pourra aller arroser notre massif de pivoines avec ça souvent. Je lui ai promis. » Avant de refermer la porte du bureau, il prononça à voix plus forte et plus fermement : « Attention, un bon matin, il pourrait bien avoir un vrai fusil, vous savez. » La porte se referma tout doucement sur le directeur. Valise à la main, je suis monté à ma chambre avec, pour une fois dans ma vie, une maudite envie de pleurer. J'étais enfermé dans le plan de Frank; à perpétuité.

24   Il y a bien longtemps, il me semble, que je vis dans cette clinique. Subventionnée de plus en plus généreusement par le gouvernement. Ceux qui m'ont connu ne me reconnaîtraient plus. Je mange. Je mange sans arrêt.

---

2. ***le fou à** : construction québécoise pour *le fou de.*
3. **l'armoire ambulante** : expression de la langue familière qui désigne une personne de carrure imposante ; elle renvoie ici à l'homme aux « épaules d'armoire ».

Je suis bouffi. De partout. Je dois peser dans les deux cents livres. Je me palpe et je me trouve mou, tout mou. Je regarde à la télé du parloir de la clinique notre cher et héroïque président-en-chaise-roulante. Tout souriant, il se laisse fêter par une troupe d'artistes réunis, c'est l'anniversaire de sa ré-élection. Il parle de ses beaux projets d'avenir pour le bonheur de la nation entière.

Plus jeune, je vous l'ai dit, j'ai déjà songé à me tuer, mais maintenant 25 que je suis rentré dans l'Histoire avec un grand H... Un volume relié est là à la bibliothèque de la clinique. On y parle des assassins politiques et savez-vous que sur les dix chapitres du gros manuel, on m'en a consacré un! Un petit. Oui, je suis dans l'Histoire maintenant.

COMPRÉHENSION

§ 1.
   a. Dans quel genre d'endroit se trouve le narrateur?
   b. Comment est-il traité?
   c. Quelles questions les paroles de Frank éveillent-elles dans l'esprit du lecteur?

§ 2-3.
   a. Qui est le narrateur?
   b. Caractérisez, d'après la façon dont il se décrit, l'attitude qu'il a envers lui-même.
   c. Quelle image donne-t-il de Frank? Comment l'a-t-il rencontré? Qu'ont-ils fait ensemble?
   d. Pourquoi Frank s'intéresse-t-il à lui?
   e. Relevez des exemples de l'ironie du narrateur. Qu'est-ce que cette ironie nous apprend sur lui?

§ 4.
   a. Qu'est-ce que Frank attendait du narrateur et en quoi consistait l'entraînement de celui-ci?
   b. Relevez les termes empruntés au vocabulaire du spectacle.

§ 5-6.
   a. Quelle est l'attitude de Frank et comment s'explique-t-elle?
   b. Quel est l'objectif de l'attentat? De quelle façon d'envisager la politique procède-t-il?
   c. Qu'est-ce que le narrateur a de la difficulté à comprendre?

§ 7-9.
   a. Comment le narrateur s'est-il préparé, le jour J?
   b. Où a eu lieu l'attentat?
   c. Dans quel état d'esprit se trouve le narrateur avant de tirer?

§ 10-12.
  a. Qu'est-il arrivé au narrateur après l'attentat ?
  b. Comment fait-il ressortir le caractère attendu, programmé de ce qui se passe ?
  c. Caractérisez l'attitude du narrateur face à l'élection du président.

§ 13-15.
  a. Pourquoi Frank montre-t-il l'annonce et la lettre au narrateur ?
  b. Comment ce dernier réagit-il ?

§ 16.
Qu'est-ce que le narrateur découvre de surprenant dans les coupures de journaux et quelle en est l'explication ?

§ 17-18.
  a. Qu'a ressenti le narrateur après un certain temps ?
  b. Qu'a-t-il fait et pourquoi ?

§ 19-21.
  a. Qu'est-ce que le narrateur a cru quand le directeur est venu le chercher ?
  b. Comment était l'homme qui l'attendait dans le hall ?
  c. Qu'est-ce que la description du jardin apporte au récit ?
  d. Comment le narrateur a-t-il réagi en voyant Simon et pourquoi ?

§ 22-23.
  a. Comment s'est terminé l'épisode ?
  b. Quand le narrateur a-t-il compris qu'il s'agissait d'une mise en scène ?
  c. Comment a-t-il réagi à l'avertissement du directeur ?

§ 24-25.
  a. Qu'est devenu le narrateur après cette expérience ?
  b. Quel effet produit la mention du président apparaissant à la télévision ?
  c. Quelle vous semble être l'attitude finale du narrateur envers son aventure ?

ANALYSE

1. Faites le plan de la nouvelle.
   a. Quelle est la fonction du premier paragraphe ?
   b. Quels sont les éléments de suspense dans le récit et sur quoi ce suspense débouche-t-il ?
   c. Qu'est-ce que l'incident dans le jardin avec Simon ajoute au récit ?
2. Analysez le comportement du narrateur dans l'histoire.
   a. Quels peuvent être ses mobiles pour jouer son rôle dans le faux attentat ?
   b. Caractérisez son attitude envers Frank et envers le président.
   c. Comment se situe-t-il socialement ?
   d. Est-il naïf ou lucide ?
   e. Qu'est-ce qui l'a poussé à répondre à l'annonce du journal ?
   f. Comment envisage-t-il le rôle qu'il a joué ?

3. « Une histoire politique et policière pas trop banale », écrit le narrateur
dans sa lettre à l'éditeur.
   a. Cette définition s'applique-t-elle à la nouvelle elle-même ?
   b. Quels sont les éléments qui relèvent des techniques et des thèmes
   du genre du roman policier ?
   c. L'attentat dans la nouvelle vous fait-il penser à des attentats politiques réels ?
   d. Quelle vous semble être la part du vraisemblable et celle de la fiction
   satirique ?

4. Qui, dans ce récit, est manipulateur et qui est manipulé ?

5. Quelle image de la politique et du pouvoir se dégage de la nouvelle ?
En quoi cette image est-elle tributaire du point de vue unique du narrateur ?

6. La narration.
   a. Comment l'existence même du récit est-elle justifiée par le personnage du narrateur ? Qu'est-ce qui le pousse à raconter son histoire ?
   b. Pourquoi l'auteur a-t-il choisi ce narrateur particulier ? Quels sont
   les avantages de la perspective de celui-ci ? Qu'est-ce que l'utilisation
   de cette perspective permet à l'auteur de faire voir ?
   c. Étudiez le style de la narration : vous semble-t-il adapté à la personnalité du narrateur ?

Photo Kèro

Retour

LISE LACASSE

« Retour » est extrait du premier livre de Lise Lacasse, Le Défaut de la cuirasse, *dont la parution en 1977 a été très favorablement accueillie par la critique et qui lui a valu le prix Benson & Hedges en 1978. Née à Lachine en 1938, elle a enseigné le français jusqu'en 1973. Elle se consacre depuis à l'écriture. Certains de ses textes ont été diffusés à la radio et à la télévision (Radio-Canada). Elle a publié un roman en 1981, intitulé* La Facilité du jour.

Debout devant la fenêtre du salon, Charles regardait fondre les der- 1
nières plaques de neige sur son gazon. Il n'était que sept heures
et déjà le soleil faisait mal aux yeux. Comme à tous les dimanches
matins, la maison et la rue étaient plongées dans le silence. Souvent, Charles
avait tenté de jouir de ce matin plus long que les autres à la manière de
tout le monde. Mais aussitôt qu'il s'éveillait, les draps perdaient instanta-
nément leur tiédeur, et le plafond accaparait ses yeux. Au lieu de l'apaiser,
la respiration lente et chaude de sa femme l'exaspérait. Au bout de quelques
minutes, pris d'une soudaine envie de fumer, il ne pensait plus qu'à se lever.
Pourtant, dès que ses pieds avaient touché le plancher froid, l'inconfort
s'installait. Pour le chasser, il s'accrochait au rite dominical qu'il s'était forgé
au long des années.

Enfilant sa robe de chambre en soie et ses pantoufles, il se dirigeait 2
vers la cuisine et branchait le percolateur qu'il avait rempli la veille. Les
yeux fermés, il humait quelques instants l'odeur âcre des grains de café, se
frottait les mains l'une contre l'autre, souriait puis s'enfermait dans la salle
de bain. Là, il alignait méthodiquement son rasoir, sa lotion, son peigne et
sa brosse à dents sur le bord de l'évier, puis se glissait sous la douche. Les
robinets ouverts à pleine force, il se laissait fouetter par l'eau froide jusqu'à
ce que son corps devienne insensible.

Sa toilette terminée, il remettait sa robe de chambre et ses pantoufles, 3
puis tournait de gauche à droite devant le miroir, l'air satisfait. À part
quelques rides au coin des yeux, la vie tombait sur lui sans laisser de trace.
En ouvrant la porte, par habitude, il tendait l'oreille. Jamais il n'avait compris
pourquoi, le dimanche, son va-et-vient matinal ne dérangeait personne.
Haussant les épaules, il se versait un grand bol de café, s'allumait une

cigarette et, debout devant la porte de la cuisine, il contemplait le jardin et les fleurs, l'herbe jaune ou les branches du sapin ployant sous la neige. Dès qu'il sentait la tristesse l'envahir, il secouait la tête comme un chat sous l'averse et allait s'étendre sur le divan du salon.

4   En faisant la grimace, il avalait d'un trait le café déjà refroidi et tournait le bouton du tourne-disque. La neuvième de Beethoven traversait alors ses écouteurs et le projetait dans un monde qui n'appartenait qu'à lui. Pendant une demi-heure, il sommeillait à sa façon. Seuls des souvenirs vagues et heureux effleuraient son esprit. Au lieu de s'y accrocher, il les laissait l'entourer d'une paix ouatée qui s'accordait merveilleusement avec la pâleur du matin qui filtrait entre les rideaux. Juste avant la dernière mesure, il baissait le volume, se penchait au-dessus de la table basse où étaient éparpillés livres et revues. La plupart du temps, il avait arrêté son choix la veille. Mais il attendait d'entendre les premières notes de guitare pour glisser un coussin sous sa tête et s'étendre sur le divan avec ses deux ou trois heures d'oubli dans les mains. Lorsque Marthe, toute pomponnée, se collait sur lui, il fermait son livre, enlevait ses écouteurs avec une désinvolture qui l'étonnait à chaque fois et lui faisait regretter que tous les plaisirs dont il se délectait le dimanche matin ne prennent jamais vraiment racine. Toutefois, il se consolait en pensant que sa famille parlait de ces moments comme d'un bonheur qu'il vivait en cachette. Il leur était même arrivé de dormir jusqu'au dîner pour lui permettre de profiter à satiété de ces instants privilégiés.

5   Mais ce matin-là, Marthe arriva derrière lui, appuya la tête sur son épaule et, tout en regardant l'eau qui coulait le long du trottoir, dit comme pour elle-même : « Je me demande ce qu'il fait en ce moment... » Charles se contenta de lui caresser la joue tout doucement. Il n'avait pas envie de parler de son fils maintenant, et il se demandait pourquoi Marthe n'avait pas dormi afin qu'il s'arme contre le vide que créait l'absence toute fraîche de Martin.

6   « As-tu mangé ?

— Non... Je viens tout juste de me lever.

— Que dirais-tu si, pour une fois, je te préparais à déjeuner ? »

7   Marthe feignait l'enthousiasme et Charles l'imita sans toutefois oser la regarder.

8   « Je vais t'aider !

— Non, assieds-toi ici. Je t'appellerai quand tout sera prêt. »

9   Elle disparut aussi vite qu'elle était arrivée. Charles l'écouta s'affairer dans la cuisine.

10 Telle que je la connais, elle n'arrêtera pas de travailler de la journée. À chaque fois qu'elle a de la peine, elle tâche d'oublier de cette façon mais ça ne réussit jamais. Elle ne parvient qu'à s'épuiser, et ensuite ses larmes coulent plus facilement. Après le mariage de Luc, elle a pleuré une semaine sans arrêt. Déjà hier soir, j'avais peur de revenir à la maison seul avec elle

mais elle s'est endormie comme si les enfants étaient encore là. Ce matin nous ne sommes que tous les deux et cette situation ne changera plus. À cinquante-cinq ans, il nous reste encore beaucoup de silence à meubler. Marthe est la plus à plaindre. Moi j'ai encore mon travail, mais je ne peux plus lui offrir comme autrefois une vie toute neuve et pleine d'imprévus. J'ai l'impression que même mon amour ne suffit pas. Elle le connaît trop bien et elle s'y est accoutumée, surtout.

« Qu'est-ce que tu as ! Es-tu malade ? »   11

Charles se redressa aussitôt en souriant. Quand il réfléchissait ainsi, il   12 s'asseyait toujours les jambes écartées, les coudes sur les genoux, les mains derrière la nuque et la tête penchée comme s'il allait vomir. Marthe l'avait fréquemment surpris dans cette position et pourtant, à chaque fois, prise d'inquiétude, elle avait poussé le même cri. Mais ce matin elle insistait. Charles avait le sentiment qu'elle avait même envie de le supplier de répondre « oui ». Il se voyait couché dans le lit de Martin pendant que Marthe courait chercher le thermomètre, le jus d'orange, l'alcool à friction. Tout en se levant, il fixa Marthe durement. Arrivé près d'elle, il découvrit que ses yeux roulaient dans l'eau et que sa gorge tremblait. S'il s'était écouté, il lui aurait ouvert les bras et, tout en lui caressant les cheveux, l'aurait laissée pleurer tout son soûl. Mais il craignait qu'en lui permettant de s'apitoyer sur elle-même, il ne puisse s'empêcher de s'apitoyer aussi sur lui et sur eux. En s'asseyant à la table, il ne vit que le couvert de Martin soigneusement étalé en face de lui.

Elle avait fait chauffer des croissants rien que pour lui. Avant de venir me   13 chercher, elle a même attendu que le beurre soit ramolli comme il l'aime. Jusqu'au pot de confiture de framboises qui est bien rangé près de son assiette.

« Tu ne manges pas ? »   14

Elle avait les yeux rougis mais elle souriait.   15

« Tu sais que je ne mange jamais le matin ! »   16

Charles fit un effort pour que son rire sonne le moins faux possible et   17 pour que sa main s'attarde sur le bras de Marthe juste le temps qu'il fallait.

« C'est bête, c'est trop bête. Je ne suis pas tout à fait éveillée. J'ai   18 dressé la table machinalement. Quand Luc s'est marié, ça m'a pris combien de temps avant d'oublier de mettre son couvert ? Pourtant Jacques et Martin me taquinaient à chaque fois. Comme quand j'apprêtais les mets qu'il était le seul à aimer ou que j'entrais dans sa chambre pour le réveiller. Déjà cinq ans qu'il est parti et j'ai encore l'impression que c'était hier. Quelquefois je me prends à regretter qu'il n'ait pas encore d'enfants. »

Elle recommence à parler de ses fils comme s'ils n'étaient pas partis. Qu'au-   19 rait-elle d'autre à me raconter ? Il y a maintenant si longtemps que sa vie et ses pensées sont accaparées par eux. Les layettes, les coqueluches, les anniversaires, elle va tout évoquer si je ne l'arrête pas.

« Tu n'as pas envie de déménager ? »   20

21 Cette phrase était sortie de la bouche de Charles avant même qu'il n'ait eu le temps d'y penser. Maintenant, il devait faire face au regard ahuri de Marthe.

22 « Jamais. Et pour aller vivre où ? En appartement ?

— Pourquoi pas ?

— Mais parce que j'ai besoin d'espace. Je ne me vois pas enfermée dans une boîte, privée de mes fleurs, de mes arbres, de mon jardin.

— Alors peut-être faudrait-il penser à réaménager la maison ? Nous n'allons quand même pas continuer à vivre avec trois chambres vides !

— Mais que pouvons-nous en faire ?

— Je ne sais pas au juste... Par exemple... la chambre de Jacques pourrait nous servir de salle de télévision ! Dans celle de Luc, j'aimerais installer mon atelier. À cause de la fenêtre. Tu sais, ça fait plus de vingt ans que je travaille dans la cave sous les néons et je ne te cache pas que ça m'est arrivé plus d'une fois de regretter de ne pas pouvoir peindre en plein soleil. Et toi ! Tu n'as pas assez souffert de coudre dans un coin de la cuisine pour ne pas désirer t'organiser une salle de couture ?

— Et si jamais les enfants veulent rester à coucher ?

— Tu parles comme s'ils demeuraient loin d'ici. De toute façon, on a le divan du salon et pour la salle de télévision on en achètera un autre ! Où vas-tu ?

— Voir les chambres. »

23 Charles attendit quelques instants puis alla la retrouver. Penchée au-dessus du lit de Martin, elle caressait le couvre-lit. Encore une fois, il dut réprimer son désir de la serrer dans ses bras et de l'embrasser. Quand Marthe se retourna, Charles contemplait ses hanches, ses fesses, et la rondeur de ses cuisses à travers le déshabillé transparent et il s'émerveillait de constater qu'elle avait très peu changé. Marthe en oublia presque sa tristesse et, intimidée, elle baissa les yeux. Non, elle n'avait pas changé. En ce moment, elle ressemblait toujours à la jeune fille de vingt ans qu'il avait aimée pour la première fois à l'aube d'un dimanche aussi ensoleillé que celui-ci.

24 « À quoi penses-tu ?

— À notre chambre du Carré Saint-Louis [1]. »

25 Cette phrase que Charles avait prononcée avec tant de lenteur et d'af-fection eut pour Marthe l'effet d'un vent léger qui acheva de lui assécher les yeux. Debout l'un en face de l'autre, ils se sentaient tout aussi avides et maladroits qu'il y avait trente ans. Comme jadis, Charles craignait d'ébau-cher certains gestes ou de murmurer certaines paroles trop tôt.

26 « Tu aimerais y retourner ?

---

1. **le Carré Saint-Louis** : adjacent à la rue Saint-Denis, à Montréal. Il en est également question dans la nouvelle d'André Carpentier, dans ce volume.

— Je n'y ai jamais pensé. »

Elle riait comme si plus rien dans la vie ne la préoccupait. Avant au- 27
jourd'hui, lui non plus n'y avait jamais pensé. Cette idée soudaine lui faisait
même un peu peur. Les mots pour inviter Marthe à effectuer avec lui ce
retour en arrière ne lui venaient pas. Il lui tendit la main et l'entraîna hors
de la chambre. Debout en plein milieu du passage, Marthe blottie au creux
de sa poitrine, il écouta le silence et le trouva tout aussi oppressant qu'à
son réveil.

« On y va? »   28

Ses bras serraient le corps de sa femme à le rompre. Il aurait voulu la 29
remercier d'avoir osé murmurer ces trois petits mots qui, dans sa bouche,
ne passaient pas.

« Oh! pas si fort! Sais-tu que tu commences à me faire peur! Comment 30
seras-tu, rendu là-bas, si seulement la pensée d'y aller t'excite autant? »

Elle riait, se débattait pendant que Charles ébouriffait ses cheveux, 31
multipliait les baisers sur son visage, son cou, ses bras, en répétant de plus
en plus fort : « Je serai fou, fou, fou, fou, fou. »

Pendant que Marthe faisait sa toilette, Charles retrouva d'instinct l'uni- 32
forme d'antan : pantalon de flanelle grise et blazer bleu marine. Il ne put
s'empêcher de remarquer que la qualité du tissu avait bien changé.
Dire qu'à cette époque j'étais heureux de sentir ma gorge un peu serrée et 33
mes mains un peu moites. J'appelais cela vivre. Aujourd'hui, j'ai plutôt l'impression de suffoquer. Au fond, c'est un peu naïf d'aller chercher là d'autres
promesses seulement parce que les enfants sont absents.

« Comment me trouves-tu? »   34

— Plus belle que jamais!

— Plus belle qu'autrefois?

— Mille fois plus belle qu'autrefois.

— Pourquoi?

— Parce que je te connais beaucoup mieux que dans ce temps-là.

— Si tu savais comme je t'aime. Non, mets plutôt ton complet bleu.
Sans la veste. Et promets-moi de ne pas te retourner si tu aperçois une
jolie fille.

— Ça, jamais! »

Aujourd'hui comme hier, elle a toujours besoin d'être entourée de différents 35
amours. Il suffit d'évoquer cette chambre pour qu'elle se dépouille de tout
ce qui n'appartient pas à ses vingt ans. Depuis quelques instants, même
son visage et son corps ont perdu la belle assurance qu'ils avaient acquise
et sa tête recommence à peser au creux de mon épaule.

« Nous n'avions pas d'auto dans ce temps-là.   36

— Tu regrettes que nous en ayons une aujourd'hui?

— En ce moment, oui. »

Il aurait voulu lui dire : « Écoute, Marthe, je ne voudrais surtout pas 37
que tu t'imagines qu'il nous serait possible de vivre comme autrefois ou de

nous regarder avec les mêmes yeux. Il y a trente années de vie commune entre nous. Trente années que pour rien au monde je ne voudrais effacer car elles nous ont appris à nous aimer. Aujourd'hui, il ne s'agit que de nous voir de plus près et de découvrir ensemble ce qu'il nous reste encore à glaner de la vie. »

38 Quand il prit conscience que les rues commençaient à grouiller tranquillement et que le soleil s'installait confortablement même dans les fonds de cour, Charles aurait souhaité se sentir transporté et rassuré comme par enchantement. Par moments, il enviait même l'insouciance qui berçait Marthe. Depuis qu'ils étaient partis, elle ne parlait plus. Les yeux fermés, se laissant envahir par les souvenirs, elle s'attendait à ce que le passé revive de lui-même dans un décor qui n'avait pas changé. Sa bouche était entrouverte et Charles, en le remarquant, éprouva la même impatience que jadis.

39 À vrai dire, depuis des années, Marthe et moi nous ne nous sommes retrouvés seuls à la maison que pour quelques heures. À partir de maintenant, nous pourrons faire l'amour quand bon nous semblera, autant qu'on le désirera et aussi bien dans notre lit que n'importe où dans la maison.

40 Soudain il constata que ses mains ne tremblaient plus et que dans sa gorge serrée il goûtait le bonheur d'autrefois. Avant de garer sa voiture, il regarda Marthe une dernière fois.

41 « Réveille-toi.
— Je ne dors pas. »

42 Lorsqu'elle ouvrit les yeux, il se sentit à la fois bouleversé et ébloui. Son regard n'avait jamais été rempli d'autant de vie.

43 « Comme c'est beau ! »

44 Elle regardait le parc où ils avaient marché tant de fois et les maisons qu'elle reconnaissait toutes.

45 « Rien n'a changé. J'ai même l'impression de connaître ce vieux qui tourne le coin de la rue. »

46 Elle tirait sur son bras, courait devant lui, puis de temps en temps se retournait pour l'appeler. Charles souriait.

47 « Viens vite ! Regarde ! »

48 Comme jadis, la plupart des portes portaient l'enseigne « chambres à louer ». Quand ils furent arrivés en face de la maison qu'ils avaient habitée, Marthe prit la main de Charles et se serra contre lui. Elle éprouvait une certaine gêne.

49 « Si on marchait encore un peu. »

50 Charles lui baisa le front et monta les marches du perron. « Attends-moi ici. » Elle s'éloigna quelque peu et quand la porte se referma sur Charles, elle en fut soulagée.

51 Il y a trente ans, Charles et elle pouvaient entrer dans cette maison bras dessus, bras dessous, en criant et en riant, et personne ne s'en apercevait, mais aujourd'hui, il aurait fallu expliquer trop de choses. La tristesse que Marthe croyait avoir balayée recommença à sourdre en elle. Une tris-

tesse lourde à porter parce qu'elle ne s'appelait plus Jacques, Luc ou Martin, mais Marthe et Charles.

Quand Charles l'appela, avant de le rejoindre, elle s'assura qu'elle ne 52 distinguait aucune ombre derrière les rideaux.

« Tout est arrangé ! Entre ! 53

— Il fait trop noir ! Monte devant, veux-tu.

À chaque palier, Charles s'arrêtait pour l'attendre. 54

« Dire qu'avant, je montais ces escaliers en courant », se disait Marthe. 55 « Le cœur me débattait à peine[2]. Aujourd'hui, j'ai l'impression que la tête va m'éclater avant que j'arrive en haut. »

Quand il sortit de sa poche la longue clef noircie, Marthe la reconnut et 56 tendit la main. Elle se rappela que jadis elle avait eu envie de la garder comme souvenir en abandonnant cette chambre. La serrure était aussi profonde qu'elle se le rappelait et sa main toujours aussi mal assurée. Charles attendait, penché au-dessus de l'escalier, comme autrefois. Il fixait tout en bas ce coin de lumière qui l'avait toujours fasciné. Dans cette maison, le soleil s'était toujours blotti au fond du vestibule. Cette enfilade de portes closes le rebutait.

En ouvrant la porte, Marthe recula. Elle n'avait aperçu que la grande 57 armoire beige maintenant écaillée et le couvre-lit en chenille que l'usure avait ajouré. Charles la souleva dans ses bras, fit quelques pas à l'intérieur de la chambre puis s'arrêta, le souffle coupé. Marthe, refusant de regarder plus longtemps le plafond crasseux, les lisières de tapisserie boursouflée par l'humidité et les vitres sales, s'était caché la tête dans son cou et le suppliait de s'en aller. Mais Charles, qui cherchait un endroit pour déposer Marthe, s'avança jusqu'au milieu de la chambre. Par le miroir dépoli de la commode, son regard passa de la table branlante aux chaises poussiéreuses puis du lit creux à la tache brunâtre, maintenant le seul vestige d'une causeuse qui jadis menaçait de s'écraser sous leur poids. Au milieu de ce tas de vieilleries, Marthe et lui avaient l'air de jeunes mariés. Lancée sur le lit, Marthe se laissa gagner par le rire homérique de Charles.

---

2. *le cœur me débattait à peine : mon cœur palpitait à peine.

COMPRÉHENSION

§ 1.
a. En quelle saison se situe le récit ?
b. En quoi le comportement de Charles le dimanche matin est-il particulier ?

§ 2-3.
  a. En quoi consiste le rituel de Charles ?
  b. Comment est-il physiquement ?
  c. Pourquoi tend-il l'oreille ?
  d. Qu'est-ce qu'il ressent en regardant le jardin ?

§ 4.
  a. Que fait-il après avoir bu son café ?
  b. Comment réagit-il quand sa femme vient le retrouver ?
  c. Comment se comportait sa famille envers lui ?

§ 5-10.
  a. Que se passe-t-il de différent ce matin-là ?
  b. Dans quel état d'esprit se trouvent respectivement Marthe et Charles ?
  c. Qui sont Martin et Luc ?
  d. Comment Charles s'explique-t-il le comportement de sa femme ? Quelle attitude a-t-il envers elle ?

§ 11-19.
  a. Pourquoi Marthe demande-t-elle à Charles s'il est malade ?
  b. Comment Charles réagit-il ?
  c. Que voit-il sur la table ?
  d. Comment Marthe se rend-elle compte de son erreur et comment l'explique-t-elle ?
  e. Qui est Jacques ?
  f. Comment Charles perçoit-il sa femme ?

§ 20-22.
  a. Pourquoi Charles parle-t-il de déménagement et de réaménagement ?
  b. Quelle différence entre Charles et Marthe émerge de ce dialogue ?

§ 23-31.
  a. Que ressent Charles et pourquoi réprime-t-il son désir ?
  b. Pourquoi pense-t-il à la chambre du Carré Saint-Louis ? Que représente cette chambre pour le couple ?

§ 32-37.
  a. Précisez, à partir de ses répliques, l'humeur de Marthe.
  b. Est-ce que Charles partage l'humeur de sa femme ?

§ 38-50.
  a. Quelles sont les émotions successives que connaît Charles ?
  b. Pourquoi Marthe éprouve-t-elle de la gêne ?

§ 51-57.
  a. Qu'est-ce qui cause la tristesse de Marthe ?
  b. À quoi pense-t-elle avant de pénétrer dans la chambre ?
  c. Quels détails indiquent que le couple a vieilli ?
  d. Comment réagissent respectivement Marthe et Charles devant l'état de la chambre ?

ANALYSE

1. Faites le résumé de la nouvelle.
   a. À quel moment de la vie des personnages se situe l'action?
   b. Pourquoi le narrateur consacre-t-il les quatre premiers paragraphes aux habitudes de Charles?
   c. En quoi ce jour particulier est-il différent des autres et qu'est-ce que cette différence va provoquer?
   d. Qu'est-ce qui amène l'épisode du retour proprement dit? Comment est-il rattaché à ce qui précède?

2. Identifiez les divers moments où la narration adopte 1) le point de vue de Charles, 2) celui de Marthe, 3) celui d'un narrateur extérieur aux deux personnages. Quelle fonction remplissent ces changements de perspective en fonction du déroulement du récit?

3. Charles et Marthe.
   a. Le lecteur perçoit Marthe en partie à travers la perspective de Charles, mais non l'inverse : quelles sont les conséquences de ce mode de présentation sur la connaissance que le lecteur peut avoir de Marthe d'une part et de Charles d'autre part?
   b. Qu'est-ce que les monologues intérieurs de Charles apportent au récit? Qu'est-ce qu'ils ont en commun? Qu'est-ce qu'ils indiquent au lecteur sur le personnage de Charles lui-même et sur la façon dont il perçoit Marthe?
   c. Caractérisez les personnages de Charles et de Marthe l'un par rapport à l'autre. Quelles différences y a-t-il entre eux? Qu'est-ce qui les unit? Quelles sont leurs attitudes l'un envers l'autre?

4. Quel est le rôle des descriptions dans le récit? Celui des dialogues?

5. S'agit-il d'un récit réaliste? Justifiez votre réponse et précisez si la nouvelle vous laisse une impression de banalité ou de poésie.

6. Analysez les dimensions du thème du « retour ».

7. Cette nouvelle vous semble-t-elle justifier le titre du recueil dans lequel elle s'insère (*Au défaut de la cuirasse*, c'est-à-dire à l'endroit vulnérable du revêtement de protection)?

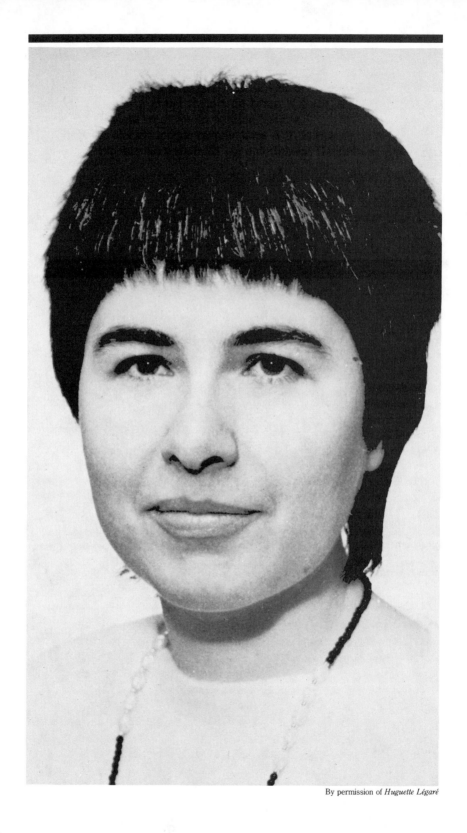

Les trains-bulle de janvier

HUGUETTE LÉGARÉ

Née à Québec en 1948, Huguette Légaré s'est installée au Nouveau-Brunswick en 1972 où elle a été entre autres rédactrice en chef de la section française de The Bathurst Tribune. *Son premier livre, un* roman, La conversation entre hommes, *lui a valu le Prix du Cercle du livre de France en 1973. Elle a depuis publié cinq recueils de poésie :* Le ciel végétal *(1976),* La tempête du pollen *(1978),* L'Amarinée *(1979),* Brun marine *(1982) et* Le Cheval et l'Éclat *(1985). Elle écrit également des pièces qui sont à ce jour inédites mais dont l'une,* Les grillons sous la neige, *a remporté le premier prix du Concours des textes dramatiques des Maritimes. La nouvelle qui suit est tirée d'un recueil collectif paru en 1983 :* Les années-lumières : dix nouvelles de science-fiction réunies et présentées par Jean-Marc Gouanvic.

Cette année encore, le voyage des fêtes d'Evan et Gabriella a été 1
un autre périple à la Jivago[1], spécialement le trajet du retour.

Ils devaient prendre leurs trains-bulle, l'express Montréal- 2
Halifax, à Lévis[2] à 0 h 40. Mais le vent soufflait en rafales et la neige
s'amoncelait, ce qui parut à Gabriella et Evan un blizzard consommé et une
tempête dans les normes. Aussi crurent-ils avisé de quitter les Jardins
Mérici[3], à 9 h 30 du soir, c'est-à-dire avec trois heures d'avance pour faire
un trajet de dix minutes de taxi-bulle et de dix minutes de brise-glace-bulle.
Il faut dire que toutes les intempéries paraissent pires qu'elles ne sont quand
on se trouve au trentième étage. De plus, la météo du super-service per-
sonnalisé de câblevision sur écran bleu, rouge et blanc annonçait pour la
nuit un froid de − 35 °C et Evan et Gabriella pensèrent prudent de s'affoler
fermement devant ce pronostic.

Le chauffeur de taxi-bulle, aimable et causant, leur apprit qu'il avait 3
connu Madama A. P. (une de leurs amies de la ville de Caraquet[4]-la-fran-
çaise) à Haïti[5], ce qui jeta un reflet chaud passager sur les records de basse
température des dernières semaines.

---

1. **à la Jivago** : allusion au roman de Boris Pasternak (ou au film qui s'en est inspiré) et
aux déplacements du personnage dans la neige et le froid intense de l'hiver soviétique.
2. **Lévis** : ville située en face de la ville de Québec, sur la rive opposée du Saint-Laurent.
On se rend de Québec à Lévis en traversant le fleuve, d'où la mention ultérieure du brise-
glace et de la Traverse de Lévis.
3. **les Jardins Mérici** : il existe actuellement à Québec un immeuble d'appartements (avec
vue sur le fleuve) qui porte ce nom.
4. **Caraquet** : village acadien situé non loin de Bathurst, sur la côte nord du Nouveau-
Brunswick.
5. **à Haïti** : beaucoup de chauffeurs de taxi au Québec sont d'origine haïtienne.

4   Décidément, le couple se trouva ce soir-là en pays de connaissance. Au guichet de la Traverse de Lévis, du côté de Québec, Gabriella retrouva une madama avec qui elle avait travaillé, quatre-vingts ans auparavant, pendant un tout petit six heures, un de ces dimanches orgiaques du Carnaval de Québec, au kiosque à journaux de l'ancienne salle d'attente, celle qui s'est écrasée un beau matin dans le fleuve. Ordinairement, Gabriella était employée sur les brise-glace mêmes. Tout à fait charmante, la petite madama s'est bien forcée pour reconnaître cette camarade de travail d'un jour. Mais, à la fin, un peu chagrinée elle-même, elle avoua : « Je m'excuse, mais je me rappelle mal les visages que je ne vois pas souvent. » Ce que Gabriella comprit facilement, surtout dans ce cas précis.

5   Après la traversée en brise-glace-bulle, toujours pittoresque mais un peu moins la nuit étant donné qu'on ne voit du paysage que de faux contours, ceux formés par les lumières, Gabriella et Evan arrivèrent, toutes attentes comprises, à la jolie gare ancienne mais rénovée de Lévis à 10 h 10 du soir, pour apprendre que les trains-bulle s'amèneraient à 1 h 45 seulement, avec rectification un peu plus tard : 2 h 30. Ils prirent le parti de s'allonger avec leurs combinaisons de vison pour oreillers, mais Evan se lassa vite du confort du banc soufflé, et ils se dirigèrent vers le buffet afin de siroter un thé chaud fraise-pissenlit.

6   Après le thé, Evan eut envie de lire quelque chose de moyennement sérieux, genre *Énergies populaires* ou *Bulles et Avenir*. Mais on n'offrait à vendre que des magazines de sexe. À tout hasard, Gabriella demanda à la serveuse plongée dans un photo-roman, dont certains passages spécialement émouvants lui faisaient retrousser les lèvres, si elle n'avait pas autre chose. En fait, il ne restait pas même *Le Journal de Québec*. La serveuse proposa à Evan un magazine sur les régimes, à lui qui était maigre juste comme il fallait, un autre sur les autos-bulle des USA, à lui qui jurait seulement par les camions-bulle japonais. La serveuse et Gabriella, en désespoir de cause, suggérèrent de concert un almanach des sports, mais Evan refusa : il n'aimait pas les almanachs parce que ceux-ci contenaient encore trop, selon lui, de choses portant sur le passé. Gabriella avait apporté de son côté le *Poète... vos papiers !* de Léo Ferré[6]. Evan l'ouvrit plus tard pendant que Gabriella somnolait ; elle crut voir qu'il lut la première page de l'introduction ainsi qu'un poème intitulé « L'amour ».

7   Ils s'en retournèrent à leur banc soufflé où Gabriella dormit à demi par périodes, quand rien de spécial ne lui faisait lever la tête. Evan, pour sa part, voyagea inlassablement du banc au buffet en quête successivement de soupe, de thé, de cigarettes, d'allumettes...

8   Une gentille jeune chienne boxer fit heureusement, et pour l'avantage de tous, un show bien apprécié qui tomba à point, c'est-à-dire juste avant que l'écœurement de minuit ne tentât de s'emparer d'Evan. Le maître

---

6. **Léo Ferré** : auteur-compositeur-interprète de chansons et poète français.

ressemblait à sa chienne comme deux gouttes d'eau et, chose étonnante, la maîtresse aussi. Tous les trois avaient le même front rond et dégarni, c'était fantastique à voir. Ils avaient en commun aussi un air de bonne volonté, de politesse et de légèreté physique, style combiné sportif-intellectuel-granola-professeur-d'université-fortuné-de-vieille-famille-de-Toronto, la bête étant surtout sportive, bien entendu. La chienne ne parlait que l'anglais, ce qui était bien normal, vu qu'elle venait de Toronto, et que c'était trop demander à un chien que de parler les deux langues. Toutefois, à Bathurst, la ville d'Evan et Gabriella, on trouvait beaucoup de chiens bilingues. Si on leur disait « Viens ici », la première fois, ils ne comprenaient rien. Mais, après plusieurs fois, ils finissaient par comprendre aussi bien « Viens ici » que « Come here ». Pendant le printemps, l'été et l'automne, Gabriella apprenait le français aux chiens des voisins. Mais pas l'hiver, il faisait trop froid.

Donc, Gabriella et Evan trouvèrent pendant un long moment un bon   9 sujet de conversation dans la comparaison de ces maîtres avec leur chien. Ces gens-là aux sourires affables, mais intérieurement strictement occupés de leur animal favori, traitaient leur boxer avec des soins pleins de tendresse : il y eut des promenades répétées dans la gare où le chien put visiter de loin tous les bancs soufflés, ce qui fut bon pour lui car il se sentit par la suite en terrain connu ; il y eut des périodes courtes, puis plus longues, d'adaptation à la cage de fibre de verre en forme de bulle ; il y eut des caresses pour la mise en confiance... Finalement, la bête obéissante fut poussée définitivement dans sa bulle, mais cette étape fut la plus dure pour les maîtres. Le chien, pour sa part, ne sembla pas traumatisé par sa bulle à barreaux, sauf au moment où on ouvrit, dans la consigne des bagages où il se trouvait, la porte donnant sur l'extérieur où le froid atteignait sans erreur possible les $-35°$ pronostiqués par la météo sur écran bleu, rouge et blanc ; le boxer laissa alors échapper quelques plaintes, ce qui sembla normal à tout le monde, et même que tous les passagers sur leurs bancs soufflés dans la gare souhaitèrent ensemble, Evan et Gabriella sentirent ces ondes-là, que le robot-préposé fermât la porte au plus tôt, tant pour le pauvre animal que pour les pauvres passagers qui, eux, au moins, pouvaient réendosser leurs combinaisons de fourrure.

À 2 h 15, les trains-bulle se pointèrent, c'est-à-dire avec un quart d'heure 10 d'avance sur les 2 h 30 annoncées, ce qui donna l'impression à tout le monde que ces choses traînées par trois locos-bulle n'étaient pas, somme toute, tellement en retard. Tous les adultes se massèrent devant la porte de sortie, tandis que les enfants de moins de trois ans restèrent encore un moment à regarder le chien, et à faire des « da da » et des « sien sien » devant le boxer qui retenait, à grand renfort de bonne volonté, des signes d'énervement qui faisaient trembler sa poitrine blanche.

Commença alors la longue marche dans le froid intense, la neige amon- 11 celée et les vapeurs de train-bulle qui enfermaient Gabriella et Evan dans d'épais nuages les empêchant de voir même où ils mettaient le pied, à la recherche du lit-bulle 1444 qui se trouvait bien entendu dans la queue de l'express traditionnellement interminablement long de la période des fêtes. Le couple passa devant la bulle couverte à bagages vis-à-vis de laquelle le chien dans sa cage attendait et jappait avec une assurance croissante, oubliant les bonnes manières apprises difficilement, à mesure que le froid le gagnait et qu'il s'apercevait que les couvertures du fond de sa bulle à barreaux ouverte à tous les vents ne pouvaient plus rien pour lui et pour l'eau de son plat qui s'était déjà changée en glace. À la droite de Gabriella, une madama se demandait sans cesse, au milieu d'essoufflements crispés, si elle y arriverait, et le monsieurus qui l'accompagnait marmonnait après chaque lamentation de sa femme : « I' vont le savouère ! »

12   Hors d'haleine à souhait, car cette marche s'effectue, selon la coutume, à la course, sans raison, toutefois, les places dans les lits-bulle étant réservées et les trains-bulle faisant à Lévis un arrêt de vingt minutes, Evan et Gabriella gagnèrent leurs lits superposés, style section cette fois-là et non chambrette, ce qui était préférable en période de rails hérissés de pointes de glace, parce que les tentures épaisses amortissaient les bruits de fonte, d'acier, de tôle et d'aluminium des véhicules ferroviaires constamment secoués. Gabriella se posa alors cette angoissante question : la bulle à bagages est-elle chauffée ? Car c'était bien là qu'on avait placé le chien ? Il lui semblait qu'on ne la chauffait pas, si elle se fiait à ses valises qui lui étaient toujours arrivées très froides en hiver. On aurait casé le boxer ailleurs, bien sûr.

13   Gabriella s'endormit, Evan aussi. En bas, elle gelait un peu à cause de la vitre et surtout de la faim qui la tenaillait. Elle se réveilla, mangea des tartines diététiques de pain à la rhubarbe, but un thé glacé fraise-pissenlit sous pression, et se rendormit dans la plus merveilleuse tiédeur grandissante sous sa combinaison de vison qui lui tenait lieu de troisième couverture. Evan, lui, en haut, se faisait étuver à une température d'environ 100 °F, d'après ce qu'il dit à Gabriella le lendemain matin. Il attendit deux heures avant de sonner le robot qui vint fermer la bouche de chaleur de son lit. La température devint normale, mais les meilleures heures de sommeil d'Evan avaient été perturbées, et le reste de sa nuit ne fut pas fameux.

14   Pendant le trajet, les trains-bulle prirent quatre heures de retard. Mais l'électronique ne gela pas, le courant et la vapeur ne manquèrent pas, le chasse-neige-bulle-rotatif fit son travail comme prévu, aucune bulle ne dérailla à cause de la glace sur la voie. L'express fit un bon voyage, lentement mais sûrement, et il descendit, à Bathurst, une Gabriella et un Evan très satisfaits. Après tout, quatre heures de retard, c'était peu à côté de douze, ce qui avait été très, très fréquent en décembre.

15   En racontant son voyage, Gabriella, chaque année, précise qu'en hiver elle préfère les trains-bulle à tout autre moyen de transport : auto-bulle, autocar-bulle, avion-bulle. Elle dit que les trains-bulle sont lents, d'accord,

mais sains pour les nerfs, car les risques d'accidents mortels sont à peu près inexistants ; les rares déraillements graves surviennent dans la plupart des cas avec les convois de marchandises.

COMPRÉHENSION

§ 1-2.
  a. Où se trouvent Gabriella et Evan et pourquoi sont-ils là ?
  b. Quel train doivent-ils prendre et où doivent-ils le prendre ?
  c. Que doivent-ils faire pour se rendre à la gare ?
  d. Pourquoi quittent-ils les Jardins Mérici trois heures avant le départ du train ?
  e. Quelle est leur attitude face au temps qu'il fait ?

§ 3.
  a. Que leur apprend le chauffeur de taxi-bulle ?
  b. Expliquez « un reflet chaud passager ».

§ 4.
  a. Qui Gabriella retrouve-t-elle et comment a-t-elle connu cette personne ?
  b. Comment cette dernière réagit-elle et pourquoi ?

§ 5.
  a. Comment et quand le couple arrive-t-il à la gare de Lévis ?
  b. Qu'est-ce qu'ils apprennent et que font-ils ?

§ 6.
  a. Qu'est-ce que cherche Evan ?
  b. Qu'est-ce que cet épisode indique sur le personnage ?

§ 7-8.
  a. Pourquoi le « show » de la chienne tombe-t-il à point ?
  b. Quelle description est faite de la chienne et de ses maîtres ?
  c. Sur quel genre d'humour repose le passage sur la langue que « parlent » les chiens ?

§ 9.
  a. Quel intérêt Evan et Gabriella trouvent-ils à la chienne ?
  b. Comment se comportent les propriétaires de celle-ci ?
  c. Où finit-on par mettre la chienne ? Quelle réaction cela provoque-t-il chez les gens qui se trouvent dans la salle d'attente ?

§ 10.
Comment les gens réagissent-ils à l'arrivée des trains-bulle et que font-ils ?

§ 11.
Examinez la construction des phrases de ce paragraphe. Quel effet produisent-elles ?

§ 12.
   a. Quel est l'avantage du « style section » ?
   b. Qu'est-ce qui préoccupe Gabriella ?
§ 13-14.
   a. Comment se déroule le trajet pour le couple ?
   b. Quelle est la cause de leur satisfaction ?
§ 15.
Caractérisez ce que Gabriella trouve à dire de son voyage.

ANALYSE

1. Quels sont les détails qui relèvent de la fiction futuriste ?
   a. Quel genre de changement représentent-ils par rapport à la réalité actuelle ?
   b. Quelle importance ont-ils dans le récit par rapport à ce qui n'a pas changé ?
2. Caractérisez le comportement des personnages d'Evan et de Gabriella aux différentes étapes de leur trajet.
3. Quelle place occupe la chienne dans le récit et quel effet cela crée-t-il ?
4. Que représente l'omniprésence de la « bulle » ?
5. Étudiez l'expression de la *banalité* au niveau :
   — des préoccupations des personnages;
   — des détails descriptifs et anecdotiques;
   — du rythme du récit;
   — de la structure des phrases et des paragraphes;
   — du choix du vocabulaire.
6. Définissez le rapport entre la forme et le contenu de cette nouvelle.
7. Comment se situe cette nouvelle par rapport au genre de la science-fiction ?

L'œillet

LOUISE MAHEUX-FORCIER

Née à Montréal en 1929, Louise Maheux-Forcier a été pianiste avant de devenir écrivain. Son premier roman, Amadou *(1963), a remporté le Prix du Cercle du livre de France ; ses autres romans comprennent* L'Île joyeuse *(1964),* Une forêt pour Zoé *(1969), qui lui a valu le Prix du Gouverneur général en 1970,* Paroles et Musique *(1973) et* Appassionata *(1978). Elle a également écrit et publié plusieurs pièces de théâtre, des textes dramatiques, des pièces destinées à la télévision, dont* Un arbre chargé d'oiseaux *(1975), finaliste au Concours Louis-Philippe Kamans, ainsi que* Le Sablier, journal intime 1981-1984. *Reçue à l'Académie canadienne-française en 1982, elle est également membre de la Société royale du Canada depuis 1985. « L'œillet » est extrait de son recueil de nouvelles* En toutes lettres *(1980), où sont présentés des épisodes et des aspects divers de l'expérience féminine.*

À la fin de chaque mois, le fils de la vieille assaisonnait assez géné- 1
reusement l'addition pour que Roger accueille tous les jours avec
déférence cette cliente anachronique qui mangeait comme un
oiseau, mais réquisitionnait pour elle seule la plus jolie table, disposée pour
trois au fond du restaurant.

Invariable et ponctuelle, madame Anaïs se présentait à midi juste, quand 2
le patron déverrouillait la porte, et à six heures trente, en même temps
que Mimi, la petite marchande de fleurs, chargée de remplacer, au moindre
signe de flétrissure, le bel œillet rouge qui égayait chaque couvert.

Roger baisait la main d'Anaïs, puis la débarrassait de sa canne et, en 3
hiver, des innombrables pelures qui lui donnaient l'air d'un oignon. Ensuite,
avec des précautions de rameur entouré d'écueils, il la reconduisait à sa
place attitrée où, l'ayant aidée à se faufiler sur la banquette, il allumait le
lampion, déplaçait l'œillet pour le mettre en valeur et composait le menu à
son gré. Quasi aveugle, quasi sourde, et délibérément muette, la vieille
opinait d'un chef branlant que rehaussait une fébrile aigrette et d'un menton
en galoche qui cherchait son assise sur une cascade d'autres mentons,
formant jabot.

Anaïs était à bout d'âge et n'avait plus tellement faim, mais elle avait 4
gardé de son époque une « politesse exquise » et, pour rien au monde, elle
n'eût dédaigné des nourritures si gracieusement offertes, même si son cher-
fils-unique-célibataire-et-toujours-en-voyage avait confié à des mains étran-
gères le soin de les lui cuisiner.

Mais vraiment, ce soir-là, Anaïs n'avait plus faim du tout ! Chaque cuil- 5
lerée de potage s'arrêtait au premier palier de sa gorge et ce n'est qu'au

prix d'un effort considérable qu'elle parvenait à faire déborder la petite nappe liquide dans le bassin suivant.

6   Anaïs comprit bientôt qu'il ne fallait pas insister. Elle comprit surtout qu'un grand bonheur lui arrivait et qu'elle était subitement délivrée d'une dernière servitude. Ayant à peu près rompu avec le besoin des sons et celui des couleurs, elle en avait enfin terminé avec la gourmandise !

7   Cependant, pour ne déplaire à personne, ni à son fils, elle accepta quand même la grillade et les pommes frites mais, furtivement, jetant à la ronde un petit regard plissé, elle laissait tomber chaque bouchée sur ses genoux et repliait par-dessus un coin de serviette. Elle agit pareillement avec le pain et les framboises, après quoi, elle glissa le petit baluchon souillé dans son sac, en faisant mine de chercher... justement ce qu'elle dissimulait.

8   Cérémonieux et navré, Roger tança la serveuse, réclama l'article manquant et commanda la tisane de madame Anaïs.

9   C'est à ce moment-là que la vieille eut une tentation singulière... une envie comme elle en avait au temps lointain de sa grossesse... mais alors, l'objet de son désir était toujours introuvable, tandis que maintenant... maintenant...

10   Bien droit dans son vase, trouble et mouvant dans la lueur du lampion, l'œillet rouge brillait de tous ses beaux pétales dentelés et chiffonnés... Anaïs tendit la main, approcha la fleur de ses narines, la respira longuement, puis, le geste précis, le visage radieux et la dent prête, elle l'aborda par ses franges extérieures comme on aborde un artichaut...

11   Lorsqu'elle déposa le cœur sur la table, elle aperçut vaguement Roger qui se penchait vers elle...

12   Alors, d'une voix que la surdité rendait à la fois tonitruante et caverneuse et que, par courtoisie, elle évitait le plus souvent possible de faire entendre, Anaïs lui dit : « Il me faudrait des œillets blancs demain... tu demanderas à Mimi, veux-tu?... Des œillets blancs... Les rouges sont un peu trop poivrés... Tu comprends Roger? avant de manger les pissenlits par la racine [1], j'aimerais bien me faire le goût ! »

13   Sur ce, point de mire du personnel ébahi et des clients mis en joie, madame Anaïs décida de quitter cette terre, en beauté, suffoquée par son propre rire qui déboulait en cascade sur les gradins de ses nombreux mentons, pendant qu'au sommet de sa tête, l'aigrette s'ébrouait pour la dernière fois.

---

1. **manger les pissenlits par la racine** : locution idiomatique de la langue familière : être mort.

COMPRÉHENSION

§ 1.
a. Qui est Roger?
b. Que fait le fils de la vieille dame? Avec quel résultat et pour quelle raison?

§ 2-3.
a. Quelles sont les habitudes de la vieille dame?
b. Qui est Mimi et que fait-elle?
c. Comment se comporte Roger envers Anaïs?
d. Quel effet produit la description de la vieille dame?

§ 4.
a. Pourquoi Anaïs mange-t-elle si elle n'a pas faim?
b. Que révèle l'allusion à son fils?

§ 5.
Quelle est l'analogie qui est faite dans ce paragraphe?

§ 6-8.
a. Qu'est-ce qu'Anaïs comprend et comment réagit-elle?
b. Que fait-elle de la nourriture et pourquoi agit-elle de cette façon?

§ 9.
Quel genre d'envie éprouve-t-elle?

§ 10.
a. Pourquoi les qualités esthétiques de l'œillet sont-elles mises en relief?
b. Quel est l'effet de la comparaison de l'œillet à un artichaut?

§ 11-13.
a. Qu'est-ce qu'Anaïs demande à Roger et pourquoi?
b. Expliquez la plaisanterie d'Anaïs.
c. Quel est ici le sens de l'expression « en beauté » (dernier paragraphe)?

ANALYSE

1. Faites le plan de la nouvelle.
   a. Quel en est le point culminant?
   b. Quelle progression les parties successives du récit suivent-elles et quelles en sont les fonctions respectives par rapport à l'ensemble?

2. Le personnage d'Anaïs.
   a. Quel effet produit le comportement de la vieille dame par rapport à l'impression première laissée par la description du début?
   b. Qu'est-ce que les mentions répétées de la politesse d'Anaïs contribuent au récit?

c. Quelle dimension ajoutent au personnage d'Anaïs les allusions à son fils ?

d. Comment vous apparaît le personnage après la lecture du récit : grotesque ou pathétique, cohérent ou absurde ? Justifiez votre réponse.

3. L'œillet.

a. L'envie qu'éprouve Anaïs de manger l'œillet est-elle gratuite ou trouve-t-elle une explication dans la nouvelle ?

b. En quoi cette envie diffère-t-elle des envies de grossesse d'Anaïs ? Qu'est-ce que cette comparaison apporte ?

4. Comment sont traitées la vieillesse et la mort dans cette nouvelle ?

5. Relevez les procédés humoristiques :
   — les contrastes ;
   — les métaphores et les comparaisons ;
   — les jeux de mots.

6. Caractérisez le style du texte et précisez le rapport entre le style et le contenu du récit.

Photo Kèro

La dernière cigarette ou la tentation du désert

ANDRÉ MAJOR

André Major est né à Montréal en 1942. Politiquement engagé dans les années soixante, il participe à la fondation de la revue Parti pris. *Il a travaillé comme éditeur, lecteur et critique littéraire avant de devenir réalisateur au service des émissions culturelles de la radio de Radio-Canada. Il a publié trois recueils de poésie,* Le froid se meurt *(1961),* Holocauste à deux voix *(1962) et* Poèmes pour durer *(1969), ainsi qu'une pièce de théâtre,* Une soirée en octobre *(1975), deux pièces radiophoniques,* Le désir *suivi de* Le perdant *(1973) et un essai,* Félix-Antoine Savard *(1968). Son œuvre de romancier comprend* Le Cabochon *(1964),* Le Vent du diable *(1968) et une trilogie (Histoires de déserteurs) :* L'Épouvantail *(1974),* L'Épidémie *(1975) et* Les Rescapés *(1976), ce dernier roman lui ayant valu le Prix du Gouverneur général en 1977. Il a également publié le recueil* Nouvelles *en collaboration avec Jacques Brault et André Brochu en 1963. Le texte qui suit est extrait du recueil* La Folle d'Elvis *(1982) que certains critiques ont salué à sa publication comme le meilleur livre de l'auteur.*

I l était huit heures, ce matin-là, quand il décida que c'était la dernière. 1
Vraiment la dernière, dit-il en l'écrasant dans les mégots de la veille,
au milieu du grand cendrier d'onyx qui lui venait de qui, déjà ? Cela
l'avait pris subitement, comme un besoin impérieux. Il ne se souvenait pas
d'avoir jamais pris une décision aussi rapide, aussi définitive. Il poussa un
profond soupir, ferma la radio et, comme il se hâtait, il buta sur l'aspirateur
qui traînait dans le hall depuis deux ou trois jours.

« Ah, elle ! » laissa-t-il échapper en le regrettant aussitôt. C'était à elle, 2
bien sûr, de faire le ménage. Il l'avait fait la semaine précédente. Mais avec
toutes ces réunions, elle n'avait plus le temps de respirer, comme elle disait.
Alors, le ménage, il allait au diable, et qu'est-ce que tu peux dire ? D'habitude, il s'en balançait. Mais pas ce matin-là. Il ne neigeait plus, bien que
le vent persistât à balayer la couche poudreuse qui couvrait les toits et les
balcons. « Maudit pays ! » dit-il entre ses dents tout en cherchant dans ses
poches un dernier ticket d'autobus. Il ne s'y trouvait plus, et pas de monnaie,
pas assez en tout cas. Il arrêta un taxi dont le chauffeur était un Noir qui
le conduisit au métro sans ouvrir la bouche.

Il paya, récupéra la monnaie et laissa un pourboire excessif au chauffeur 3
toujours silencieux, puis il se précipita dans la bouche du métro avec une
sorte de soulagement. Huit heures quinze : la ruée dans les tourniquets. Il
acheta un carnet de tickets, revint sur ses pas pour prendre le journal et
dut patienter derrière un superobèse qui avait du mal à franchir le tourniquet.
Puis il se laissa descendre sur l'escalier mobile en jetant un coup d'œil aux
manchettes. Il lisait sans rien voir ou plutôt sans saisir le sens des mots.
Tant pis, se dit-il en pliant le journal qu'il glissa ensuite dans la poche de
son manteau de cuir marron.

4   La rame arrivait, il s'y jeta, comme porté par l'élan collectif. Il était debout, mais ce n'était pas nouveau, il avait horreur de jouer des coudes pour obtenir une place assise. Il avala une pastille contre la toux, histoire de s'occuper la langue. Deux étudiants trop grands conversaient bruyamment, comme si leurs sornettes pouvaient intéresser les autres, pensa-t-il avec une hostilité croissante. Ils n'étaient pas seulement trop grands, ils étaient trop... là, en quelque sorte.

5   À Berri-de-Montigny[1], presque tout le monde sortait. Encore la marée, des remous en tous sens. Et, tout à coup, un choc : l'éclair d'un beau visage de femme dans cette foule. Ils allaient se croiser dans quelques secondes. Il se dirigea un peu plus vers la droite pour se trouver sur sa trajectoire. Elle avançait, la tête haute, le regard fixe. Il la croisa, mais elle ne saisit pas son regard, elle ne le vit même pas et cela lui fit mal. Qu'avait-il donc imaginé durant ces quelques secondes où il avait senti son cœur battre très fort ? Qu'elle recevrait, en le voyant, le message du destin ? Espèce de fou, se dit-il. Et il se demanda si ça arrivait à Luce, ces éphémères coups de foudre.

6   Dans la rue, les gens se dispersaient en soufflant devant eux cette buée des journées froides et humides. Il traversa la rue, hésita devant un marchand de tabac et se remit en route. D'autres employés se précipitaient dans l'édifice de béton et de verre. L'ascenseur était bondé, et un nommé Labrie lui envoyait son haleine fétide en plein visage. Il put enfin respirer en sortant de là avec une mine de rescapé.

7   Personne n'était à son poste, sauf, peut-être, la réceptionniste. C'était à peine si elle le saluait. Elle réservait ses compliments aux patrons à qui il arrivait d'ailleurs de l'inviter à déjeuner. Ces jours-là, elle perdait la tête et répondait n'importe quoi. Sa mère avait dû rêver d'un médecin comme gendre, se dit-il en accrochant son manteau dans la pièce qu'il partageait avec Gisèle. Tiens, elle avait déposé sur son bureau un texte d'une vingtaine de pages avec une note le priant de faire diligence. L'imprimerie attendait ce dernier chapitre pour achever la composition d'un manuel de mécanique. Ça tire à sa fin, soupira-t-il. Il préférait les manuels d'histoire ou de géographie. Moins de termes techniques, et puis c'était moins pénible. Gisèle traduisait comme elle respirait, mais il lui arrivait, quand ça l'embêtait, de flanquer des points d'interrogation en marge de son texte. Et c'était lui qui se payait des coups de fil à l'Office de la langue[2] et des heures de vérifications. En revanche, elle lui facilitait les choses en employant généralement une langue simple et claire.

---

1. **Berri-de-Montigny** : la station de métro centrale à Montréal.
2. **l'Office de la langue** : l'Office de la langue française, aux bureaux duquel on peut téléphoner pour obtenir des renseignements d'ordre terminologique (les linguistes qui y travaillent opèrent les vérifications demandées grâce à une banque de données).

Il serait bientôt neuf heures, et elle n'était pas là. Jamais pressée d'ar-   8
river, elle rognait sur son heure de repas ou s'attardait au bureau en fin de
journée. Dès qu'elle arrivait, il courait lui chercher un café et ils passaient
un quart d'heure ou plus à parler de tout et de rien. Elle avait un faible pour
les expositions et les films pour *happy few*. N'importe quoi pouvait survenir,
un coup d'État au Chili ou la condamnation d'un dissident à dix ans de bagne,
ça ne l'inquiétait pas. Lui, c'était tout le contraire, il pouvait en parler des
heures et des heures, mais à quoi bon? se demanda-t-il. Luce était comme
lui, sauf qu'elle avait des explications pour tout. Moi, pensa-t-il, je ne comprends
pas, la bêtise humaine me renverse. Il se rendit compte que ce matin-là,
rien ne l'avait indigné pour la bonne raison que le journal ne lui disait rien[3].

La sonnerie du téléphone le fit sursauter. Gisèle le prévenait qu'elle ne   9
rentrerait pas avant lundi, elle avait mis le point final à son texte tard la
veille, elle était crevée, sans compter que la grippe courait. Dimanche, elle
retournait voir *La Salamandre*[4]. Il devrait, lui aussi. Il dit que peut-être il
irait, mais distraitement, lui en voulant au fond de ne pas être près de lui,
au moment précis où il se sentait l'âme à l'envers[5].

Il raccrocha, plia le journal et se mit à la lecture du texte de Gisèle.   10
Mais il n'y arrivait pas. Il lisait sans que les mots s'impriment en lui. Il avait
l'impression que les mots n'étaient formés que de lettres indépendantes les
unes des autres et ne divulguaient aucun sens. Tu lis trop, se dit-il, tu
devrais faire du ski. Mais Luce avait toujours du travail qui l'attendait. Et
il avait désappris la solitude. Il ne sortait jamais sans elle. Il pourrait aller
voir *La Salamandre* avec Gisèle, par exemple. Mais Luce soupçonnerait
tout de suite le pire. Valait mieux oublier ça. Il se sentait bouillir intérieurement. Il prit une troisième pastille. Il en avait la langue irritée.

Mme Talbot s'approchait en roulant les hanches, comme si elle n'avait   11
pas vingt kilos de trop. Tout ce qu'elle faisait, du matin au soir, c'était de
revoir les épreuves et de se rendre à l'imprimerie. Quand quelque chose
clochait (et qu'est-ce qui ne clochait pas à l'entendre), elle alertait tout le
monde, mais si on voulait lui prêter main-forte, c'était toujours trop tard.
Après son divorce, elle était sortie quelques mois avec le gérant de la Caisse
populaire, au rez-de-chaussée, mais l'affaire avait foiré. Elle avait dû tout
prendre en main, pensait-il, et lui, habitué à commander, il avait paniqué.
Ou bien c'était autre chose, va donc savoir[6]. Les gens ne sont pas nécessairement comme on les voit ou comme ils s'efforcent de paraître. Parfois
meilleurs, parfois pires, se dit-il en se reprochant aussitôt ce truisme. Et
moi, par exemple, de quoi j'ai l'air? D'un employé moyen, ni paresseux ni

---

3. **ne lui disait rien** : ne le tentait pas, ne l'intéressait pas.
4. **La Salamandre** : film suisse du réalisateur Alain Tanner (1971).
5. **il se sentait l'âme à l'envers** : il se sentait agité, troublé, en désarroi (l'emploi courant
est *la tête* ou *la cervelle* à l'envers).
6. **va donc savoir** : c'est bien difficile à savoir.

zélé. Si je fais mon travail à peu près convenablement, ce n'est pas par souci professionnel ou parce que j'aime ça, c'est que je tiens à mon poste. Et à mon chèque de paie. C'est aussi bête que ça. Mais hier, je n'aurais même pas pu l'admettre. Ce qui se passe dans le monde m'empêche de me voir, moi.

12 Mme Talbot, qui sortait des toilettes, se dirigea vers son bureau, la mine soucieuse, et il feignit de se concentrer sur sa lecture, ennuyé de devoir répondre à la question qui ne tarda d'ailleurs pas : « Gisèle est pas là ?

— Malade, dit-il, maussade.

— Ils attendent son dernier chapitre, lança-t-elle, comme à bout de souffle.

— J'en ai pour deux ou trois heures à le réviser. Vous l'aurez cet après-midi.

— Avant trois heures ? demanda-t-elle, au bord de l'angoisse.

— Je vais essayer », dit-il.

13 Et elle repartit en tanguant. Il chercha distraitement autour de lui. L'envie de fumer le prenait tout à coup. Si je cède, se dit-il, je m'en voudrai à mort. Il ne savait trop pourquoi, sauf qu'il devait tenir bon, comme si cette abstinence était devenue nécessaire, urgente même. Premier pas vers autre chose, se dit-il. Une conscience plus aiguë de la réalité peut-être.

14 Vers midi, avant de descendre, Mme Talbot repassa lui demander si ça avançait. Il eut envie, en lui voyant cet air de chien battu, de jouer avec ses nerfs. Mais il lui promit de lui apporter le texte avant trois heures, assez fier d'avoir résisté à la tentation et de voir ce large sourire lui gonfler les joues. Le texte de Gisèle était irréprochable, à quelques vétilles près, s'il pouvait vraiment s'en tenir à la lecture distraite qu'il en avait faite. Il relut donc le texte, corrigea une ou deux fautes mineures et le déposa sur le pupitre de Mme Talbot. Il n'y avait plus un chat[7], évidemment. Un vague relent de parfum et de fumée refroidie subsistait qui lui fit penser à la mort.

15 Il n'avait pas faim, mais il avait besoin de marcher. Il descendit, seul dans l'ascenseur. Labrie faisait le guet dans le hall de l'immeuble. C'était bien le dernier homo sapiens qu'il espérait rencontrer. Il eut beau presser le pas en relevant le col de son manteau, Labrie lui prit le bras : « Qu'est-ce que tu dirais d'aller manger chez Orlando ? »

16 Ça ne lui disait franchement rien de s'enfermer dans ce *steak-house* où les serveuses vous balancent les seins au-dessus de votre assiette. Il lui dit qu'il ne se sentait pas bien et qu'il avait seulement envie de marcher. L'autre insistait. Le salaud, pensa-t-il, je lui flanquerais ma main sur la gueule. Mais une caissière passait à ce moment-là que Labrie prit en chasse. Il rejeta l'idée d'aller chez Carlo où il échouait presque toujours : il en avait

---

7. **plus un chat** : plus personne.

jusque-là, des pâtes. Il se voyait plutôt attablé devant un bol de riz, dans la pénombre d'une salle silencieuse, goûtant cette nourriture élémentaire.

Marcher le remit d'aplomb, comme s'il retrouvait enfin l'espèce d'intimité 17
avec ce qu'il portait en lui et dont l'éclosion devait être imminente. Ce n'était pas un hasard s'il avait subitement décidé d'en finir avec le tabac, croyait-il. Il aurait davantage pris plaisir à sa déambulation dans les rues désertes s'il avait eu quelque chose sur la tête. Les rafales lui avaient gelé le front et les oreilles. Il se réfugia dans un restaurant chinois où il lui arrivait souvent de finir la soirée avec Luce avant qu'elle enseigne et que lui se sente prisonnier d'un sort peut-être enviable mais auquel il aurait pu renoncer comme ça, n'importe quand.

Le Chinois de toujours le conduisit tout au fond de la salle, là où c'était, 18
comme il disait, *vely quiet*. Les murs étaient couverts de motifs traditionnels, dragons et guerriers. Il aurait préféré ne rien voir. Il ferma les yeux et savoura le riz qui était cuit à point, pas pâteux du tout, léger même. Rien d'autre que cette jouissance. Aucune révélation ne le traversa. Mais il se sentit bientôt tout à fait apaisé, et serein — mot qui lui procura un certain plaisir.

Il paya et marcha vers l'ouest, l'esprit léger. Il ne rentrerait pas au 19
bureau cet après-midi, quelle liberté. Il y avait longtemps qu'il n'avait pas eu l'impression de vivre aussi intensément. Moins de dix minutes plus tard, il avait le visage gelé. Il s'engouffra dans le métro où son sang se réchauffa lentement. Rendu devant l'appartement, il se dit qu'il devrait déneiger le balcon et l'escalier, mais il s'écrasa dans un fauteuil avec un gin, selon son habitude. Était-ce l'espèce de bien-être qu'il retrouvait au contact des choses familières, il se sentit ramené à ce passé qu'il avait cru révolu et qui ne l'était pas. Il ouvrit le paquet de cigarettes qui traînait sur la table. N'en restaient plus que trois qu'il écrasa dans le cendrier en serrant les dents. C'était plus qu'un simple mouvement de dépit, c'était la confirmation d'un engagement dont la portée lui échappait encore, bien qu'il en savourât déjà les conséquences.

Il se laissa aller à la dérive, se vit marcher dans la toundra, environné 20
d'odeurs fauves et de bramements rauques, allumer un feu de mousse et de bois sec. Et maintenant, s'il levait le bras, il pouvait toucher la peau du ciel, satinée comme un pétale. Ou bien il se gorgeait d'air pulpeux. Ou bien il rentrait au campement où d'autres chasseurs fumaient en l'attendant, et il posait son chargement sur le tas de fourrures que se disputaient des nuées de mouches. Puis il s'asseyait à son tour devant le feu après s'être rempli un gobelet à même le baril d'alcool. L'horizon brûlait et puis c'était la nuit. Ils restaient autour du brasier en dépit de leur fatigue, mangeant ou buvant, l'air de ne pas entendre l'harmonica qui leur parlait des nuits blanches où les femmes leur passeraient autour du cou leurs bras frais comme du beurre.

Il avait dû s'endormir là-dessus quand la voix de Luce le fit sursauter. 21
Qu'est-ce qui s'était donc passé? Elle l'avait attendu. Il avait oublié de lui

téléphoner, il s'en excusait. Mais ça ne suffisait pas, elle lui en voulait trop. Tandis qu'elle s'enfermait dans la chambre, il prépara une salade comme elle l'aimait, avec des crottes de fromage et des tranches très minces de salami. Puis il déboucha un bordeaux.

22   Elle apparut dans une chemise de nuit neuve et, sans même lui dire un mot, s'attabla. Il aurait voulu lui expliquer ce qui lui arrivait, cette dernière cigarette et ce que cela avait entraîné. Quelque chose comme : « J'ai cessé de fumer, et je vois les choses d'un autre œil... » Elle ne rirait certainement pas ; ou plutôt si, elle rirait — mais de lui. Elle mangeait avec rancœur, en plantant férocement sa fourchette dans sa portion de viandes froides et de laitue. « J'aurais dû t'appeler, dit-il, mais je me sentais mal, et je me suis endormi...

— Qu'est-ce que tu as décidé ? demanda-t-elle.

— À quel sujet ?

— Réveille-toi ! La maison.

— La maison », répéta-t-il, l'air perdu.

23   Elle le toisait, prête à l'affrontement. Il n'y avait pas vraiment réfléchi ; pire même, sa pensée avait fait une embardée, une fugue dans un monde inconnu, et la maison était loin maintenant. Hors de question, pour tout dire. C'était un sujet qui revenait sur le tapis une ou deux fois par semaine. Un exutoire, pensa-t-il. Et ce soir, parce qu'elle lui en voulait, ils allaient sûrement en discuter jusqu'à épuisement. Allait-il céder par lassitude, remords ou faiblesse ? L'idée d'une maison lui avait déjà plu : ce serait le lieu où s'épanouirait la tendresse qu'il sentait germer en lui après six ans de vie commune. Que s'était-il passé pour que la maison lui fasse aussi peur que la mort ? La tendresse n'avait pas germé, pensa-t-il, elle s'était *tapie* au fond de lui, dans la promiscuité des secrets bien gardés et des vieux rêves auxquels il n'était plus question de renoncer. C'était peut-être cette tendresse-là qui lui laissait entrevoir les charmes du désert vers où s'exilait son âme depuis le matin.

24   « Tous nos amis ont leur maison. Sauf nous, lança-t-elle.

— Nous sommes plus à gauche probablement, insinua-t-il.

— Parce que, pour toi, être de gauche c'est vivre en appartement ? éclata-t-elle.

— Excuse-moi, dit-il. J'ai dit ça comme ça.

— J'ai dit ça comme ça », reprit-elle en essayant de l'imiter.

25   Il trancha du pain, lui en offrit qu'elle accepta distraitement. Lui, pour la première fois avec une telle intensité, jouissait de la bonté du pain, d'abord entre ses doigts, puis dans sa bouche. Même sans beurre, il avait une saveur nouvelle. La vie serait donc cette élémentaire jouissance sensuelle ? se demanda-t-il. Mais pas pour Luce qui avalait son pain tout en pensant à cette maison d'Outremont qu'ils n'achèteraient probablement pas après ces mois de tergiversation.

26   « C'est ce soir ou jamais, décide-toi, dit-elle.

— Au diable tout ça ! »

Cela lui avait échappé, et pas question de revenir là-dessus, elle avait 27
repoussé sa chaise et fui dans la chambre. Dans ces cas-là, il savait ce qu'il
fallait faire : lui demander pardon et l'attendre, ce pardon, dans un silence
qui lui glaçait le sang. Il n'en fit rien, pourtant, toujours assis devant son
assiette vide. Il remplit son verre et s'efforça de savourer le bordeaux.
Mais la sérénité qu'il avait cru acquise ne l'aidait pas à faire front. Ce qui
venait de se passer avait beau être la répétition d'une scène qui, à la longue,
avait perdu son sens, il se sentait encore une fois au bord de la déroute,
prêt à flancher.

Il se couvrit et sortit. Un voisin essayait de sortir du banc de neige une 28
bagnole mangée par la rouille. Il lui donna un coup de main, mais rien à
faire. Le moteur hoqueta avant de se noyer. Le voisin, carcasse brûlée par
l'alcool, éclata d'un rire juvénile et flanqua un coup de pied à son véhicule.
Ils fumèrent une cigarette en commentant le temps qu'il faisait, puis une
autre. Et finalement, après l'avoir salué, il se rendit chez le marchand du
coin où il acheta un paquet de cigarettes avec le sentiment à la fois frustrant
et rassurant de se retrouver dans les ornières de toujours. Il bavarda deux
ou trois minutes avec le marchand et rentra chez lui en se répétant : d'accord
pour la maison. Il alluma sa quatrième cigarette de la journée.

COMPRÉHENSION

§ 1-2.
   a. Quelle décision le protagoniste prend-il et comment ?
   b. Qui est « elle » ?
   c. Pourquoi le ménage n'est-il pas fait et comment réagit-il à cela ?

§ 3-6.
   a. Quel est son état d'esprit au cours du trajet ? Quelles réactions les gens
      qui l'entourent provoquent-ils chez lui ?
   b. Quel sens prend l'incident du « coup de foudre » dans ce contexte ?

§ 7-10.
   a. Quels sont les rapports du personnage avec la réceptionniste ?
   b. Quel métier fait-il ? Quelles sont ses tâches par rapport à celles de
      Gisèle ?
   c. Quelles sont les particularités de Gisèle et quels rapports entretient-il
      avec elle ?
   d. En quoi le protagoniste diffère-t-il de Gisèle et de Luce ?
   e. Qu'est-ce qu'il éprouve après le coup de téléphone de Gisèle ?
   f. Comment se sent-il en se mettant au travail ?
   g. Quel genre d'existence mène-t-il avec Luce ?

§ 11-14.
  a. Comment perçoit-il Mme Talbot? À quelle réflexion sur lui-même est-il amené et comment?
  b. Quel sens donne-t-il à son « abstinence»?
  c. Qu'est-ce que les détails de son comportement dans son travail et envers Mme Talbot indiquent quant à son état d'esprit?

§ 15-16.
  a. Que révèlent ses réactions à la proposition de Labrie et à l'évocation des restaurants?
  b. D'où lui vient l'idée du bol de riz? Avec quoi fait-elle contraste?

§ 17-18.
  a. Que ressent-il en marchant et à quoi est-ce dû?
  b. Expliquez le sens de la dernière phrase du paragraphe 17.
  c. Pourquoi aurait-il « préféré ne rien voir » dans le restaurant?
  d. De quel genre de « jouissance » s'agit-il?

§ 19-20.
  a. Que ressent le narrateur en sortant du restaurant?
  b. Qu'apporte (ici comme au paragraphe 17) l'allusion aux effets physiques du froid?
  c. Que fait-il en rentrant chez lui? Précisez quelle est son attitude.
  d. Qu'est-ce que ses rêveries ont en commun? Qu'est-ce qui leur donne naissance?

§ 21-22.
  a. Dans quelle humeur se trouve Luce et pourquoi?
  b. Comment se comporte le protagoniste envers elle?

§ 23.
  a. Comment s'explique-t-il le fait qu'il ait oublié la maison?
  b. Pourquoi l'idée de la maison lui fait-elle peur?
  c. Expliquez la dernière phrase du paragraphe.

§ 24-26.
  a. Dégagez du dialogue les attitudes respectives des deux personnages.
  b. Comment se manifeste dans l'esprit du protagoniste le contraste entre Luce et lui?

§ 27-28.
  a. Que ressent-il après la scène avec Luce?
  b. Comment est-il amené à fumer de nouveau?
  c. Que manifeste sa remarque « d'accord pour la maison », conjuguée à l'achat du paquet de cigarettes.

ANALYSE

1. La dernière cigarette.
   a. Que représente pour le protagoniste la décision qu'il a prise de cesser de fumer?
   b. Quelles modifications de sa façon d'être et d'agir habituelle cette décision entraîne-t-elle? Quels sont les changements dont le protagoniste est conscient et ces changements sont-ils réels ou imaginaires? Dans quelle mesure ces modifications peuvent-elles être interprétées comme des effets physiologiques et psychologiques de la privation de tabac?
   c. Le fait qu'il recommence à fumer est-il surprenant?

2. Le protagoniste.
   a. Le protagoniste n'est pas nommé mais seulement désigné par le pronom « il » : quel en est l'effet?
   b. À quel niveau socio-professionnel est-il situé? Est-ce que ses préoccupations et l'image qu'il a de lui-même coïncident avec son existence sociale?
   c. Montrez ce qui, au niveau de ses impulsions, de ses sensations, de ses rêveries ce jour-là, manifeste un désir ou une nostalgie de l'authentique, du concret, du primitif. Avec quoi cela fait-il contraste?

3. La relation au monde.
   a. Quels sont les détails qui soulignent que le protagoniste ressent la présence du monde extérieur comme une agression? Qu'est-ce que cela indique?
   b. Précisez la nature des rapports du protagoniste avec son entourage (collègues de travail, Luce). L'absence de communication est-elle ressentie comme un manque par le protagoniste? Est-ce qu'il tente de la surmonter ou est-ce qu'il y contribue?
   c. Qu'est-ce que l'épisode de « l'éphémère coup de foudre » apporte à la compréhension du personnage?

4. Discutez la pertinence du titre de la nouvelle. Quelle(s) signification(s) peut-on attribuer à « la tentation du désert »?

5. Le dénouement du récit a-t-il un caractère de nécessité? Le protagoniste vous semble-t-il responsable ou victime? Peut-on voir en lui une représentation exemplaire de l'homme moyen contemporain?

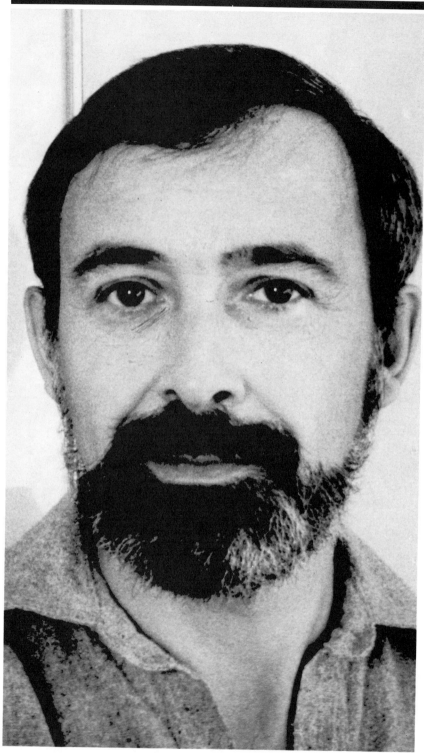

Photo Kèro

Agonie

JEAN-YVES SOUCY

Né à Causapscal en 1945, Jean-Yves Soucy a vécu et travaillé un peu partout au Québec, entre autres comme comptable, travailleur social, journaliste à Radio-Canada international et rédacteur à Radio-Québec. Son premier roman, Un Dieu chasseur, *paru en 1976 et traduit en anglais (*Creatures of the Chase, 1979) *lui a valu le prix de la revue* Études françaises *(1976) et le Prix de la Presse (1978). Il a publié depuis lors trois autres romans :* Les Chevaliers de la nuit *(1980),* Parc Lafontaine *(1983) et* Érica *(1984), ainsi qu'un recueil de contes intitulé* l'Étranger au ballon rouge *(1981). Les textes de ce recueil font preuve d'une ironie féroce qui démonte les apparences, les stéréotypes et les clichés réconfortants pour faire apparaître les ressorts cachés des comportements. « Agonie » est un exemple achevé de cette technique qui n'est pas sans rappeler l'humour noir.*

Il sait bien qu'il va mourir. C'était une question de jours, puis d'heures ; 1
c'est maintenant l'affaire de quelques minutes. Ces choses-là, on les
sent dans sa chair ; personne ne peut vous leurrer.

Il respire avec de plus en plus de difficulté et chaque battement du cœur 2
est plus douloureux que le précédent. Jamais il n'a été aussi conscient de
la vie de son corps. Juste comme il va le quitter. Il ferme les yeux, voudrait
pleurer, n'y arrive pas. Le cerveau est de plus en plus isolé des autres
organes ; les muscles ne répondent plus aux ordres. Mourir ! Mourir... Il
a peur, songe à crier, à lutter, mais il est impuissant. Même les deux
médecins à son chevet ne peuvent rien.

Ce n'est pas la vie qui le fuit, mais lui qui s'échappe de la vie. Elle va 3
continuer sans lui. Il s'en va. C'est comme s'il était au bord d'un entonnoir
qui mène à un puits : des parois lisses, rien à quoi se raccrocher et la vitesse
de sa glissade s'accélère. Tantôt ce sera la chute vertigineuse dans le puits...
peut-être sans fond. C'est tout ce qu'il a, la vie, et il va la perdre pour
l'inconnu. La fin. Sa fin.

Il cherche à se rappeler les événements de sa vie, mais ne lui viennent 4
que des souvenirs de sensations, des souvenirs détachés de tout contexte :
le vent du sud sur la peau au printemps, l'odeur de la pluie sur une allée
poussiéreuse, l'eau de mer qui annihile la pesanteur, la rondeur d'une pomme
dans la main et le goût de la première bouchée. C'est tout ce qu'il lui reste
de sa vie, des sensations, et ce fut sans doute le plus important. Oh ! comme
il aurait dû en profiter ! Trop tard. Le monde va continuer sans lui, pourtant
la personne la plus importante, et plus jamais il ne sera au milieu des choses.
Est-ce qu'on se souviendra de lui longtemps ?

La glissade s'accélère. Que ça finisse au plus vite ! Cette angoisse, cette 5
angoisse !

6   Les médecins lui font une injection. Il regarde le tout avec détachement, ne sent même pas l'aiguille. Son corps n'existe plus. Ces deux médecins qui l'observent sans vergogne, qu'ils partent puisqu'ils ne peuvent rien.

7   La respiration s'emballe, le cœur frémit. Il a peur. Il va tomber dans ce gouffre qui se rapproche. Il gesticule pour s'agripper ou du moins il essaie, mais ses bras restent immobiles. Impossible même de bouger les doigts. Le corps est devenu prison. Prison chérie. Il accepterait de rester ainsi, paralysé pour l'éternité, plutôt que de chuter dans le puits tout proche.

8   Il s'est énervé; il se force maintenant au calme. Il y a certainement quelque chose au fond du puits. C'est peut-être un tunnel, un tunnel avec de la lumière à l'autre extrémité, un tunnel débouchant dans un autre monde. La mort : une autre naissance ? Qu'était-il avant de vivre ? Il se souvient d'avoir lu déjà que le fœtus croyait mourir au moment de la naissance, puisqu'il était expulsé de l'unique univers qu'il connaissait. C'est ça! Il est un fœtus qui va naître.

9   Lui vient à l'esprit l'odeur d'une rose. Il respire profondément. Au même moment, il devine une lumière au fond du puits. Tout n'est pas fini! Et cette lumière allume un écho dans son cerveau. Il est éternel! Il existe depuis toujours, mais sa mémoire ne peut remonter si loin. La mer originelle; les premières molécules organiques du précambrien. Il n'est pas un être unique né en 1932! Il est multiple et il s'est constitué au cours de millions d'années. Il était ces molécules qui se sont regroupées en cellules; il était ces unicellulaires qui se sont organisés en colonies; il était ces invertébrés qui sont devenus poissons; il était ces premiers quadrupèdes à conquérir la terre. Tout au long de l'évolution, par des millions de morts successives, des vies de plus en plus compliquées convergeaient, se fusionnaient, et l'intelligence se concentrait, jusqu'à le former, lui, un assemblage de milliards de cellules dont chacune est un être vivant.

10   Et tout ça va mourir ? Oui, comme tout ça l'a fait des millions de fois déjà. Lui-même va passer à un ordre supérieur de la vie, un ordre ou un état qu'il ne peut encore concevoir. Il va devenir cellule d'un corps encore plus grand. Des millions d'hommes qui meurent pour se regrouper et former un individu supérieur, d'une autre essence. L'intelligence qui continue à se concentrer. Et chaque homme, tout en restant individuel et unique, sera ce nouvel individu, comme les cellules du corps humain sont l'homme, même si chacune garde son identité propre.

11   Son nouveau corps sera peut-être une galaxie; il sera l'intelligence dirigeant toute cette matière et toute cette énergie. La terre sera l'une de ses cellules et il n'aura pas conscience de la bonté et de la mesquinerie des hommes, comme aujourd'hui il ne sent pas que dans son corps d'homme des leucocytes dévorent d'autres cellules. Peut-être même qu'il y aura ensuite une autre ou des autres morts avant qu'il ne fasse partie de la conscience dirigeant l'univers. Tout est possible. Qu'est-ce qu'un neurone sait des sentiments humains, de la vie et de la mort ?

Il n'a plus peur. Il n'aura plus jamais peur. Tout ce qu'il espère, c'est   12
de ne pas oublier ce qu'il connaît de la mort lorsqu'il naîtra ailleurs, tantôt.
Vivement le plongeon dans le tunnel! Au bout de ce vagin : la vie. Une vie
plus grande encore, des sensations et des sentiments inimaginables. Ça y
est, il tombe, la lumière arrive à grande vitesse.

Le pouls a cessé de battre. Les médecins ferment les yeux du cadavre   13
et partent.

« Je ne sais pas quelles sont leurs pensées, mais ça doit être merveilleux.   14
Ils ont tous ce visage extasié.

— Cet euphorisant que nous lui avons injecté est sans doute la plus
grande découverte médicale des dernières années.

— De tous les temps, mon cher. De tous les temps! »

COMPRÉHENSION

§ 1-2.

  a. Comment le personnage sait-il que sa mort est proche?

  b. De quoi a-t-il le plus conscience? Pourquoi est-ce un paradoxe?

  c. Qu'est-ce qui cause son sentiment de panique?

§ 3-5.

  a. Quelle image a-t-il du processus d'agonie?

  b. Qu'est-ce qui lui reste de son passé?

  c. Que regrette-t-il surtout?

  d. Pourquoi souhaite-t-il la fin au plus vite?

§ 6-7.

  a. Expliquez son attitude envers les médecins.

  b. Quels sont les changements physiologiques et psychologiques qui se
produisent après la piqûre?

§ 8-9.

  a. Comment en vient-il à envisager la mort comme une naissance?

  b. Quelles sont les diverses sensations qu'il éprouve alors?

  c. Comment peut-il penser qu'« il existe depuis toujours »? À quoi s'iden-
tifie-t-il?

§ 10-12.

  a. Pourquoi la perspective de la mort de « tout ça » n'est-elle plus angoissante?

  b. Qu'imagine-t-il qu'il deviendra après la mort de son corps? Sur quelle
analogie repose cette pensée?

  c. Comment lui apparaissent la terre et les autres hommes? Définissez son
attitude.

  d. Pourquoi n'a-t-il plus peur?

§ 13-14.

Qu'est-ce qui, dans les propos des médecins, explique la transformation qui
s'est produite?

ANALYSE

1. Identifiez les différentes parties du texte.

   a. Analysez, en les mettant vis-à-vis, les divers aspects de l'agonie et ceux de l'euphorie qui y répondent.

   b. Y a-t-il dans les étapes respectives de ces deux processus les éléments d'une symétrie inverse?

   c. En quoi consiste l'ironie qu'apporte la révélation finale? En quoi le développement du récit contribue-t-il à cette ironie?

2. Les composantes de l'angoisse de la mort vous semblent-elles psychologiquement justes?

3. Comment les images empruntées à la biologie jouent-elles un rôle de compensation? Vous font-elles songer à des philosophies ou des systèmes de pensée que vous connaissez?

4. Même lorsqu'il imagine un ensemble supérieur dont il ferait partie après la mort, le personnage conserve l'idée qu'il resterait « individuel et unique » : qu'est-ce que cela indique? Est-ce que cela n'évoque pas d'autres croyances et attitudes face à la mort et à l'« après-vie »?

5. Caractérisez l'image de la mort qui se dégage de l'ensemble du texte. Partagez-vous cette perspective?

La dénonciation

JEAN TÉTREAU

Jean Tétreau est né à Montréal en 1923. Son œuvre comporte surtout des essais : Essais et Mélanges *(1950),* Journal d'un célibataire *(1952),* Essais sur l'homme *(1960),* Le Moraliste impénitent *(1965),* Lettres sur la philosophie naturelle *(1968),* Stratégie de la paix *(1968),* Un seul problème : connaître *(1969),* L'Univers invisible *(1971),* Remarques sur l'étude du chinois moderne *(1976). Il a également traduit des contes et récits de Gogol, Tourgueniev, Tchekov et Korolenko recueillis dans un livre paru en 1972 et intitulé* Vieille Russie. *Par ailleurs, il a fait paraître deux romans,* Les Nomades *(1967) et* Prémonitions *(1978), une pièce de théâtre,* Le Réformateur *(1973) ainsi que trois recueils de nouvelles,* Volupté de l'amour et de la mort *(1968),* Treize Histoires en noir et blanc *(1970), et son dernier livre en date,* La Messe en si mineur (contes de la nuit noire) *(1983), d'où est extrait le conte qui suit.*

De retour d'une croisière au lac Saint-Jean[1], en 42, les vacances   1
n'étant pas finies j'allai passer huit jours à Repentigny[2] chez mon
ami Fulgence. Nous étions condisciples depuis la classe de méthode[3].
S'il nous restait quelques semaines avant de commencer notre philosophie,
nous n'avions naturellement pas attendu, pour philosopher, d'être officielle-
ment des « philosophes ». Aussi, après le repas du soir, à la fin d'une journée
fatigante et assez bien remplie, ma foi, par tous les soins que réclame une
exploitation agricole plutôt prospère, nous nous allongions sur les transats
de la véranda, et là, notre regard suivant les bateaux qui remontaient ou
descendaient le Saint-Laurent, ergoteurs incorrigibles nous devisions tout
à notre aise. Aucun sujet ne semblait nous être étranger... *Homo sum :
humani nihil*[4]... Tout, entre nous, était prétexte à discussion : le réfé-
rendum sur la conscription, la prise de Sébastopol, le danger de fumer en
cachette dans les toilettes d'une poudrerie, les sous-marins allemands
signalés dans l'estuaire, la bataille de l'Atlantique, la guerre du Pacifique,
etc. Nous n'allions jamais nous coucher que nous n'eussions réglé[5] le sort
du monde. Fulgence, increvable, restait d'attaque jusqu'à une heure avancée
de la nuit.

---

1. **le lac Saint-Jean :** à environ 200 kilomètres au nord de la ville de Québec.
2. **Repentigny :** village situé sur la rive nord du Saint-Laurent, proche de l'est de Montréal.
3. **la classe de méthode :** celle qui précédait la classe terminale (philosophie) dans l'ancien
   « collège classique » (établissement d'enseignement secondaire).
4. **Homo sum : humani nihil (a me alienum puto) :** citation de Térence (Montaigne
   l'avait fait graver sur une des poutres du plafond de sa bibliothèque) : « Je suis homme
   et rien de ce qui est humain ne m'est étranger. »
5. **que nous n'eussions réglé :** sans avoir réglé.

2   Parfois son grand-père maternel venait se joindre à nous. C'était un
beau vieillard encore athlétique, au teint rosé ; il avait l'œil vif et les dents
saines ; ses cheveux plats étaient d'un blanc tirant sur le jaune. Nous aimions
bien sa conversation, qui manquait rarement d'intérêt.

3   Or cet homme charmant n'était autre que le célèbre inspecteur Latreille...
enfin l'ancien inspecteur Latreille puisque, atteint par la limite d'âge en 32,
il avait cessé toute activité professionnelle et ne s'intéressait plus que de
loin, en observateur, aux affaires de police. C'est lui qui avait formé, pour
ne pas dire dressé, plusieurs excellents limiers montréalais, dont Georges
Brissach, la terreur des trafiquants de diamants des années trente.

4   Nous étions encore à table quand il attira notre attention sur une
nécrologie parue dans *Le Nouvelliste*[6]. Un certain Valentin Brimard faisait
l'objet, dans ce quotidien, d'une notice de quatre lignes à peine, où l'on
signalait son décès à l'hôpital Saint-Jean-de-Dieu, à l'âge de soixante-quinze
ans ; il laissait dans le deuil son frère cadet, la seule personne qui, vraisem-
blablement, aurait pu se charger de communiquer aux journaux la nouvelle
de sa mort. Car il y avait une quarantaine d'années qu'on ne parlait plus de
l'abbé Brimard. Le public avait complètement oublié ce vicaire scrupuleux,
à la vie austère, aux principes rigides, et dont l'esprit était obsédé par l'idée
de justice.

5   « Évidemment, nous dit l'ancien inspecteur, ce nom de Brimard vous
est totalement inconnu. Je crois néanmoins que l'histoire de ce prêtre mérite
d'être racontée. Quand vous la connaîtrez, vous comprendrez pourquoi il
est mort fou. »

6   M. Latreille nous ferait grâce, tenait-il à préciser, d'une foule de détails
qu'il jugeait inutiles ; en un mot, il s'en tiendrait aux *faits* dont l'exercice de
son métier l'avait amené à prendre connaissance à l'époque. C'est son récit
que je résume ci-après.

7   Donc, vers la fin du dernier siècle, dans une localité de la région de
l'Assomption[7], tout près de la rivière, vivait presque en reclus un cultivateur
qui ne songeait qu'à accroître son bien tant en terre arable qu'en liquide.
Farouchement solitaire et d'humeur massacrante, en général vêtu de frusques
et allant nu-pieds, histoire d'épargner son « beau linge » et ses bottines
neuves, Jules Mauriel, de lointaine ascendance italienne, ne voyait que les
gens utiles à ses fins : ses débiteurs, ses fournisseurs et ses clients. On
n'avait jamais connu quelqu'un, dans tout le canton, qui fût si âpre au gain.
Quand il embauchait deux ouvriers, au temps de la moisson, il les payait en
nature, donnant à chacun un minot de pommes de terre ou d'oignons, à quoi
il ajoutait, pour peu qu'il fût en veine de générosité, une bouteille de vin de
cerise. Il n'accomplissait de ses devoirs religieux que le strict minimum. Au

---

6. **Le Nouvelliste** : journal de Trois-Rivières et de la région de la Mauricie.
7. **la région de l'Assomption** : un peu à l'est de Repentigny.

reste, comme il pratiquait l'usure à une haute échelle, il avait avec sa conscience des accommodements que le plus libéral des casuistes aurait trouvés suspects. Chaque année, au moment de la dîme, il fuyait à l'approche du curé. Et lorsque, les récoltes faites, on le relançait à l'improviste, il se découvrait des dons de comédien assez convaincants pour obtenir un délai, gagner quelques semaines : il jouait alors les Jean Narrache [8] à la perfection, prétendant que ses créanciers le harcelaient (or il ne faisait jamais de dettes), que son vieil oncle malade avait eu besoin de remèdes chers (on ne lui connaissait pourtant pas de parents) ou que les intempéries l'avaient ruiné (à la vérité, la saison avait été idéale pour l'agriculture). Il finissait par donner quelque chose à la fabrique, ainsi que la loi l'y obligeait, mais c'était l'offrande de Caïn. Au total, à peine âgé de vingt-huit ans, Mauriel n'avait pas volé la réputation de ladrerie qu'il s'était acquise après la mort de son père.

À l'heure de la traite, les villageois se bousculaient à son étable pour lui acheter du lait et d'autres produits. Il les vendait toujours quelques sous plus cher qu'ailleurs. Ses vaches étaient cependant si grasses et si propres, il y avait si peu de mouches autour d'elles, que bien des gens préféraient s'adresser à lui plutôt qu'à ses concurrents. Comment se faisait-il qu'étant donné son avarice il ne lésinât point sur la quantité de fourrage ? Ni sur la qualité ? C'est qu'au bout du compte, en exploitant avisé qu'il était, il avait trouvé plus rentable de bien nourrir les bestiaux. Ses chevaux étaient également gros et forts : aussi leur rendement était-il bien supérieur à celui des rosses qu'on avait coutume de voir le long des clôtures, se grattant l'échine contre les pieux.

Parmi ces clients de six heures du soir qui faisaient chez lui provision de lait, de crème, de beurre et d'œufs frais, on avait remarqué cet été-là une jeune domestique dont les maîtres, paysans de vieille souche, s'étaient installés au village au cours du printemps. On ne l'aurait pas remarquée, bien entendu, si elle n'avait eu cette ravissante tête blonde, ce joli visage aux yeux pers, au nez mutin parsemé de minuscules taches de rousseur, aux lèvres rouges et sensuelles s'ouvrant largement, quand elle riait, sur deux rangées de petites dents carrées. Elle avait la taille mince des chasseresses de la statuaire ancienne, les seins petits et fermes, les jambes parfaites, les pieds cambrés, et sa peau tout unie, brunie par le soleil, ayant l'éclat du satin semblait en avoir aussi la douceur.

Rosa Brussade (ou Broussade : l'ex-policier ne se souvenait plus très bien du patronyme) avait-elle le béguin pour Mauriel, Jules ? Se sentait-elle en confiance auprès de ce gaillard bien musclé, pas très beau, c'est vrai,

---

8. **Jean Narrache** : pseudonyme d'Émile Coderre, dont la poésie reflète les années de crise au Canada français. Il est surtout connu pour son livre *Quand j'parle tout seul*, paru en 1932. Le pseudonyme est formé sur l'expression **j'en arrache*, c'est-à-dire *j'éprouve de grandes difficultés*. « Jouer les Jean Narrache », c'est prétendre qu'on se trouve dans la gêne, qu'on est aux prises avec des difficultés, d'ordre pécuniaire en particulier.

mais à qui la force tenait lieu de beauté, et qui avait douze ans de plus qu'elle ? Toujours est-il que, malgré l'humeur de ce paysan râblé, elle adorait plaisanter avec lui et que souvent, entre cinq heures et demie et six heures, elle s'attardait à l'étable, lui tenant compagnie, bavardant, riant, usant sans trop le savoir de cette coquetterie presque naturelle qu'elle apportait dans les plis de sa jupe et qui transparaissait aussi, de temps en temps, à travers les larges mailles de son corsage, surtout lorsqu'elle bâillait et s'étirait, les bras en l'air, les poings fermés, le torse pivotant à demi sur les hanches. Lui, dont le célibat était moins une vertu qu'un calcul, n'était certainement pas insensible aux attraits de cette adolescente en passe d'être femme, et qui commençait d'ailleurs à l'émoustiller. Si bien qu'un soir d'août, un de ces soirs particulièrement chauds où l'orage menace toujours sans jamais éclater, il lui fit comprendre que, si elle le désirait vraiment, elle trouverait vite ce qu'elle cherchait. Ses patrons étant absents, elle était restée auprès de lui plus longtemps qu'à l'accoutumée. Alors, la traite terminée et les clients servis, il l'emmena dans la grange. Ils y jouèrent à cache-cache comme des gamins pendant un moment. Une occasion aussi favorable ne s'offrait pas tous les jours à Mauriel, qui se serait trouvé bien sot de n'en pas profiter : attrapant la rouée par le cordon de son tablier, il l'empoigna par la taille et la culbuta dans le foin sans qu'elle opposât de résistance sérieuse.

11   Après ce bref corps à corps, il y eut entre eux un échange de mots plutôt vifs. Le paysan s'était aperçu que la fille de ferme n'en était pas à sa première fredaine et, retrouvant sa rogne habituelle, il la traita de putain. Elle le rembarra par une allusion à son avarice : « Si tu penses que j'en suis une, lui rétorqua-t-elle, la main tendue, eh ben crache ! Naturellement, c'est te demander l'impossible : on fait pas pleurer une pierre, hein ? »

12   Le ton monta si rapidement qu'on pouvait maintenant les entendre de l'extérieur. Un jeune homme qui passait par là les entendit en effet. Et s'il n'osa pénétrer dans le bâtiment, il avait parfaitement reconnu les voix et il était fixé sur ce qu'on venait d'y faire.

13   Ce garçon, Firmin Descottes, scieur de long pour le compte d'un entre-preneur, allait justement chez Mauriel pour lui demander un renouvellement d'échéance : il devait lui rendre ce soir-là vingt-cinq dollars, plus les intérêts, qui atteignaient douze dollars ; malheureusement, il n'avait pas le premier cent de ces trente-sept dollars, somme qu'il comptait gagner au jeu. Car, joueur invétéré, Firmin pariait sur tout et à propos de tout : élections fédérales, provinciales, municipales et paroissiales, combats de coqs, tour-nois de dames, courses attelées... C'était un brave zigue, un peu flemmard, bohème comme pas un et qui, aux indélicatesses près, était foncièrement honnête.

14   L'altercation dont il venait d'être témoin, comme tout ce qu'elle lui avait révélé, lui donna sur-le-champ une idée bien singulière. Idée fort stupide en vérité, puisqu'elle lui coûterait la vie.

Il savait Mauriel très violent. Mais, se disait-il, un homme a beau être 15
enragé, quand on le tient on ne le lâche plus, il a beau se débattre comme
un diable, le voilà enchaîné, et c'est vous qui tenez le bon bout du bâton.

Au lieu d'attendre l'usurier, comme il l'aurait fait s'il n'avait eu connais- 16
sance de l'empoignade dans la grange, il fit demi-tour et rentra chez lui. Il
le reverrait plus tard, ce n'était plus si urgent.

Le surlendemain, assez tard après le souper, Firmin Descottes, l'air 17
goguenard, se présenta chez Jules Mauriel qui l'accueillit par ces mots :

« T'es en retard de deux jours, j'aime pas ça. Tant pis pour toé, ça va
te coûter plus cher.

— De combien ?

— Trois piastres ; ça te fera quarante en tout. »

Firmin eut un sourire plein de sous-entendus. Il tira de sa poche une 18
liasse de petites coupures qu'il posa sur la table. (Il était en fonds, ayant
gagné la veille une forte somme au jeu.)

« V'là le principal », fit-il.   19

L'autre compta l'argent et dit :   20

« C'est ben ça, mais l'intérêt ?... Tu me dois douze piastres d'intérêt,
plus trois pour le retard, ce qui fait quinze. »

Firmin haussa les épaules, roula de grands yeux, soupira comme si ce 21
langage lui était inconnu.

« J'ai ben peur, finit-il par dire, imperturbable, que tu doives te contenter 22
du principal, parce que...

— Parce que ? reprit le créancier, s'approchant du débiteur le regard
luisant comme une faux exposée au soleil.

— Parce qu'asteure[9], mon vieux, y a pour toé un intérêt ben plus
important...

— J'comprends pas les paraboles, parle clairement.

— J'ai pour mon dire[10], mon Jules, que t'as maintenant intérêt à ce que
je farme ma gueule[11], c'est clair ?

— Comme du crachat de chiqueux[12] », repartit Mauriel, qui serrait les
dents et avançait sur Firmin à pas mesurés.   23

Il chercha à le saisir par le col de sa chemise pour le secouer un peu.
Le jeune ouvrier esquiva la manœuvre, presque avec élégance du reste,
en faisant comme un entrechat.   24

« Oh ! oh ! s'écria-t-il, pas de menace ! Sinon...

— Sinon quoi ?

---

9. ***asteure** : à cette heure, maintenant.
10. ***j'ai pour mon dire** : je crois savoir.
11. **à ce que je farme ma gueule** *(fam.)* : à ce que je ferme ma gueule (à ce que je me
    taise). Les particularités orthographiques (*a* pour *e*, par exemple) visent à reproduire
    l'accent.
12. ***clair ... comme du crachat de chiqueux** *(fam.)* : clair comme le crachat d'un chiqueur
    (the spit of a tobacco-chewer). On trouve en France l'équivalent « clair comme du jus de
    chique ».

— Je parle, parce que je sais tout.

— Tu sais tout, toé ?

— Ouais.

— Tout quoi ?

— Tout ce que t'as fait avec la Rosa avant-hier au soère sur la tasserie. »

25   Le sang empourpra la figure tannée de Mauriel : c'était de colère qu'il rougissait, non de honte. Après avoir avalé sa salive pour ne pas suffoquer, il ricana :

« Maudit verrat [13] de Firmin, si tu penses que je vas acheter ton silence avec le bel argent des intérêts que tu me dois, tu sais pas comme tu te fourres [14] ! D'abord, la Rosa, je m'en sacre, c'est une pute ; je vas dire comme on dit, y a rien qu'les gros chars qui ont pas encore passé dessus. T'auras ben en bel de raconter [15] qu'on a fait du mal ensemble, ça me fait pas un pli sur la peau du ventre [16].

26   Il marqua un temps, cessa de rire et ajouta :

« Pis mes intérêts, tu vas me les payer jusqu'à la dernière cenne, autrement j'te saigne comme un goret ! »

27   Descottes se tenait à une distance respectable de son adversaire, dont il redoutait l'emportement plus que les discours.

28   « Moé, dit-il, j'ai pas à juger c'te fille. P'têt ben que tu t'en sacres, seulement j'en connais un qui s'en sacre pas. C'est son maître. Ils sont accotés depuis pas mal de temps, à ce qu'on dit. À part de ça, il y tient à la fille. C'est son adorâtion. S'il venait-y pas qu'à savoir que t'as couché avec elle, moé j'réponds pus de rien [17]. Tu le connais ?

— Qui ?

— Ben voyons, le patron à Rosa, m'sieur Biraud ?

— De nom, oui.

— Six pieds trois pouces, deux cent cinquante livres, ça t'assomme un bœuf d'un coup de poing. Toé, on sait ben, t'es assez fort aussi, mais t'es comme qui dirait dans les poids moyens, tandis que lui, c'est un poids lourd. Finalement, c'est un pensez-y bien [18]... Qu'est-ce que t'en dis ? »

29   L'usurier se taisait. Il avait changé de visage, il était plus calme, quasiment serein.

30   « Eh ben, alors ? » reprit le jeune homme avec le sourire qu'il avait eu

---

13. **verrat** : le terme s'emploie au Québec comme insulte (entre autres) et désigne autrement un porc mâle qui sert à la reproduction.

14. *__comme tu te fourres__ (fam.)* : comme tu te trompes.

15. *__t'auras ben en bel de raconter__* : tu auras beau raconter, tu pourras raconter autant que tu voudras.

16. *__ça me fait pas un pli sur la peau du ventre__ (fam.)* : ça m'est complètement égal.

17. **j'réponds pus de rien** : je ne peux plus garantir ou prévoir ce qui va se passer (le pire risque d'arriver).

18. *__c'est un pensez-y bien__* : c'est quelque chose qui exige de la circonspection, qui mérite qu'on y réfléchisse à deux fois.

au début de cette négociation, « j'te les paye-tu les intérêts ou j'te les paye-ti pas ? »

Mauriel se tourna vers la table ; il y prit le vingt-cinq dollars et en tendit 31
la liasse à son débiteur.

« Tiens, garde ça pour toé », lui dit-il, de plus en plus calme. 32

Muet de stupéfaction, Firmin s'appuya d'abord contre un meuble comme 33
pour s'assurer que la réalité ne lui échappait pas entièrement. Ce brusque
changement d'attitude chez celui qu'il considérait comme le plus dur, le plus
impitoyable des hommes, lui chamboulait toutes les idées. Puis il crut à un
piège et recula, de manière à garder la même distance entre l'avare et lui.

« T'es sérieux ou tu... tu veux rire de moé ? bégaya-t-il en lorgnant la 34
porte, dont il s'était rapproché.

— T'as pas besoin d'avoir peur, tu sais que je fais jamais de farce.
Prends ça, j'te le donne. J'efface ta dette.

— Ou ben donc t'es fou, mon Jules, ou ben donc j'comprends pus rien.
Cet argent-là, c'est à toé. Pourquoi me le donnerais-tu ? Pourquoi ? T'as
pas l'habitude de faire des cadeaux ?

— J'suis pas fou, Firmin, et pis moé j'ai compris. À venir jusqu'à
aujourd'hui, t'as été régulier avec moé, t'as toujours payé ce que tu me
devais, capital et intérêt, et ça je l'apprécie. Et pis après tout t'as raison
rapport aux intérêts [19] : j'ai souvent exagéré en te demandant du treize et
du quatorze pour cent. C'est pour ça que je te remets ta dette... pas parce
que j'ai peur de Biraud. Ah ! non, par exemple ! Moé, j'ai peur de personne...
Tiens, mets ces piastres-là dans tes poches. »

Firmin hésitait encore à prendre l'argent. 35

« Naturellement, tu comprends pas que j'te fasse un cadeau », poursuivit 36
Mauriel dont la voix, sans la moindre nuance de colère, n'exprimait plus
que de la sympathie, du moins autant que le scieur de long pouvait en juger.
« Pour te dire franchement, c'est pas un cadeau. Si j'efface ta dette, c'est
que j'ai une proposition à te faire... ouais, j'ai toujours pensé que tu pourrais
faire un bon associé. »

Aux mots de proposition et d'associé, le jeune homme se détendit et 37
manifesta une curiosité qui n'était pas feinte.

« Comment ça ? fit-il. 38

— D'abord, prends l'argent. »

Descottes tira de la poche arrière de sa salopette un porte-monnaie de 39
cuir gonflé de pièces et de billets de banque ; il plia soigneusement ceux
que l'avare lui avait rendus et les rangea avec les autres. Il referma le porte-
monnaie, s'assura de la solidité du fermoir et fourra son argent dans la même
poche arrière, qu'il boutonna.

Ce rituel accompli, il dit, avec de la reconnaissance dans l'intonation : 40

---

19. **rapport aux intérêts** *(fam.)* : en ce qui concerne.

« Marci ben, mon Jules, asteure je vois ben que c'était pas une farce.

— Me r'marcie pas ! me r'marcie pas », fit l'autre, qui alluma une lampe à huile, la nuit étant venue.

41 Au bout d'un moment, Descottes demanda :

« Ta proposition, qu'est-ce que c'est ?

— Hé ! hé ! ricana l'usurier, on va faire des affaires ensemble, ça te dérange pas ?

— Ça me dérange pas pantoute [20]. Quelle sorte d'affaires ?

— Tu vas voir. Tu me diras si ç'a du bon sens [21]. D'abord, j'ai quèque chose à te montrer. »

42 Et il s'empara de la lampe.

43 « Viens avec moé, continua-t-il, c'est dans le hangar, darrière l'étable.

— À onze heures du soère ? de s'étonner l'ouvrier, ça peut pas attendre à demain ?

— Viens, viens, on a pardu assez de temps », insistait l'avare.

44 D'un naturel méfiant comme tous les joueurs, Firmin se taisait et ne bougeait pas. Le silence, ponctué par le tic-tac d'une pendulette, commençait à peser.

45 « Sainte viarge ! s'exclama Mauriel à bout de patience, as-tu peur de sortir cinq minutes avec moé ?

— J'veux pas marcher pour rien. Dis-moé ce que tu veux me montrer, on verra si la chose vaut le dérangement. »

46 Craignant que son dessein n'échoue, Mauriel se radoucit.

47 « Puisque tu veux pas que j't'en fasse la surprise, dit-il, ce que je voulais te montrer, c'est une scie mécanique qui marche à la gasoline. Une scie comme t'en as jamais vu, une marveille. C'est un modèle tout nouveau, une invention américaine que j'ai eue pour une chanson. J'ai pensé la revendre à ton patron, le contracteur. Si tu voulais me servir d'intermédiaire dans ce marché-là, j'te donnerais dix pour cent de commission. Ça t'intéresse ?

— J'dis pas non. Seulement, j'me demande une chose : pourquoi est-ce que tu la vends pas toi-même ? T'as pas besoin de mes services pour ça ?

— Voyons donc, Firmin, c'est pas moé qui vas t'apprendre que tout le monde se défie de Jules Mauriel. Les gens s'imaginent toujours que j'leu demande trop cher, que j'veux les fourrer... Tandis que si c'est toé qui proposes la marchandise...

— Ouais. Tu la vends combien, ta scie mécanique ?

— Soixante piastres. Si tu la places à ce prix-là, ça te fera six piastres de commission. Ensuite, on pourra faire ensemble d'autres affaires du même genre.

---

20. ***pas pantoute** : pas du tout.
21. ***si ç'a du bon sens** : si c'est raisonnable.

— Ouais.

— Tu viens la voir ?

— Ouais. Allons voir ça. »

La nuit, sans lune et sans étoiles, était d'un noir absolu.   48

Ils traversèrent la cour, contournèrent l'étable. Ils pénétrèrent sous le   49
hangar en se penchant, pour éviter que leur tête ne heurte le haut de
l'entrée. Il y avait là une cognée dont le fer était enfoncé d'un pouce dans
une bûche, le manche se trouvant ainsi en l'air, à portée de la main. Mauriel,
qui jusque-là avait précédé Descottes, le fit passer devant ; au même moment, il lui confia la lampe.

« Mets-la par terre, là, sur la planche », lui dit-il sans que sa voix trahît   50
la très vive émotion qui le secouait.

Le jeune homme s'accroupit avec lenteur, afin de poser l'appareil sans   51
risque d'accident. L'usurier avait saisi la hache. Il l'éleva au-dessus du dos
courbé devant lui et la rabattit de toutes ses forces. Firmin tomba à plat
ventre sur le sol en terre battue, avec un bruit mat. La lampe roula et
s'éteignit. L'assassin la ralluma pour examiner le corps de sa victime, dont
le crâne avait éclaté comme un fruit : la plaie mortelle s'ouvrait largement
au niveau de l'occiput et ne se fermait qu'au sommet de la tête. Sans perdre
un instant, il enveloppa cette bouillie dans une toile cirée, interrompant le
flot de sang qui coulait sur le sol. Le sang déjà tombé y avait dessiné une
forme ayant l'étendue et l'aspect d'une main ouverte. Le paysan fit disparaître toute trace de cette tache et nettoya la hache, qu'il enfonça de nouveau
dans la bûche. Il mit ensuite le cadavre sur ses épaules et le transporta
dans le noir, sans trébucher, jusqu'à la rivière, où il l'abandonna au courant
après avoir récupéré la toile enveloppant la tête, afin de la détruire. Il revint
sous le hangar pour y reprendre la lampe, et il rentra chez lui sans qu'aucun
passant, aucun voisin, sans que personne soupçonnât rien de ce qui s'était
passé.

* * *

Deux jours plus tard, un pêcheur à la ligne aperçut sur la rivière le corps   52
de Firmin Descottes.

La nouvelle du meurtre consterna la population, qui plaignit le pauvre   53
garçon et encore plus ses parents. Comme ceux-ci vivaient dans une autre
paroisse et ne le voyaient que peu, ils ne lui connaissaient pas d'ennemis[22] :
ils ne pouvaient par conséquent fournir à la police aucune indication utile.
Une chose était certaine : le vol n'était pas le mobile du crime, puisqu'on
avait trouvé sur la victime cinquante-six dollars en billets de banque et de
la menue monnaie.

---

22. **ils ne lui connaissaient pas d'ennemis** : ils ne connaissaient personne qui soit son
ennemi.

54   Plusieurs personnes furent interrogées, y compris Mauriel. Il déclara que Firmin devait lui rendre de l'argent le jour même où son corps fut découvert. Il renonçait à son dû pour permettre à la famille du mort, gens plutôt pauvres, de payer l'enterrement. Ce geste d'humanité ferma la bouche aux médisants qui prétendaient que Mauriel était l'homme le plus pingre que la terre eût porté.

55   Mauriel n'en fut pas quitte pour autant ; car, après le service funèbre, auquel il assista à l'issue d'une enquête policière sommaire, le remords le tenaillait si cruellement qu'il ne pouvait dormir ni la nuit, ni le jour.

56   Le premier vendredi de septembre, à l'occasion d'une cérémonie religieuse spéciale, il se rendit à l'église dans l'unique dessein de soulager sa conscience. Il se précipita dans un confessionnal, avoua son crime. Le vicaire qui entendit sa confession, l'abbé Valentin Brimard, lui donna l'absolution sous réserve qu'il se livrerait à la justice si par hasard un innocent était accusé du meurtre de Firmin Descottes. Mauriel y consentit et sortit de l'église l'âme apaisée.

57   L'hiver suivant, par un de ces après-midi ensoleillés qui succèdent à une tempête de trois jours, il revenait en traîneau d'un voyage à Repentigny, par le chemin longeant la rivière, lorsqu'il vit, à moins de cent pas devant lui et allant dans la même direction, un prêtre qui marchait péniblement dans la neige. Il eut tôt fait de le rejoindre et de s'arrêter à sa hauteur. C'était le vicaire.

58   « Montez donc avec moé », lui dit-il après l'avoir salué.

59   M. Brimard lui sourit, monta et prit place à côté de lui.

60   À peine eurent-ils le loisir d'échanger leurs impressions sur le temps de chien qu'il faisait encore la veille, que la voiture s'arrêta devant un rideau de sorbiers aux branches grêles.

61   « Vous voyez les cormiers, là », dit l'usurier en montrant les arbres du doigt, « c'est à leur pied que j'me suis débarrassé du cadavre de Firmin ; là, le courant est plus rapide. »

62   Le cheval reprit son trot. Mauriel continuait à parler, mais ce n'était plus qu'un monologue : le vicaire ne desserra pas les dents jusqu'au moment où on le déposa devant le presbytère.

63   Quand il eut sauté du traîneau, il se tourna vers le riche paysan :
« Je prierai pour votre salut », lui dit-il simplement.

64   De la part d'un prêtre connu pour sa piété, ces derniers mots furent interprétés par l'avare comme un remerciement auquel il n'attacha pas plus d'importance qu'à une formule de politesse. Cependant, l'abbé Brimard avait décidé de prier vraiment pour le salut éternel de l'assassin, qui paierait enfin sa dette à la société. Le prêtre venait en effet de prendre une résolution extrêmement grave : il avait maintenant le devoir, estimait-il, de livrer au bras séculier le meurtrier de Firmin Descottes. La précision qu'on lui avait fournie sur les lieux où le corps avait été jeté à la rivière constituait un aveu

spontané, *fait en dehors du tribunal de la pénitence*[23] par une personne qui n'était d'ailleurs pas de ses pénitents habituels. Certes, le vicaire se sentait toujours lié par le secret de la confession ; aussi avait-il résolu de ne rapporter à la police, textuellement, que la déclaration qu'il venait d'entendre : « C'est là que je me suis débarrassé du corps de Firmin. » Il s'en tiendrait strictement à cette déclaration, il en nommerait l'auteur, mais refuserait d'en dire davantage ou de répondre à toute question sur les autres circonstances du crime.

« Demain, dit-il à son curé, l'abbé Brulin, il faut que j'aille parler au   65
détective Latreille, à Berthier.

— C'est important ? demanda le vieux pasteur, intrigué.

— Très important. J'ai eu connaissance aujourd'hui d'un *fait nouveau* dans l'affaire Descottes, fait capital qui obligera la Sûreté[24] à rouvrir l'enquête et la fera probablement aboutir.

— Je suppose qu'on ne peut pas vous demander de détails ?

— Je regrette, monsieur le curé, je ne les donnerai qu'à la police.

— Cette démarche est-elle urgente à ce point ?

— Elle ne peut souffrir de retard. Le moindre délai dans la divulgation de ce que j'ai appris risquerait de passer pour de la complicité.

— Dans ce cas, monsieur Brimard, agissez. »

Le témoignage du vicaire entraîna l'arrestation immédiate de Jules Mau-   66
riel, qui fut envoyé à Montréal en fourgon cellulaire sous la garde de deux policiers, dont Latreille lui-même. Interrogé durant douze heures d'affilée, le suspect fit des aveux complets. Il raconta tout, absolument tout : sa conversation avec Descottes, le chantage de celui-ci, le piège qu'il lui avait tendu en l'emmenant sous le hangar, le remords qu'il avait ressenti peu après l'assassinat, sa confession à l'abbé Brimard, enfin le détail qu'il lui avait stupidement fourni sur l'endroit précis où il avait jeté le cadavre à l'eau, détail dont la divulgation avait tout déclenché.

Accusé de meurtre, il fut écroué à Bordeaux[25] dans l'attente du procès,   67
qui eut lieu en février. Toute la presse en rendit compte et en commenta copieusement les circonstances à l'exception d'une seule : le refus du Tribunal d'autoriser le vicaire à venir, à la demande de la défense, déposer à la barre. Si tout le monde connaissait la démarche de l'abbé Brimard à Berthier, donc sa dénonciation, seuls le ministère public[26] et la police savaient que le prévenu s'était confessé à lui. Les autorités judiciaires, raisonnant comme le vicaire lui-même, établirent une distinction catégorique entre la confession du criminel et sa dénonciation par le prêtre à la suite

---

23. **le tribunal de la pénitence** : la confession, en langage ecclésiastique.
24. **la Sûreté** : service de police (affaires criminelles).
25. **Bordeaux** : prison (Montréal).
26. **le ministère public** : *The (department of the) Public Prosecutor.*

d'un aveu spontané, qu'elles ne pouvaient considérer comme faisant partie de la confession. L'ecclésiastique fut donc dispensé de comparaître.

68 Mauriel fut condamné à la pendaison et son exécution fixée au 5 avril, à l'aube.

69 Le 5 avril au soir, les journaux étaient pleins des derniers moments du condamné à mort. Il avait reconnu le caractère abominable de son crime ; il avait demandé pardon à Dieu, ainsi qu'à la famille éprouvée, de cette action qui l'avait mis hors de la société des hommes en l'abaissant au niveau des bêtes féroces, et il était mort réconcilié avec le Ciel.

70 Le curé, M. Brulin, ayant parcouru le journal, dit à son vicaire, M. Brimard :

« L'avocat de la couronne a qualifié votre déposition à la police de *geste particulièrement courageux, qui aura permis à la Justice de faire toute la lumière sur une affaire qui risquait de demeurer à jamais obscure.* Pour sa part, la Cour vous a épargné la peine d'aller témoigner à la barre, ce que vous devez sans doute à votre état religieux.

— Je me demande, monsieur le curé, si j'en aurais eu le courage, répondit le vicaire avec gravité, car il m'avait été si pénible d'aller à Berthier dénoncer le coupable. Mais comme la justice devait alors l'emporter, selon ma conscience, sur toute autre considération, je suis allé accomplir ce devoir. »

71 Il avait prononcé cette dernière phrase avec un accent de sincérité totale. Malheureusement, il eut l'imprudence d'ajouter :

« Ce qui me rendait la chose si pénible, c'est que ce pauvre Mauriel était venu se confesser quelque temps après avoir commis son forfait, et cela, bien sûr, posait un problème. »

72 Le curé, qui était assis sur un pliant devant la cheminée, dont il remuait les bûches pour activer le feu, au moyen d'un tisonnier, le laissa tomber de saisissement, et il se leva si brusquement qu'il renversa son siège.

73 « Mais... mais... mais », fit-il, épouvanté, élevant de plus en plus la voix, « êtes-vous conscient, monsieur Brimard, de l'énormité de vos paroles ? Je ne rêve pourtant pas. Vous m'avez bien dit que l'homme qu'on a pendu ce matin s'était confessé à vous après avoir tué Firmin Descottes ?

— Oui, je vous l'ai dit, confirma le vicaire, soudain très pâle à l'aspect des traits décomposés de M. Brulin.

— Dans ce cas, reprit le curé, les yeux démesurément agrandis par une stupéfaction qui devenait de l'accablement, en dénonçant ce malheureux vous avez violé le secret de la confession !

— Monsieur le curé, que dites-vous ?

— Vous l'avez d'ailleurs violé deux fois plutôt qu'une.

— Monsieur le curé, vous n'avez pas le droit... j'ai agi en toute bonne foi et suivant ma conscience, déclara le vicaire, la mine ahurie, et voulant croire qu'il s'agissait entre eux d'un malentendu.

— Mon pauvre ami, ce n'est pas votre bonne foi que je mets en doute, c'est votre compétence! Ce qui me bouleverse, c'est votre ignorance incommensurable! »

Le curé avait déjà la voix tout enrouée, tant le ton qu'il avait pris pour 74 parler au vicaire était aigu.

« Tout ce qui touche de près ou de loin aux propos d'un pénitent entendus 75 au confessionnal ne doit jamais être divulgué, sous aucun prétexte, continuat-il; la règle est absolue. Or vous l'avez violée à deux reprises : d'abord par votre dénonciation, et ensuite en m'informant, moi, que vous aviez confessé Mauriel.

—Je ne vous ai jamais parlé de la matière de ses aveux! » glapit le vicaire, les bras étendus de chaque côté de la tête, comme si l'indignation de son pasteur l'avait crucifié.

« Il ne manquerait plus que ça[27]! » clama le curé, qui se mit à tousser 76 fortement. « Taisez-vous, monsieur Brimard, taisez-vous! Vous seriez capable d'entrer dans le détail de ces aveux qu'on vous a faits sous le sceau du secret! Qu'il ne soit plus question de cette affaire entre nous, vous m'entendez?

— Monsieur Brulin, je vous en prie, écoutez-moi, ma conscience me dictait...

— Assez! Vous me parlez sans cesse de votre conscience, eh bien, débrouillez-vous avec elle, comme font les protestants, qui enfreignent toutes les règles au nom de leur sacro-sainte conscience. »

Sur ces paroles définitives, le curé se retira, laissant son vicaire seul 77 avec ses pensées.

Ils furent plusieurs jours sans se parler. Puis leurs relations redevinrent 78 normales.

Mais, à quelques semaines de la scène que M. Brulin fit à son vicaire, 79 on commença à observer chez ce dernier un changement de conduite. Il donnait une plus grande rigueur encore à ses mœurs déjà très austères. Il jeûnait souvent et s'imposait toutes sortes de mortifications nouvelles. Son humeur n'avait jamais été joviale, elle s'assombrit davantage. Jamais il n'avait été bavard; or il s'enferma dans un mutisme inquiétant, et l'on parla bientôt de neurasthénie à son sujet. Il consentit toutefois à se soigner; après un séjour dans une maison de repos, il reprit l'exercice du ministère.

Le 5 avril suivant, alors qu'il y avait un an, jour pour jour, que Mauriel 80 avait été pendu, l'abbé Brimard interrompit soudainement sa messe avant l'offertoire, et, sans raison apparente, rentra au presbytère. M. Brulin l'interrogea sur cet étrange comportement; il répondit qu'il n'était plus digne de consacrer les hosties.

Il dut retourner à la maison de repos, où il séjourna beaucoup plus 81 longtemps que la première fois. Il en sortit complètement rétabli, au rapport

---

27. **il ne manquerait plus que ça** : *that would be the last straw.*

des médecins. De fait, il remplit pendant cinq ou six ans les fonctions de premier vicaire dans une importante paroisse de Montréal.

82 En 1911 ou 1912, deux hommes furent exécutés aux États-Unis pour le meurtre d'un propriétaire terrien qu'ils avaient tué à coups de hache. Cette nouvelle eut certainement un effet désastreux sur le moral de l'abbé Brimard, puisqu'il disparut le lendemain de leur exécution. L'on crut d'abord qu'il avait dû s'absenter d'urgence. Comme il ne rentrait toujours pas, des recherches furent entreprises sous la direction de Latreille.

83 La police le retrouva dans un bâtiment désaffecté de la ferme ayant appartenu à Jules Mauriel. Vêtu d'un costume sombre, vieux et tout dépenaillé, Valentin Brimard était dans un tel état d'hébétude qu'on n'en pouvait rien tirer, sauf des phrases d'une affligeante incohérence. Il était en outre d'une saleté repoussante, et il s'était coupé l'index et le majeur de la main gauche. Il fallut lui amputer cette main mutilée pour enrayer la gangrène. On le soigna durant quelques jours dans un hôpital général, avant son transport à Saint-Jean-de-Dieu[28], où il vécut trente ans dans une sorte de demi-sommeil peuplé de cauchemars.

COMPRÉHENSION

§ 1-6.
- a. Qui est le narrateur? Où se trouve-t-il? À quoi s'occupe-t-il avec Fulgence?
- b. Qui est le grand-père de Fulgence?
- c. Qui est Valentin Brimard? Comment M. Latreille connaît-il son histoire?

§ 7-8.
- a. Qui est Jules Mauriel?
- b. Comment se manifeste son avarice?
- c. Comment gagne-t-il son argent?
- d. Qu'est-ce que la dîme? Comment Mauriel se comporte-t-il face à cette obligation?
- e. Expliquez : « ... c'était l'offrande de Caïn ».
- f. Que viennent faire les villageois chez Mauriel et comment cela s'explique-t-il?

§ 9-10.
- a. Qui est Rosa Brussade et pourquoi la remarque-t-on?
- b. Comment se comporte-t-elle auprès de Mauriel et comment celui-ci réagit-il?

---

28. **Saint-Jean-de-Dieu** : hôpital psychiatrique.

§ 11-16.
   a. Qu'est-ce qui provoque la dispute entre Rosa et Mauriel?
   b. Quel genre d'individu est Firmin Descottes et que vient-il faire chez Mauriel?
   c. Quelle idée vient à l'esprit de Firmin?

§ 17-26.
   a. Quelle raison Firmin donne-t-il à Mauriel pour ne pas lui payer l'intérêt de sa dette?
   b. Comment Mauriel réagit-il et pourquoi ne cède-t-il pas au chantage?

§ 27-40.
   a. Qu'est-ce que Firmin apprend à Mauriel au sujet de Rosa?
   b. Que fait Mauriel? Pourquoi son attitude étonne-t-elle Firmin?
   c. Comment Mauriel explique-t-il son geste?
   d. Qu'est-ce qui rassure finalement Firmin?

§ 41-47.
   a. Qu'est-ce que Mauriel propose à Firmin et pourquoi ce dernier se méfie-t-il?
   b. Comment Mauriel s'y prend-il pour gagner la confiance de Firmin?

§ 48-51.
   a. Comment se déroule l'assassinat?
   b. Que fait Mauriel ensuite?

§ 52-56.
   a. Que se passe-t-il après la découverte du cadavre?
   b. Comment Mauriel se conduit-il?
   c. Pourquoi va-t-il se confesser?

§ 57-63.
   Qu'est-ce que Mauriel apprend à l'abbé Brimard au cours de leur trajet?

§ 64-68.
   a. Quelle décision l'abbé Brimard prend-il et comment la justifie-t-il?
   b. Quelles suites sa dénonciation entraîne-t-elle?
   c. Pourquoi le vicaire est-il dispensé de comparaître au procès?

§ 69-77.
   a. Comment débute la conversation entre le curé Brulin et le vicaire Brimard?
   b. Qu'est-ce que ce dernier révèle au curé Brulin?
   c. Expliquez les attitudes respectives des deux interlocuteurs.

§ 78-83.
   Qu'est-il arrivé par la suite à l'abbé Brimard?

ANALYSE

1. Le préambule : comment l'auteur s'y prend-il pour créer un effet de vraisemblance et garantir l'authenticité et l'objectivité du récit ?

2. Une indication typographique divise le récit en deux parties :
   a. Précisez à quoi correspond cette division.
   b. Quelle est l'importance de chacune de ces deux parties l'une par rapport à l'autre ?

3. Quel est le sujet de ce conte ?
   a. Quelle place occupe l'anecdote par rapport aux autres éléments du récit ?
   b. Sur quoi repose l'intérêt de la dénonciation et de ce qui en résulte ?
   c. Quelle vous semble avoir été l'intention de l'auteur ? Recréer un fait divers de façon « réaliste » ? Explorer un cas de conscience ? Illustrer une leçon ? Faire revivre une époque et un milieu ?

4. Étudiez l'art du dialogue sur les plans suivants :
   a. la façon dont les divers personnages sont individualisés et caractérisés les uns par rapport aux autres ;
   b. la recréation de divers milieux sociaux ;
   c. le rôle qu'il joue dans le déroulement de l'action (comment les dialogues provoquent les événements) ;
   d. sa place et sa fonction par rapport à la narration et aux descriptions.

5. Examinez sous quels aspects se manifeste la religion et le rôle qu'elle joue dans le récit.

Photo Kéro

Les cyclopes du jardin public

MARIE JOSÉ THÉRIAULT

Née à Montréal en 1945, Marie José Thériault a été danseuse professionnelle et parolière-interprète. Elle a travaillé aux Éditions Hurtubise HMH de 1975 à 1984, où elle a été directrice littéraire, et collabore régulièrement à la revue Lettres québécoises. *Elle est l'auteure de cinq livres de poésie :* Poèmes *(1972),* Notre royaume est de promesses *(1974),* Pourtant le sud... *(1976),* Lettera amorosa *(1978) et* Invariance *(1980). Elle a également publié un recueil de contes pour jeunes,* Agnès et le singulier bestiaire *(1982), un roman intitulé* Les Demoiselles de Numidie *(1984) et le recueil de contes d'où est extrait le texte ci-dessous,* La Cérémonie, *publié en 1978 et dont la traduction anglaise a paru en 1980.*

L a journée se déroulait à reculons avec une inquiétante lenteur.   1
    D'abord, il n'avait rien remarqué. Il croyait que c'était là une   2
    nuit normale, fluide et si limpide qu'on pouvait s'y mouvoir librement
sans jamais tâtonner le long des murs pour trouver sa voie. Le ciel avait la
clarté des soirs de juillet qui mettent une éternité à s'assombrir après le
coucher du soleil ; il s'en dégageait une luminosité rassurante laissant croire
à la perpétuité du jour.

    De l'endroit où il se trouvait, il distinguait nettement la silhouette bleue   3
de la ville dont les gratte-ciel construits en bordure de la mer se reflétaient
dans une eau parfaitement étale, lourdement aplatie comme si en réalité il
se fût agi d'une vaste étendue de pétrole onctueux. Il n'y avait pas la moindre
brise qui en fît osciller la surface liquide ; rien, d'ailleurs, ne bougeait, tout
avait cette immobilité photographique des objets enfermés dans un œuf de
verre.

    Bizarrement, il ne s'étonnait pas que tout parût ainsi pétrifié. Il ne   4
remarquait pas davantage l'épaisseur du silence sur ces docks où il déam-
bulait parmi les treuils et les ballots de marchandises, longeant les rails où
parfois se dessinait le volume sombre d'un wagon-citerne ou celui, plus
léger, d'une plate-forme vidée de son fret. Son attention se portait surtout
sur la large baie qui séparait la ville du port, et il ne comprenait pas pourquoi
on avait aménagé des quais à telle distance de cette métropole vers laquelle
il se dirigeait mais qui, il le constata soudain, semblait s'éloigner quand, au
contraire, elle aurait dû se rapprocher. Au moment même où il notait cela,
il remarqua que le ciel s'était obscurci et que l'air avait acquis une densité
plus grande, comme si on eût compressé la nuit entre de solides murailles
pour l'épaissir et la rendre opaque. Il cherca un repère en se tournant de

côté et d'autre, car la noirceur profonde lui donnait un peu le vertige. Là, des cargos enfonçaient leur masse dans les ténèbres et perdaient déjà leurs contours. Aucun hublot ne laissait filtrer de lumière, pas un seul mât ne brandissait de feux. Vers les hangars, le même néant semblait s'être installé, et il eut beau souhaiter quelque chose qui ressemblât à une porte roulante pour y pénétrer et fuir l'ombre qui l'enserrait maintenant jusqu'à l'étouffer, il ne vit rien qu'une paroi lisse et sans reflet paraissant n'avoir pas de fin.

5   Il marcha quand même dans cette direction, car il espérait y trouver la sortie du port. Ses pas résonnèrent longtemps dans la nuit. Il entendit leur écho pour la première fois et s'aperçut qu'hormis le bruit de ses semelles sur le ciment, aucun son ne venait troubler le silence, et celui-ci lui parut soudain irréel et terrifiant.

6   Il heurta quelque chose. Ce contact pourtant prévisible le fit tressaillir. Il recula. Des gouttes de sueur coulaient le long de ses tempes. Il allongea les bras devant lui avec prudence, puis ses doigts touchèrent une surface dure et froide, matérielle, qui le calma un peu. Il y appuya ses paumes et se mit à longer ce qu'il croyait un entrepôt, mais comme il dut marcher ainsi très longtemps, il pensa plutôt qu'il devait s'agir d'un mur d'enceinte et que bientôt ses mains rencontreraient le fer d'une grille. À un moment, il crut tourner en rond, car il devait parfois croiser un peu les pieds et il sentait la surface où couraient ses paumes se creuser d'une manière quasi imperceptible.

7   Il respirait avec difficulté. Son cœur battait contre ses côtes avec une violence telle qu'il pensa défaillir, et il se laissa glisser le long de la paroi. Assis par terre, il tourna la tête vers l'endroit d'où il venait, et vit avec effroi que la ville qu'il cherchait toujours à atteindre s'était encore éloignée. De faibles lumières y brillaient, mais elles paraissaient maintenant si lointaines, si petites, qu'il craignit ne jamais plus pouvoir retrouver leur serein réconfort. Cette pensée lui redonna le courage de poursuivre sa quête malgré le sort qui s'acharnait sur lui.

8   Ce n'est que beaucoup plus tard que le mur s'évanouit. Il lui semblait avoir marché pendant des heures quand, subitement, ses mains ne reconnurent plus sous elles qu'un vide infini qu'elles se mirent à fouir nerveusement. Étrangement, même la surface qu'elles venaient à peine de quitter s'était volatilisée. Il ne longeait plus rien, ne touchait plus rien, se sentit tout à coup happé par un néant obscur et profond qui le glaça. Il demeura immobile pendant de longues minutes, puis se hasarda à avancer d'un pas. Le sol était toujours là. Ce fait le rassura un peu et il bougea l'autre pied. Tout allait. Il marcha alors lentement, comme un aveugle, en tendant les bras devant en guise d'antennes qui devaient l'avertir de la présence d'un obstacle, d'un objet, d'un élément tangible, en somme, qui eût humanisé ce rien effroyable où il errait.

9   À quelque temps de là, il crut discerner sur sa droite un reflet pâle. Mais cela ne dura pas et dès qu'il eut tourné la tête, la lueur avait disparu.

Il poursuivit son chemin en se disant qu'un bruit, un son, n'importe lequel, qui percerait la nuit la lui rendrait plus supportable. À plusieurs reprises, il eut envie de se laisser tomber et d'attendre là, étendu, que la mort vînt le libérer, mais en même temps il songeait qu'il était peut-être déjà mort, que la mort était peut-être justement cet itinéraire fou au sein d'un univers impalpable, éternel, ce néant noir, et cette pensée lui parut si aberrante qu'il fit un effort surhumain pour la chasser de son esprit.

Brusquement, il vit devant lui une enseigne lumineuse qui allumait et 10
éteignait tour à tour ses idéogrammes chinois. Le cœur lui bondit dans la poitrine : derrière la première enseigne, n'en apercevait-il pas une autre ? Et derrière celle-là, une autre encore ? Il ne se contint plus de joie quand il constata que des façades d'édifices semblaient vouloir percer le noir. On eût dit que le ciel s'éclaircissait aussi, mais à peine, juste assez pour qu'il discernât une rue bordée d'un côté par de petites boutiques. Cela suffit à lui redonner de l'assurance, et il enfonça les mains dans ses poches en sifflotant un air à la mode.

Peu à peu, sur sa gauche, la nuit rosissait. Lentement, un disque rouge 11
sortait du plafond obscur et descendait vers une ligne d'horizon encore invisible. Que le soleil fût sur le point de se coucher n'éveilla cependant pas en lui la moindre inquiétude. Il ne fit aucun cas[1] de ce monde à l'envers, ne réagit nullement devant l'absurde d'une nuit qui prenait fin avec le ponant. Il nageait dans le même bonheur qu'un enfant craintif redécouvre quand on allume, dans sa chambre, une veilleuse rédemptrice qui chasse les ombres, les fantômes et la peur.

Maintenant, la clarté revenait avec assez de force pour qu'il pût détailler 12
le contenu des vitrines. Il y trouva un canard caramélisé pendu par les pattes, des bouchées de viande de porc disposées avec art sur des plateaux, des sachets d'épices, un panier plein de racines de gingembre qui tordaient leurs bras marqués de nœuds, des piles d'assiettes de porcelaine où s'encastraient quelques grains de riz, une paire de pantoufles brodées, un couperet, des baguettes de bois peint, deux ou trois boîtes de thé où apparaissait le dessin d'une montagne dont la crête transperçait un nuage, des revues pornographiques thaï, des poupées japonaises qui balançaient des fléaux sur leurs épaules, quelques lamelles de ginseng étalées sur un carré de soie jaune, une pipe d'opium, un carton qui disait : *Chinese dresses imported from Taïwan — free alterations with orders $100 and over*, des lanternes de papier, une pagode en plastique frangée de noir, des contenants de paille emboîtés les uns dans les autres et des laitues de toutes sortes sous les feuilles desquelles bougeait parfois une pince de crabe ou un cafard ; il vit aussi des pots de verre pleins de champignons, de bâtons de vanille, de châtaignes d'eau ou d'herbes séchées, et un petit paquet d'encens sur un bouddha de plâtre peint en rouge.

---

1. **ne fit aucun cas de** : n'accorda aucune importance à.

13   Cette rue déserte que n'animaient que ses vitrines remplies d'objets hétéroclites lui donna un sentiment de sécurité tel qu'il en oublia presque l'aventure effroyable qu'il venait de vivre, mais pas assez grand cependant pour lui éviter un sursaut quand une voix se mit à fredonner derrière lui, un octave au-dessus, le même air qu'il sifflait depuis tout à l'heure. Il eut honte aussitôt de s'être laissé emporter par la crainte, inspira profondément et se tourna vers la personne qui le suivait.

14   Il aperçut une femme assez grande et fort belle dont les longs cheveux noirs coupés en frange droite à la hauteur des sourcils flottaient sur ses reins. Elle portait une robe moulante safran, à col Mao, dont un côté s'ouvrait jusqu'à la cuisse. Les yeux à peine bridés révélaient son sang mêlé tout comme, d'ailleurs, le teint plutôt sombre, dépourvu de cette blancheur jaunâtre typique des Asiates. Elle chantonnait en souriant de toutes ses dents égales, et quand elle arriva à sa hauteur, il décela dans l'air un parfum capiteux comme de patchouli ou de benjoin.

15   « Pardon, madame... »

16   Il lui fit part de son désarroi devant ce quartier dont il avait, à ce jour, ignoré jusqu'à l'existence et lui demanda quel chemin le mènerait vers le centre-ville. Elle l'examina un moment en penchant un peu la tête de côté, sourit de plus belle [2] et lui fit signe de la suivre.

17   Le ciel était d'un bleu électrique, limpide, sans nuage, et dans la lumière méridienne qu'aucun soleil pourtant ne dispensait, les cheveux de la femme luisaient comme des rivières de lignite. Elle le précéda au long de rues en tous points [3] semblables à la première, toutes encombrées d'enseignes colorées et de boutiques. On se serait cru à Hong-Kong, la foule en moins. Chacune de ces rues lui paraissait plus élevée que la précédente comme si elles eussent été construites en terrasses, mais il ne remarquait aucune pente ascendante, toujours il avait l'impression de marcher sur du plane, sans effort, sans tiraillements aux mollets. Ils débouchèrent enfin sur une sorte de plateau ouvert au fond duquel apparaissait la tache sombre d'un bois. Il se retourna une dernière fois pour jauger le chemin parcouru et vit, non sans un certain agacement, que la ville était presque mangée par l'horizon, qu'elle était devenue encore plus lointaine, minuscule, fuyante.

18   « Vous êtes certaine que c'est par là ? » demanda-t-il.

19   La femme fit oui plusieurs fois de la tête, avec impatience, et lui signifia de se dépêcher.

20   Bien qu'il fût convaincu d'être victime d'un leurre, il la suivit car elle l'intriguait. Il lorgnait le taillis d'un œil presque lubrique, s'inquiétant de savoir si l'Eurasienne n'était pas une jeune femme aux mœurs légères et s'il n'allait pas se passer là des choses que la morale condamne. Il fut vite

---

2. **de plus belle** : de nouveau et encore davantage.
3. **en tous points** : absolument.

déçu. Dans le petit bois, le terrain devint rapidement très accidenté, nullement propice aux ébats, et il se dit qu'elle le conduisait sans doute vers un abri confortable au-delà du boqueteau. Au bout de quelque temps, il s'étonna du fait qu'elle suivait toujours un sentier sûr, plus aisé que celui où il se trouvait et plus bas. Lui-même affrontait constamment de fortes déclivités, des obstacles complexes formés de troncs d'arbres et de broussailles touffues et épineuses, des sols trop meubles, presque des marécages où il s'enfonçait. De temps à autre, il essayait de la rejoindre, mais une pierre, un rets inextricable de branches le forçaient à regagner sa propre sente.

« Vous semblez bien connaître le chemin », réussit-il à dire entre deux 21 trébuchements.

« Naturellement, fit-elle. J'ai dessiné moi-même ce parcours. »

L'absurdité de cette réponse le frappa, mais il était trop occupé à éviter 22 de se crever les yeux sur les branches pointues groupées devant lui pour la relever.

Il continuèrent ainsi pendant une bonne demi-heure. Puis, les arbres se 23 dispersèrent et bientôt il n'y en eut plus un seul. Devant le couple s'étalait une vaste étendue gazonnée, soignée comme un jardin à l'anglaise. Sur ce grand espace vert, la lumière drue de l'après-midi formait de larges plaques brillantes où l'herbe rase chatoyait telle une étoffe de prix. Ils s'y engagèrent, l'un suivant l'autre qui avançait à petits pas rapides en faisant parfois un signe de la main comme pour dire : « Allons, allons, il n'y a pas de temps à perdre. » Lui ne s'inquiétait plus de savoir où cette femme le menait : il se contentait de lui obéir, en proie à une étrange fascination.

Le parc était parsemé de petits kiosques en forme de temples doriques 24 d'une éclatante blancheur, abritant chacun une demi-douzaine de femmes en robes cintrées couleur safran. De l'un d'eux, qu'ils contournèrent, sortirent soudain deux oiseaux fabuleux, des échassiers aux pattes noires et grêles, au corps jaune, dont la tête huppée était pourvue d'un long bec effilé et recourbé comme un sabre. Ils se dirigèrent immédiatement vers lui et le plus grand des deux, sautant sur le bras de l'homme, agrippa son poignet, y arrondit les serres et, tête renversée, se balança dans le vide. Puis, d'un mouvement rapide, il se remit à la verticale et picora le biceps de sa proie. Comme l'homme tentait de se libérer en introduisant ses doigts entre les griffes de l'animal, il fut saisi d'un haut-le-cœur : l'oiseau ne possédait qu'un œil, immense et rouge, en plein centre du front, et cet œil le regardait fixement.

À ce moment, l'Eurasienne dit quelque chose dans une langue qu'il ne 25 comprit pas, l'échassier lâcha prise et les deux oiseaux s'éloignèrent, ou mieux, les précédèrent jusqu'à une longue table nappée de blanc derrière laquelle s'affairait une autre femme, jumelle de la première.

La table croulait presque sous le poids de nombreux plateaux d'argent 26 poli pleins de canapés que la seconde Eurasienne préparait en disposant, sur des craquelins de formes variées, des mets appétissants taillés en cubes, qu'elle choisissait dans un panier.

27 Comme la faim le tenaillait, il voulut s'approcher de la table, dressée, de toute évidence, pour une fête, mais son guide le saisit par la manche et lui fit faire un long détour, toujours à la suite des échassiers qui disparaissaient maintenant derrière un haut paravent de laque rouge ouvert sur la pelouse.

28 Là, il vit des contenants empilés les uns sur les autres, d'étranges ustensiles qui l'intriguèrent et, chose bizarre, un petit poteau auquel pendaient de lourdes chaînes munies de solides anneaux. Il se demanda, non sans une certaine crainte, à quoi tout cela pouvait bien servir, mais avant même qu'il prît conscience de ce qui lui arrivait, on le poussait à genoux, on l'attachait au poteau par les chevilles et les poignets, et les échassiers perçaient de leur long bec ses carotides. Il cria, mais personne ne lui porta secours. Les oiseaux enfoncèrent de nouveau leur bec dans son cou, le fouillèrent, puis burent tout le sang de son corps et s'en furent par où ils étaient venus.

29 L'Eurasienne détacha le cadavre, l'étendit par terre avec soin, le déshabilla, et s'employa à le dépecer minutieusement. Chaque cube de chair allait remplir un panier qui, une fois plein, était ensuite déposé près de la grande table, à portée de main de la cuisinière.

30 Autour, s'attroupaient déjà des douzaines de femmes, toutes identiques aux deux premières. Comme elles se ruaient sur les canapés avec des ronrons de plaisir, le soleil se leva en vernissant l'horizon pâle de grandes taches orange qui passèrent lentement au grenat, puis au pourpre, puis au noir.

COMPRÉHENSION

§ 1-3.

  a. Quel est le sens du début de phrase : « La journée se déroulait à reculons... » ?

  b. Quels indices donnent au personnage l'impression qu'il fait nuit ?

  c. Comment est la mer ?

§ 4.

  a. De quoi le personnage n'a-t-il pas conscience ? Qu'est-ce qui accapare son attention ?

  b. Où se trouve-t-il et dans quelle direction va-t-il ?

  c. De quel phénomène singulier prend-il soudain conscience et que remarque-t-il d'autre au même moment ?

  d. Comment le texte met-il en relief le caractère oppressant de l'obscurité ?

  e. Comment le personnage réagit-il ?

§ 5-6.
 a. Vers quoi se dirige-t-il et pourquoi?
 b. Comment s'aperçoit-il du silence qui l'entoure et quel effet cela a-t-il sur lui?
 c. Qu'est-ce qu'il atteint et de quoi pense-t-il qu'il s'agit?
 d. Qu'est-ce qui lui donne l'impression de tourner en rond?

§ 7-9.
 a. Pourquoi s'assied-il par terre? De quoi s'aperçoit-il alors et comment réagit-il?
 b. Quelle impression ressent-il au moment où le mur disparaît?
 c. Qu'est-ce qui le rassure et que fait-il alors?
 d. Que provoque en lui l'absence de tout stimulus sensoriel?

§ 10-11.
 a. Qu'est-ce qui se découvre graduellement à lui après sa découverte de la première enseigne? À quel moment cela semble-t-il correspondre dans le déroulement normal du temps?
 b. En quoi s'agit-il d'un « monde à l'envers »?
 c. Comment s'explique l'absence d'inquiétude chez le personnage?

§ 12.
Caractérisez l'énumération qui occupe l'ensemble de ce paragraphe. Quelle en est la fonction à ce moment du récit?

§ 13-16.
 a. Quel sentiment domine le personnage? Comment s'explique-t-il et comment se manifeste-t-il?
 b. Examinez les détails de la description qui est donnée de la femme en fonction de la réaction qu'elle est censée provoquer chez le protagoniste. En quoi son exotisme est-il conventionnel? Qu'apporte la précision qu'il s'agit d'une Eurasienne?

§ 17-19.
Qu'est-ce que le protagoniste remarque d'anormal au cours de leur trajet?

§ 20-22.
 a. Pourquoi le protagoniste continue-t-il à suivre la jeune femme s'il croit qu'elle le leurre?
 b. Quelle différence y a-t-il entre sa progression dans le bois et celle de la femme? Qu'est-ce qui l'empêche de la rejoindre?
 c. En quoi la réponse de la jeune femme est-elle absurde du point de vue du protagoniste? Pourquoi ne la relève-t-il pas?

§ 23-24.
 a. En quel endroit arrivent-ils? Quelle impression produisent les détails descriptifs (jardins à l'anglaise, gazon, temples doriques, oiseaux) et à quelles cultures différentes sont-ils empruntés?

b. Quel effet produit la précision avec laquelle sont décrits les gestes du plus grand des oiseaux?

c. Qu'est-ce qui provoque le haut-le-cœur du protagoniste? Qu'évoque cet œil unique dans la tradition mythologique, littéraire et artistique?

§ 25-26.

a. Qu'est-ce que le détail de la femme parlant aux oiseaux apporte à la scène?

b. Que présente de particulier l'autre femme derrière la table? À quoi s'occupe-t-elle?

§ 27-28.

a. Caractérisez les réactions et le comportement du protagoniste.

b. Comment se déroule la mort de ce dernier? Analysez le style de ce passage et précisez l'effet que produit la concision de cet épisode.

§ 29-30.

a. Qu'est-ce qui est fait du cadavre?

b. Comment sont les autres femmes et comment se comportent-elles?

c. Expliquez les particularités de la description du lever du soleil.

ANALYSE

1. Le monde à l'envers.

a. Quelle est la nature du phénomène central qui fait de l'univers du texte un « monde à l'envers »?

b. Pourquoi le protagoniste ne remarque-t-il pas ce paradoxe au début du récit ni par la suite?

c. Quelles sont les autres anomalies mentionnées au fil du texte? Quelles sont celles dont le protagoniste est conscient?

d. Qu'est-ce que ce mélange de conscience et d'inconscience contribue au comportement du protagoniste?

2. Le protagoniste.

a. Quel effet produit l'absence d'information au sujet du protagoniste?

b. Caractérisez son comportement au long du récit et dites s'il provoque ou s'il subit les événements.

c. En quoi la situation et le comportement du protagoniste évoquent-ils le rêve (ou le cauchemar)?

3. L'itinéraire.

a. Résumez ce qui se passe au cours du trajet que le protagoniste effectue seul. Que ressent-il au cours de ce trajet? Qu'est-ce qui évoque l'image d'un labyrinthe? Où aboutit le protagoniste et quelle est la nature du contraste entre ce qu'il découvre là et l'expérience qu'il vient de vivre?

    b. Pourquoi suit-il la jeune femme ? Quelle est son attitude envers elle ? Qu'est-ce que le parcours où elle le guide a de particulier ?

    c. Quels contrastes et quels rapports y a-t-il entre les diverses étapes de l'itinéraire suivi par le protagoniste ? Peut-on en dégager une signification d'ensemble ?

4. Le piège.

    a. Que suggère l'apparence de la jeune femme ?

    b. En quoi est-elle un leurre ou un appât ?

    c. Comment interprétez-vous le fait que toutes les autres femmes soient identiques à la première ?

    d. Quel sens attribuez-vous au cannibalisme ? Peut-on y voir un rapport avec les expressions « mangeuse d'homme » et « femme fatale » ?

    e. Quels éléments suggèrent un rite sacrificiel ?

    f. Qu'apporte la présence des oiseaux-cyclopes ?

5. Quelle fonction remplissent les descriptions détaillées et minutieuses dans le contexte fantastique du récit ?

6. Quel effet produit l'emploi d'un style très surveillé par rapport au contenu « horrifique » de la narration ?

7. Connaissez-vous des œuvres littéraires ou picturales (fantastiques, surréalistes) auxquelles pourraient s'apparenter certains des éléments de la nouvelle ?

Vocabulaire

This list includes the vocabulary used in the short stories with the exception of cognates and most words belonging to Le français fondamental. *All translations are contextual.*
The following abbreviations appear in the vocabulary list :

*	mot ou expression en usage au Canada	*m.*	masculin
f.	féminin	*néol.*	néologisme
fam.	familier	*plur.*	pluriel
fig.	figuré	*qqch.*	quelque chose
inf.	infinitif	*qqn*	quelqu'un

abasourdir to bewilder, stun, dumbfound
abat-jour *m.* lampshade
abattoir *m.* slaughter house
abattre to get through a lot of work ; to kill, destroy
aberrant absurd ; insane
abord *m.* approach ; surrounding area
aborder to reach ; to broach ; to tackle, attack
aboutir *à* to reach, stop at ; to come to an end
aboutissement *m.* result ; culmination
abréger to shorten
abri *m.* shelter
*à l'***abri** *de* secure from, hidden from
abriter to shelter, protect ; to shade
abstinence *f.* abstention
accablement *m.* despondency
accaparer to seize, take hold of ; to hoard
accéder *à* to have access to ; to obtain
accidenté rugged, uneven
accommodement *m.* compromise ; coming to terms with
accorder *un instrument* to tune a musical instrument
* *être* **accotés** *fam.* to live together
accouchement *m.* childbirth, delivery
*à l'***accoutumée** as per usual, as is customary
accroître to increase, enhance
*s'***accroupir** to crouch

*s'***acharner** *sur* to pursue ; to dog
par **acquit** *de conscience* for form's sake
âcre pungent, acrid
activer *le feu* to stir up the fire
*s'***activer** to be busy
adjoint *m.* assistant, cohort
*s'***adosser** *à* to lean one's back against
*à l'***adresse** *de* aimed at
*s'***adresser** *à* to come to
adversaire *m.* opponent
adverse hostile
affable kindly, gracious
affabulation *f.* fabrication, confabulation ; moralizing
*s'***affairer** to bustle about
affaires *f. plur.* business
*s'***affaisser** to collapse, give way
affamé starving, hungry
affecter to allocate, assign
affectif emotional
afficher to display, show, show off
*d'***affilée** at a stretch
affiner to improve, refine
affliger to afflict, distress
*s'***affoler** to go into a panic, be distracted
affriolant enticing, sexy
affront *m.* insult
affrontement *m.* opposition, defiance
affronter to face, confront ; to encounter, meet

189

agacement *m.* irritation, annoyance
*être à bout d'*â**ge** to be getting on in years
*s'***agiter** to be agitated
(s') **agripper** to clutch (to), cling to ; to snatch up
ahuri bewildered, dazed
aigrette *f.* tuft, spray
aigu, -uë sharp
*d'***ailleurs** moreover, besides
*à l'***air** *libre* open air, outdoors
*à l'***aise** well-off, comfortable
bien **aise** very glad
ajourer to perforate, to pierce
alcool *à friction m.* rubbing alcohol
alentours *m. plur.* surroundings, neighbourhood
aliéné, -e *m./f.* crazy person
aligner to line up, align
allée *f.* lane, path
allée *de gravier f.* gravel drive
*s'***allonger** to lie down
à vive **allure** at a quick pace
alto *m.* viola, tenor violin
amadouer to coax, soften up
amas *m.* pile, heap
aménager to plan, build
amène agreeable
*s'***amener** *fam.* to come by, arrive
*s'***amonceler** to pile up
amorcer to begin
amortir to deaden, muffle
anéantir to overwhelm
angoisse *f.* worry, distress, anxiety
animer to bring to life, enliven
anneau *m.* ring
annonce *f.* classified ad
ânonner to stumble through (speech), blunder
antan yesteryear, past
antre *m.* den, lair
apaiser to pacify, appease, calm, soothe
apanage *m.* attribute
apeurer to scare, frighten
*s'***apitoyer** to feel sorry for s.o.
aplati flattened
*remettre d'***aplomb** to revive
apôtre *m.* apostle
faire **appel** *à* to call upon
appeler *l'ascenseur* to ring for the elevator
applaudissement *m.* applause
appréhender to dread
apprendre *par cœur* to learn by heart, memorize
*s'***apprêter** *à* to prepare oneself, get ready for
âpre *au gain* bent on gain, greedy
arbitraire *m.* arbitrariness ; high-handedness

arborer to hoist (flags, banners)
arbuste *m.* bush, shrub
archet *m.* bow of a musical instrument
archevêque *m.* archbishop
ardu abrupt
*s'***armer** *contre* to brace oneself
arpenter to pace up and down
arrêté decided, fixed
arrêter *son choix* to make one's choice
*s'***arrêter** *net* to stop dead
arrière-plan *m.* background
arriver to make it, succeed ; to occur
arrondi rounded
artichaut *m.* artichoke
article *m.* item
ascenseur *m.* elevator
asile *m.* insane asylum
*à l'***aspect** *de* at the sight of
aspirant, -e *m./f.* candidate
aspirateur *m.* vacuum-cleaner
aspirer to suck in, inhale
assaisonner *l'addition* to add to the bill
*monter à l'***assaut** *de* to storm
assécher to dry
assemblage *m.* collection ; combination
assimiler to assimilate, absorb into
assise *f.* foundation ; bed
assistance *f.* those present, audience
*s'***associer** *qqn* to take s.o. into partnership
assoiffé thirsty ; eager
*s'***assombrir** to darken, become gloomy
assommer to knock out
assoupissement *m.* drowsiness, dozing off
assourdir to deafen, muffle
assujettir to subject
attabler to seat at a table
attachant engaging, fascinating
*d'***attaque** vigorous
*s'***attarder** to linger, stay late
atteint *par* affected by
atteler to harness
attenant adjoining
*s'***attendre** *à* to expect
attendri fond
*s'***attendrir** *à* to be moved by
attentat *m.* attempt
attente *f.* waiting period
atténuer to diminish, lessen
attifer to dress up
* **attisée** *f.* good fire
attiser to stir up, fan
attitré ordinary, regular
attraits *m. plur.* charms
attrape-nigaud *m.* hoax, ruse
attrayant attractive, alluring
attroupement *m.* mob ; assembly
*s'***attrouper** to form a mob, crowd together

aube *f.* dawn
*d'*aucuns some (people)
auditoire *m.* audience
*d'*autant *plus* all the more
* *en* autant *que* as long as, provided that;
  inasmuch as, as far as
pour autant for all that
auto-stoppeur, -se *m./f.* hitchhiker
autrefois formerly, in the past
auvent *m.* canopy
avachi flabby, stretched out of shape
avaler *d'un trait* to swallow in a single
  gulp
avare *m.* miser
averse *f.* downpour
aveu *m.* admission, confession
aveugler to blind
*à l'*aveuglette blindly
avide eager
avisé prudent, circumspect, shrewd
avoine *f.* oat(s)

* **babiche** *f.* strip of leather or eel skin
badaud *m.* a person who stands and
  stares, idler
bafouer to ridicule; to reject
bafouiller to stammer
plier bagage to pack up
bagne *m.* prison; penal servitude
bagnole *f./fam.* jalopy, car
baguette *f.* chopstick
baigner to steep in
bâiller to yawn
baiser to kiss
balancer to sway, swing; to dangle
s'en balancer *fam.* not to give a damn
balayer to get rid of
balle *f.* bullet
ballot *m.* bundle; bale
ballotter to toss about, shake, wobble
baluchon *m.* bundle
bande dessinée *f.* comic strip; comic
  book
bander *fam.* to have an erection
banderole *f.* streamer
banquette *f.* restaurant bench
barbouiller to smear, besmirch
bardeau *m.* shingle
baril *m.* cask, keg, barrel
à la barre before the court
* **barre** *du jour f.* dawn
barreau *m.* small bar, rod; rail
basculer to swing; to topple over
bassin *m.* tank; dish
bataillon *m.* batallion
battoirs *m. plur./fam./fig.* large, strong
  hands
bavarder to chat, chatter
béatitude *f.* bliss; beatitude

avoir **beau** *faire qqch.* to do sthg in vain
mourir en **beauté** to go out in a blaze of
  glory
bégayer to stammer, stutter
avoir le **béguin** *pour qqn* to be infatuated
  or in love with s.o.
bel *et bien* truly, indeed
belvédère *m.* vista, place of beauty
benjoin *m.* benzoin
bercer to soothe, lull, soften
berceuse *f.* rocking chair
besogner *comme un nègre fam.* to work
  like a slave
besogneux necessitous, needy
bestiaux *m. plur.* cattle, livestock
bestiole *f.* insect
bêtise *f.* folly, stupidity
béton *m.* concrete
beurre *d'arachides m.* peanut butter
se **beurrer** to cover over, cloud over
bibelot *m.* knick-knack
bidon *fam.* fake, set up, rigged
bien *m.* goods, property
bien-fondé *m./sans plur.* merits;
  reasonableness
bienveillant benevolent
bilieux morose, bilious
billet *m.* bank note; ticket
* **blonde** *f.* girlfriend
blotti huddled, curled up
blouse *blanche f.* whitecoat (a metaphor
  denoting medical personnel)
bocal *m.* bottle; jar
bohème free and easy, unconventional
bombé convex
se lever d'un **bond** to spring to one's feet
bondé crammed, packed
bondir to spring up, bounce, leap, jump
boqueteau *m.* small wood
à **bord** on board
au **bord** *des larmes* on the verge of tears
bordé *de* edged with; fringed with; lined
  with
en **bordure** *de* bordering on
n'avoir pas de **bornes** to know no bounds
bosquet *m.* grove, thicket, clump of trees
bosseler to bruise, batter, dent
bottine *f.* ankle boot
bouche *f.* entrance (subway)
bouche *de chaleur f.* heat vent
bouchée *f* mouthful; bite (a morsel of
  prepared meat)
se **boucher** to be blocked
boucle *f.* buckle; *bow tie
boudeur sulky
bouffi puffy, bloated
bougonner to grumble
bouillie *f.* pulp
bouleverser to upset

bourrer to cram, pack tight
boursoufler to puff up, swell
(se) **bousculer** to jostle; to bump into
boute-en-train *m.* the life of the party
bouton *m.* bud
braise *f.* embers
bramement *m.* troating (of stag)
bran *de scie m.* sawdust
(se) **brancher** to connect up with; to plug
   in
brandir to brandish, hold up, display
branlant rickety, tottery
branle-bas *m.* commotion, bustle
braque daft, harebrained
braquer to point
à bout de **bras** with the strength of one's
   arms
bras *dessus* **bras** *dessous* arm in arm
brasserie *f.* tavern
bribes *f. plur.* scraps, fragments, odds
   and ends
yeux **bridés** *m. plur.* slit eyes
brin *de m.* little
brindille *f.* sprig, twig
brisé tired out, aching
brise *f.* breeze
brise-glace *m.* icebreaker
broder to embroider
bronzer to suntan
brouiller to throw into confusion, jumble
broussaille *f.* brushwood, scrub
cheveux en **broussaille** thick and tousled
   hair
bruire to sound, murmur
bruit *mat m.* thud
bruit *sec m.* sharp sound
à la **brunante** at dusk
brunâtre brownish
bruni tanned
bruyamment noisily
bûche *f.* log
buée *f.* steam, mist
faire l'école **buissonnière** to play hooky
bulle *f.* bubble
buter to knock, strike; to stumble

cabane *f.* shanty
cache-cache *m.* hide-and-seek
cachette *f.* hiding place
en **cachette** secretly, on the sly
cadet younger
cadran *m.* face or dial of a clock
cadre *m.* background
cafard *m.* cockroach
cafetière *f.* coffee machine; coffee pot
cage *f.* chamber or cage (of an elevator)
cageot *m.* crate; hamper
caissière *f.* cashier
calcaire chalky

calculer to estimate
caler *fam.* to swallow, gulp down
camisole *de force f.* strait-jacket
camoufler to hide, camouflage
camouflet *m.* snub, slap in the face
campagne *f.* campaign
campement *m.* camp, encampment
canapé *m.* appetizer
canif *m.* penknife
canné cane-seated (chair)
cañon *m.* canyon
canton *m.* township
capital of paramount importance
capiteux heady, strong, sensuous
capoter to capsize, overturn
caraméliser to brown; to caramelize
carcasse *f.* body; carcass
carnet *de tickets m.* book of tickets
carotide *f.* carotid artery
carré *m.* square piece
carrefour *m.* intersection
casanier, -ière *m./f.* stay at home,
   homebody
caser to put, stow away; to find a place
   for
casier *m.* police record
casque *m.* helmet
cataclysme *m.* disaster
cataracte *f.* falls, cataract
cauchemar *m.* nightmare
causant talkative
causeuse *f.* love seat
cautionner to guarantee, ensure
caverneux hollow
célibat *m.* celibacy; single life
cellule *f.* cell
* **cenne** *f.* cent
cependant in the meantime
cercueil *m.* coffin
cérémonieux formal
cerner to encircle, girdle, surround
chahut *m.* uproar, fuss; chaos
chair *f.* flesh
* **chaise roulante** *f.* wheel chair
chalet *m.* cottage
se **chamailler** to squabble
chambouler *fam.* to turn upside down,
   shake up
chambre *à air f.* inner tube (of tire)
* **chambrette** *f.* sleeper compartment (of
   train)
champ *de bataille m.* battlefield
championnat *m.* championship
chantage *m.* blackmail
chantonner to hum, sing softly
chapelet *m.* rosary
* **char** *m.* car
chargé loaded (gun)
chargement *m.* cargo, load

charivari *m.* din, racket
charpente *f.* base structure, framework
charrier to cart, carry along
châsse *f.* shrine-like cupboard or cabinet
prendre en **chasse** to chase after, pursue
chasse-neige *(rotatif) m.* (rotary)
   snowplough
chasser to drive away
chasseresse *f.* huntress
châtaigne *d'eau f.* water chestnut
chatouiller to tickle; to bother
chatoyer to shimmer; to change colour
chaudron *m.* cauldron; pot; *fam.* head
chavirer to spin
chef *branlant m.* doddering head
cheminement *m.* progress
donner **cher** to give anything for
avoir **cherché** to have been asking for it
chétif sickly, poor
chevelu long-haired
chevet *m.* bedside; the head of a bed
chez-soi *m.* one's home
avoir l'air d'un **chien** *battu* to look cowed
chiffonné rumpled, irregular
chimérique illusory, fanciful
chiquenaude *f.* gentle push, flick of finger
chiquer to chew (tobacco)
chirurgien *m.* surgeon
chœur *m.* choir, chancel
chuchoter to whisper
chute *f.* fall
chuter *fam.* to fall
Ciel *m.* Heaven
cinglé *m./fam.* lunatic, bozo, cuckoo
cintré tightly fitting
circonstance *f.* occasion
citadin, -e *m./f.* city-dweller
clairon *m.* bugle
clamer to voice loudly, protest
claquer to slam; to clap; to chatter
   (teeth)
classer to file, classify
claudiquer to limp
claustrophobie *f.* claustrophobia
clavier *m.* keyboard
clocher *fam.* to go wrong
clochette *f.* bellflower
clôture *f.* fence
* coffre *à gants m.* glove compartment
coffret *m.* small box, chest, case
cognée *f.* hatchet, axe
cogner to hit, thump
coiffé wearing (a hat)
coincer to jam, wedge
coït *m.* coitus, copulation
relever le **col** to turn up one's collar
colimaçon *m.* snail; snail shape
collation *des grades f.* conferring of
   degrees or diplomas

colle *f.* glue
se **coller** to cling to
collier *m.* collar
colloque *m.* conference, colloquium
combinaison *f.* coveralls
combine *f.* scheme; arrangement
combiné *m.* telephone receiver
comble *m.* utmost
au **comble** *de* at the height of
commander to give orders
commander *à* to be in command of, rule
comme *pas un* like no one else
commérage *m.* piece of gossip
comparaître to appear before a judge or
   court of law
compatir to sympathize with
complet *m.* suit
complot *m.* scheme, conspiracy
composition *f.* typesetting
compréhensif intelligent, understanding
au bout du **compte** when all is said and
   done, after all
en fin de **compte** eventually, after all
pour le **compte** *de* on behalf of s.o., for s.o.
sans **compter** not to mention
compteur *de vitesse m.* speedometer
con *m./fam.* vagina; idiot
de **concert** in unison, in conjunction
concierge *m.* janitor
conciliabule *m.* confabulation
concurrent *m.* competitor
condisciple *m./f.* fellow student
conduite *f.* behaviour
confection *f.* fabrication, making of
conférencier, -ière *m./f.* speaker
conférer to bestow, grant, give
confier *à qqn le soin de* + *inf.* to entrust
   s.o. with the task of
configuration *m.* shape
confiner to shut up, confine, restrain
confrère *m.* colleague
prendre **congé** to take one's leave
congénère *m.* one of the same species;
   like person
conjuguer to combine
faire plus ample **connaissance** to get
   better acquainted
perdre **connaissance** to faint
consacrer *les hosties* to consecrate the
   host
prendre **conscience** to become aware,
   realize
consigne *f.* order
consigne *de bagages f.* baggage-check
consommation *f.* consumption (goods)
consommé true and real, consummate
constat *d'échec m.* admission of guilt
constatation *f.* acknowledgement or
   observation of a fact

consternation *f.* dismay
consterner to dismay; to appal
conte *de fées m.* fairytale
perdre **contenance** to lose face
contenant *m.* container
contenir to repress
ne plus se **contenir** *de joie* to be beside
   oneself with joy
conteur *m.* storyteller
contour *m.* outline, shape
contourner to circle round, circumvent
contraindre to force
contrarié vexed, annoyed
convenablement well; suitably
convenir to be fitting
convoi *de marchandises m.* freight train
copeau *m.* shaving (of wood)
coqueluche *f.* whooping cough
cordon *m.* string, tie
cordons *de la bourse* purse strings
cormier *m.* sorb, service tree
corps *à corps m.* tussle, wrestle
corsage *m.* bodice; blouse
costaud, -e *m./f.* a strapping or solid
   individual
côte *f.* coast; slope
côte *f.* rib
cotonnade *f.* cotton fabric
couche *f.* bed, couch; layer; class of
   society
coucher *avec fam.* to have sex with
jouer des **coudes** to elbow one's way
couler to melt; to cast; to pour
couler *un navire* to sink a ship
coulisses *f. plur.* wings, backstage
coup *de fil m.* telephone call
coup *de foudre m.* love at first sight
coup *d'œil m.* glance
donner un **coup** *de main* to lend a hand
coupable *m./f.* guilty person
coupe *f.* cutting
couper to intersect
couper *le courant* to turn off (electricity)
couperet *m.* cleaver, meat chopper
coupure *f.* small bank note
coupure *de journal f.* newspaper clipping
cour *f.* backyard
courant *m.* current
être au **courant** *de* to be aware of, know
   all about
courbature *f.* stiffness
courbe *f.* curve
courir to pass over the surface of
courroucé angry, incensed
au **cours** *de* during
course *attelée f.* trotting race, harness
   race
à **court** *de* having run out of, at a loss for
plus que de **coutume** more than usual

couvert *m.* a place setting
mettre le **couvert** *de qqn* to set a place at
   the table
couvre-lit *m.* bedspread
se **couvrir** to put on one's (outdoor)
   clothes
crachat *m.* spittle, spit
***crachat** *de chiqueux m.* spittle of
   chewing tobacco
crache! *fam.* cough up!
craintif fearful
cran *m.* opening; notch
crâneur, -euse *m./f.* braggart
craquelin *m.* cracker, cracknel biscuit
craquement *m.* crackling sound
crasseux filthy
créancier, -ière *m./f.* creditor
crépitement *m.* crackling, sputtering
crépu frizzy, woolly
crête *f.* crest, peak
se **creuser** to fall in, grow hollow
creuset *m.* crucible, melting pot
période de **creux** *f.* slack time
crevasser to crack
être **crevé** *fam.* to be exhausted
se **crever** *les yeux* to gouge out one's eyes
faire une **crise** to throw a fit
crispé on edge
croc *m.* canine tooth
croc-en-jambe *m.* leg trip
croisée *des chemins f.* crossroads
croiser to cross one's path; to pass
croisière *f.* cruise
croissant growing
croquer to bite into
***crotte** *f.* small piece of cheese
crouler to give way, collapse
cru(e) *(lumière)* garish, too bright (glare)
cruauté *f.* cruelty
cuir *chevelu m.* scalp
culbute *f.* fall
culbuter to throw down
curé *m.* priest

déambulation *f.* strolling about, stroll
déambuler to stroll about
débarquer to disembark
débarrasser *qqn de qqch.* to relieve s.o.
   of sthg
se **débarrasser** *de* to rid oneself of
se **débattre** to struggle
débile weakly
débiteur *m.* debtor
déblayer to clear
débordement *m.* overflowing
déborder to stick out, protrude; to
   overflow
déboucher to come out to, emerge; to
   uncork

débouler *l'escalier* to roll down stairs
débraillé unbuttoned
débrouillez-vous ! That's your business !
décacheter to unseal, open
déceler to detect
décennie *f.* decade
décès *m.* death
décevoir to disappoint
déchéance *f.* downfall, decay, decline
déchiffrer to decipher, make out, interpret
déclamer to recite
déclencher to trigger, set in motion, unleash
déclic *m.* a clicking sound
décliner to sink (the sun); to refuse
déclivité *f.* slope, incline
décomposé distorted
découverte *f.* discovery; invention
décrocher to unhook; to take down
dédaigner to scorn, disdain
dédoubler to divide, split in two
défaillir to lose strength
à **défaut** *de* for lack of
faire **défaut** to be lacking; to give out, fail
déferler to unfurl; to break out; to swarm
se **défier** *de* to mistrust
défilé *m.* parade, march
défiler to pass by, go by, roll by, file off
dégagé free, unobstructed, clear
se **dégager** to emanate from; to arise; to emerge
dégarni bald
dégonfler to deflate
déjouer to thwart, foil
délectation *f.* delight, enjoyment
se **délecter** *de qqch.* to take great pleasure in
délirer to rave
délivrer to free
démailloter to unswaddle, unwrap
* *en* **démanche** upset
démarche *f.* steps; proceedings
démarrer to start to move
se **démener** to fling oneself about, bestir oneself
dément *m.* demented person
démesurément excessively, inordinately
faire **demi-tour** to turn back, turn about
déneiger to clear away the snow
dénivellation *f.* difference in levels
dénoncer to expose
dénouement *m.* ending, conclusion
denrée *f.* foodstuff, produce
dentelé jagged
dentelle *f.* lace
dénué *de sens* devoid of meaning
***dépanneur** *m.* corner grocery, convenience store

dépasser to exceed, go beyond; to transcend
dépecer to cut up; to dismember
dépenaillé in rags; unkempt
aux **dépens** *de* at the cost or expense of
dépensier extravagant
dépit *m.* vexation
déployer to spread, open up
se **dépolir** to lose polish, become dull
déposer to give evidence; to let s.o. off
déposer *une plainte* to lodge a complaint
déposséder to strip, dispossess
(se) **dépouiller** *(de)* to strip, cast off, shed
dépourvu devoid of, wanting in, lacking in
dépoussiérer to remove dust
dérailler to derail
dérangement *m.* trouble
dérisoire ridiculous, laughable
aller à la **dérive** to go adrift
déroger *à* to waive, to depart from
se **dérouler** to unfold, unroll; to roll by
déroute *f.* rout, disarray
derrière *m.* behind, bottom, buttocks
dès since, from
désaffecté abandoned
désapprendre to forget (what one has learned)
désarroi *m.* confusion
désemparé helpless, at a loss
en **désespoir** *de cause* in desperation, as a last resort
déshabillé *m.* negligee
tout **désigné** just the place or person; perfect
désinvolture *f.* ease, carefree attitude, casualness
désœuvré idle, unoccupied
désordonné confused, disorganized, disorderly
désormais henceforth, from now on
dessein *m.* design, scheme
ne pas **desserrer** *les dents* not to utter a word
dessiner to design, plan
*au-***dessus** *de* above; beyond
détailler to scrutinize, look up and down
détendre *les nerfs* to steady the nerves
se **détendre** to relax
détrôner to supersede
effacer une **dette** to obliterate or cancel a debt
deuil *m.* mourning
devanture *f.* shop window
déverrouiller to unlock
déverser to pour
se **dévêtir** to undress
deviner to make out, discern, guess
dévisager to stare at
deviser to chat, converse

devoir *m.* duty
* *en* **devoir** on duty
diable *m.* devil
aller au **diable** to go to hell, go to the dogs
diapré variegated, mottled, speckled
diététique dietary
diffus vague
digne *de confiance* trustworthy
être **digne** *de* to be worthy of
dilapider to squander
faire **diligence** to make haste
dîme *f.* tithe
pour tout **dire** in a word
en **direct** live ·
direction *f.* management
se **diriger vers** to head for
discourir to discourse
dispenser to dispense, give out
(se) **disperser** to become sparse, scatter
disposer to lay out (the table); to arrange
disposition *f.* layout, arrangement, disposal
dissimuler to dissemble; to conceal
dissiper to dispel, scatter
distrait absent-minded, inattentive, distracted
dit called
diversion *f.* distraction
divertir to amuse, distract
divulguer to reveal, disclose
dominical Sunday, dominical
don *m.* gift, talent
données *f. plur.* data, particulars
donner *l'eau à la bouche* to make one's mouth water
dormant still
dossier *m.* back of seat
en **douce** *fam.* discreetly
doué gifted, having talent
douillettement delicately
mettre en **doute** to question, challenge
se **douter** *de* to suspect
draguer to hustle, cruise
dramaturge *m.* dramatist, playwright
dressé erect, standing up
dresser to train (animals)
faire **dresser** *les cheveux sur la tête* to make one's hair stand on end
dresser *l'oreille* to prick up one's ears
dresser *la table* to lay the table
droiture *f.* rectitude, uprightness
dru strong; thick
dû *m.* that owing to s.o., due
dulcinée *f.* lady of one's dreams, sweetheart
ne pas être **dupe** not to be taken in
durcir to harden
durement severely; with difficulty

ébahir to astonish, amaze
ébat *m.* frolicking, revelling
ébaucher to start (without bringing to an end)
éblouissant spectacular, dazzling
ébouriffer to dishevel
ébrécher to notch, chip
*s'*ébrouer to shake oneself
*s'*écailler to flake or peel off
écarlate scarlet
écart *m.* variation; disgression
écarter to move away, push aside
ecclésiastique *m.* clergyman
laisser **échapper** *qqch.* to let sthg go
écharpe *f.* scarf
échasse *f.* stilt; *fam.* leg
échassier *m.* wader, stilt bird
échéance *f.* due date
à courte **échéance** short-range, short-term, shortly
à une haute **échelle** on a high level or scale
échine *f.* backbone, spine, chine (of animals)
échouer *fam.* to end up
*s'*échouer to run aground; to ignore, push aside
éclair *m.* flash
éclairage *m.* lighting, illumination
*s'*éclaircir to clear up
éclat *m.* shine, shimmer, glossiness
éclatant dazzling
éclatement *m.* blow-out (tire)
éclosion *f.* blossoming forth
écluse *f.* sluice gate, floodgate
écœurement *m.* nausea, disgust, loathing
économie *d'énergie f.* energy saving
écorcher to graze, nick
écoulement *m.* flow, discharge
écouteur *m.* headphone
*s'*écraser *dans* to sink into, flop down into
écrit *m.* (piece of) writing
écrouer to imprison
écueil *m.* reef
écumant foaming, frothing
éditeur *m.* publisher
effets *m. plur.* belongings, possessions
effilé slender, slim; tapering; sharp
effleurer to touch lightly
effluve *m. ou f.* emanation; fragrance
*s'*efforcer *de* to make an effort to, endeavour to
effroi *m.* fright, terror
effroyable frightful, dreadful
égaré lost
égayer to brighten up, cheer up
*s'*égrener to fall slowly away, disappear
élan *m.* dash, burst, bound
élancé slender, gracefully shaped

s'**élancer** to spring, dash, shoot forward
élémentaire rudimentary, basic
élu, -e *m./f.* (the) chosen
émailler to adorn
s'**emballer** to get worked up; to run away
embarcation *f.* small boat
faire une **embardée** to swerve off a subject
embaucher to hire
trouver à s'**embaucher** to find a job
embêter to annoy, bother
emboîter to encase, pack in boxes
embrasser *du regard* to take in
embuer to cloud, dim
émerveiller to fill with wonder, amaze
émeutier *m.* rioter
émission *f.* programme, broadcast
emmailloter to swaddle, wrap in
émousser to deaden, make dull
émoustiller to excite, arouse passion in
s'**emparer** *de* to take hold of, seize
empiler to pile up
emplacement *m.* location, spot, place
s'**employer** *à* to busy oneself
empoignade *f.* quarrel, row
empoigner to grasp, seize
emporté carried away
emportement *m.* anger
*l'*emporter *sur* to override; to get the better of
empourprer to turn crimson; to cause to flush
empreindre to stamp, imprint
être **empreint** *de* to be full of
s'**empresser** to hurry, make haste
*sous l'*emprise *de* under the influence of
s'**encastrer** to be embedded in
enceinte pregnant
enceinte *f.* surrounding wall
encens *m.* incense
enchaîné caught, chained
enchaîner to carry on, take up quickly
enchantement *m.* magic
enclin *à* inclined to, disposed to
enclume *f.* anvil
encombrer to overcrowd; to litter with
énervement *m.* nervousness, excitement
enfantement *m.* childbirth, maternity confinement
s'**enfermer** *dans* to shut oneself up, bury oneself
enfiévré feverish
enfilade *f.* series, succession
enfiler *(vêtements)* to slip on (clothing)
enfoncer to drive in; to sink into
enfourner to cram, stuff
enfreindre to infringe, transgress, break (rules)

s'**enfuir** to flee
engagement *m.* commitment
s'**engager** to plunge into; to turn into (a road, etc.)
s'**engouffrer** to disappear
s'**engourdir** to grow numb
enguirlander *fam.* to bawl out
enivrer to make s.o. drunk
enjamber to step over
s'**enlacer** to interlace
enlever to kidnap
énormité *f.* outrageousness
s'**enquérir** to make inquiries
enquête *policière sommaire* *f.* brief police investigation
enrayer to check; to control
enregistrer to record
enroué hoarse
enseigne *f.* (shop) sign
enserrer to enclose, encompass, encircle
s'**entasser** to accumulate, pile up
*à l'*entendre according to him/her
enterrement *m.* burial
en-tête *m.* heading, logo
entêtement *m.* obstinacy
entonnoir *m.* funnel
entourage *m.* circle (of friends, etc.)
entourer *de* to surround with
entrailles *f. plur.* internal organs, intestines, bowels
entraîner to drag, carry along; to involve
entrechat *m.* leap (ballet)
s'**entrechoquer** to clash, collide
entrepôt *m.* warehouse
entrepreneur *m.* contractor; businessman
entrer *en scène* to make an appearance; to come on stage
entrevoir to catch a glimpse of
entrevue *f.* interview
entrouvert half-open
envahir to overcome, invade
envie *f.* craving
envier to covet, envy, want
environ approximately
envisager to contemplate, consider
prendre son **envol** to take off, take flight
envoûtant spellbinding
épais thick-headed
épaissir to thicken
épanchement *m.* outpouring, effusion
s'**épanouir** to blossom
épargner to spare
éparpiller to disperse, scatter
épater to bowl over, impress
éperdu distracted, bewildered
éphémère passing, ephemeral, momentary, fleeting
épice *f.* spice

épier to spy on, watch
épineux thorny, prickly
épouvantable terrifying
épouvanté horrified
épreuve *f.* proof (publishing)
éprouvé stricken
épuisement *m.* exhaustion
équipage *m.* crew
érable *m.* maple tree
éreinté exhausted
ergoteur, -euse *m./f.* quibbler, caviller
faire **escale** *à* to pay a visit to; to touch
    down at
* **escalier** *mobile m.* escalator
*l'*espace *de* for the duration of
espérance *de vie f.* life expectancy
espionner to spy
esquif *m.* small boat, skiff
esquisser *un sourire* to give a ghost of a
    smile
esquiver to dodge
essence *f.* kind
essoufflement *m.* panting, puffing
esthéticienne *f.* beautician
estimer to think, surmise
estival summery
étable *f.* stable; cow shed
étale slack (sea)
*(s')*étaler to display, spread out
étanche impervious; tight
étancher *sa soif* to quench one's thirst
étant *donné que* given that
état *d'âme m.* state of mind, mood
état *religieux m.* religious status
étendue *f.* expanse, area, stretch
*s'*étirer to stretch out
étoffe *f.* material, cloth
étourdi thoughtless, absent-minded
étreinte *f.* embrace, grasp, pressure
étrenner to wear for the first time
étui *m.* case
étuver to heat; to bake; to steam
euphorisant *m.* stimulant
*s'*évanouir to faint; to vanish
*(s')*éveiller to wake up, awaken
éventail *m.* fan
de toute **évidence** clearly, obviously
mèttre en **évidence** to display, put in a
    conspicuous place
*se rendre à l'*évidence to yield to the facts
*s'*éviter to spare oneself, save
évoluer to move around
exaucer to answer s.o.'s prayers
excédé *de fatigue* worn out
exécuter to perform, play
exercer to exert, wield
exhiber to exhibit, show
exploitant *m.* farmer
exploitation *agricole f.* farm

expulser to expel, turn s.o. out
exsangue anemic, exsanguine
extirper to remove, extirpate
exutoire *m.* means of escape, outlet

fabrique *f.* fabric, church council
facultatif optional
avoir un **faible** *pour* to be partial to, have
    a weakness for
faille *f.* fault, break
faillir + *inf.* to almost do sthg, narrowly
    miss
fainéant idle, lazy
faire *front* to face up to things; to bear up
faisceau *m.* beam; bundle
faîte *m.* peak, summit
falaise *f.* cliff
ce n'est pas **fameux** it isn't great
fanfare *f.* brass band
fantaisie *f.* imagination
fantasme *m.* fantasy (sexual);
    hallucination
fantôme *m.* ghost
faraud vain, affected
faire des **farces** to play jokes or tricks
farceur *m.* practical joker
farouchement fiercely, savagely
fatras *m.* jumble; medley
se **faufiler** to slip into a place
fausset *m.* falsetto
faute *de* for lack of, being deprived of
fauve musky (smell)
fauvette *f.* warbler
faux *f.* scythe
faire un **faux** *pas* to blunder
fébrile restless, agitated; feverish; weak
féconder to impregnate; to revitalize
feindre to pretend
fêler to crack
fendiller to crack, fissure
fendre to cleave, split
fer *m.* head (axe)
fermeté *f.* firmness
fermeture *éclair f.* zipper
fermoir *m.* snap, clasp
ferraille *f.* scrap iron
ferroviaire pertaining to railways
fesse *f.* buttock
fêtard *m.* reveller
fêter *qqn* to fete s.o.; to welcome; to
    entertain
fêtes *f. plur.* holiday season
fétide rank, stinking, offensive
feuilleter to flip or leaf through (a book)
fiche *f.* chart; index card
les **fidèles** *m. plur.* the faithful
se **fier** *à* to reckon on
figer to fix, solidify, congeal
figurant *m.* extra, walk-on

au **fil** *de* with the passing of
filer to bolt for, dash for, speed away
filet *m.* filament; thin stream; streak
filiale *f.* subsidiary company, affiliate
filière *f.* channel; means
fin *f.* purpose
* **finissant** *m.* person graduating
fixer to stare at, gaze; make firm
flageoler to shake, give way, tremble
flairer to scent, smell out
* **flambant** *nu* stark naked
flanc *m.* flank; side
à **flanc** *de* on the side of (hill, mountain, etc.)
flancher to waver, give in; to flinch
flâneur, -euse *m./f.* loafer, dawdler
flanquer to throw; to hit; *fam.* to put
flaque *f.* puddle
fléau *m.* coolie's pole
flemmard *fam.* lazy, slack, idle
flétrissure *f.* withering, fading
fleurir to adorn with flowers
flou hazy, out of focus
fluet thin
fluide fluid; flowing; elusive
ma **foi**! indeed, upon my word
foin *m.* hay
foirer *fam.* to fail, fall through
foisonner to abound
* **folerie** *f./fam.* craziness, silliness
foncièrement fundamentally; thoroughly
remplir une **fonction** to hold a position
haut **fonctionnaire** *m.* higher official, higher civil servant
fonctionnarisme *m.* officialism; working as a civil servant
fond *m.* background; bottom; back
au **fond** basically
être en **fonds** to have funds, cash
fonte *f.* cast iron
à **force** *de* by means of; with constant...
forcément necessarily, perforce
forfait *m.* heinous crime
se **forger** to fabricate, make up
en bonne et due **forme** formal; regular
formule *f.* turn of phrase; formula
être **fort** *de qqch.* to get one's strength from sthg
fortuit fortuitous
fortuné well-to-do
fossé *m.* ditch
fouet *m.* whip
fouiller to rummage through; to burrow, explore
fouir to dig, burrow
foule *de f.* host of
fourchu forked, bifurcated
fourgon *cellulaire m.* police van
fourmiller to swarm, teem

fournisseur, -euse *m./f.* supplier
fourrage *m.* fodder
fourrer *fam.* to cheat, screw; to stuff, cram
* *une courte* **fourrette** *fam.* a quickie
foyer *m.* fire; grate; hearth, home
foyer *d'adoption m.* adoption home
fracasser to shatter
fraîchement recently
framboise *f.* raspberry
franchir to clear; to go through
frange *f.* fringe; bangs (hair)
frayeur *f.* fright, fear
fredaine *f.* escapade
fredonner to hum
mettre un **frein** to curb, bridle
frêle frail, weak
frémir to quiver, shudder, tremble
frénésie *f.* frenzy
fret *m.* freight, cargo
friable crumbly
* **frimasseux** cold and frothy
fringant spirited
frissonner to shiver
froncer *les sourcils* to knit one's brows
frontière *f.* border, limit
frusques *f. plur.* old clothes
fugace fleeting
faire une **fugue** to break away; to run away
fugueur, -euse *m./f.* runaway
service **funèbre** *m.* funeral service
funiculaire *m.* funicular, cable car
furtivement slyly, stealthily
fuser to break out (applause)
fusionner to merge, unite
fuyant diminishing, fleeting, receding

gagne-pain *m.* livelihood; job
gagner to win; to earn; to reach; to go to
se laisser **gagner** to let oneself be won over
gaillard *m.* strapping young man
galbe *m.* curve, sweep, contour
* **galerie** *f.* porch, balcony, veranda
galet *m.* large round pebble
gamme *f.* scale; gamut
garde-infirmier *m.* nurse-custodian
garde-robe *f.* closet, wardrobe
garrot *m.* tourniquet
* **gars** *m.* guy, fellow
gaucherie *f.* awkwardness
gaver to stuff, gorge
gazon *m.* lawn
gazonné grass-covered, turfed
gémissement *m.* wail, moan
gendre *m.* son-in-law
gêne *f.* poverty; embarrassment; discomfort

gent *f.* tribe, brood
gérer to manage
germer to germinate; to well up
gestation *f.* pregnancy
geste *m.* movement, gesture; behaviour
racine de **gingembre** *f.* ginger root
laisser de **glace** to leave s.o. cold or
    indifferent
glacer to freeze
glaner to gather, glean; to learn
glapir to yelp
sonner le **glas** *de* to ring the knell of
glissade *f.* slide, glide, slip
glisser to say in passing
gobelet *m.* cup
goguenard sarcastic, mocking
gond *m.* hinge
goret *m.* piglet
avoir la **gorge** *serrée* to have a lump in
    one's throat
petite **gorgée** *f.* sip
se **gorger** *de* to stuff or gorge oneself with
gouffre *m.* abyss, pit
se faire le **goût** to acquire a taste for
comme deux **gouttes** *d'eau* like two peas
    in a pod
grabataire *m.* bed-ridden person
faire **grâce** *de qqch. à qqn* to spare s.o.
    sthg
gracile slender
gradin *m.* tier
grain de beauté *m.* beauty spot
grange *f.* barn
gratte-ciel *m.* skyscraper
gratte-papier *m.* penpusher; clerk
gratter to scratch
gratuit inconsequential, gratuitous
gravir *les échelons* to rise step by step in
    the hierarchy
gré *m.* liking, taste
au **gré** *de* at the mercy of, depending on
grêle thin, slender
grenat garnet, garnet red
griffe *f.* claw, talon
grignoter to nibble at
gri-gri *m.* amulet
grillade *f.* grilled steak
grillage *m.* metal grating
faire la **grimace** to pull a long face, look
    sourly
grimacer to flinch
grincement *m.* grinding
grisâtre greyish
griserie *f.* exhilaration, tipsiness
grognement *m.* grunt
grognon *m.* grumbler
gronder to roar
gros *gin m.* coarse gin
grossesse *f.* pregnancy

grossier coarse, rough
grouiller to be alive, swarm
* **guerlite** *f.* penis
guerrier *m.* warrior
faire le **guet** to be on the watch; to go the
    rounds
guêtre *f.* gaiter
gueule *f./fam.* face, mug
guichet *m.* wicket
guindé stiff, starchy
en **guise** *de* by way of, as; instead of

haleine *f.* breath
haler to pull, haul
hameçon *m.* hook
hanche *f.* hip
rouler les **hanches** to swing one's hips
hangar *m.* shed
hanté haunted
happer to snap up, catch, seize
harceler to harass, torment
hardes *f. plur.* (old) clothes, rags
à tout **hasard** just in case
au **hasard** *de* coming across by chance
se **hasarder** *à* to venture to
se **hâter** to be in a hurry
hausse *f.* rise
hausser *les épaules* to shrug one's shoulders
haut-de-forme *m.* top hat
haut-le-cœur *m.* heave of stomach,
    disgust, repulsion
haut-parleur *m.* loudspeaker
hauteur *f.* elevation, mound
à la **hauteur** *de* abreast of, opposite, level
    with
héberger to lodge, give shelter
hébétude *f.* stupor
hérissé bristling, rough
hétéroclite heterogeneous; unusual
heure *de pointe f.* peak time, rush hour
heurter to knock against
en **hibernie** *néol.* in hibernation
hirondelle *f.* swallow
histoire *de fam.* merely to, just for the
    sake of
hocher *la tête* to nod, shake one's head
mettre le **holà** to put a stop to sthg
homérique Homeric
* **homme** *de garde m.* bodyguard
hoquet *m.* hiccough (hiccup)
hoqueter to sputter
hormis except for
houleux surging, tumultuous
hublot *m.* porthole
humer to take in
huppé tufted, crested

illuminé, -ée *m./f./fam.* crank
*s'*immobiliser to come to a stop, rest

impalpable intangible
impérieux urgent, imperative
*s'*I**mprégner** *de* to become saturated with
imprévu *m.* unforeseen event, sthg
    unexpected
imprimerie *f.* printing shop
*à l'*I**mproviste** unexpectedly, without
    warning
impuissant powerless
imputer to ascribe, attribute
inattendu unexpected
inavouable unspeakable
incarcération *f.* imprisonment
incommensurable immeasurable
inconscience *f.* unconsciousness
increvable tireless, inexhaustible;
    invincible
indélicatesse *f.* unscrupulous action
indéterminé indefinite
indication *f.* clue, piece of information
indigner to make one's blood boil
inéluctable inevitable, inescapable
inépuisable inexhaustible
infiltrer to invade; to filter in
infirmité *f.* weakness; disability
inlassable tireless, unflagging
innombrable countless
inopiné unexpected, sudden
insolite unusual, strange
insouciance *f.* thoughtlessness; freedom
    from care
inspirer to inhale
*s'*I**nstaller** to settle
*à l'*I**nsu** *de* without the knowledge of
intempéries *f. plur.* bad or inclement
    weather
interlocuteur, -trice *m./f.* interlocutor
interpeller to call out, hail; to challenge;
    to heckle
interstice *m.* cleft, aperture
intimer *à qqn l'ordre de* to order s.o. to
intimité *f.* intimacy
inusité uncommon, unusual
*faire l'*I**nventaire** to take inventory
inventorier to make a list of; to evaluate
inverse opposite
invétéré confirmed
invraisemblable improbable, hard to
    believe
irradier to radiate; to expose to radiation
irréfléchi thoughtless, unconsidered
irréparable irrevocable; irreparable
*à l'*I**ssue** *de* at the end of
issue *de secours f.* emergency exit

jabot *m.* ruffle, frill
jadis formerly, once
japper to yelp, yap (of dog)
jaquette *f.* tailcoat

jaser to chatter
jauger to gauge, size up, measure
jet *de lumière m.* ray or flash of light
jeter *un regard* to glance at
se **jeter** to jump in, plunge into
jeu *m.* gambling
jeûner to fast
jeux *de lumières m.* lighting effects
mettre en **joie** to amuse
jouer *le grand jeu* to do everything in
    one's power
jouet *m.* victim; plaything
joueur *m.* gambler
jouissance *f.* (sexual) enjoyment;
    pleasure
le **jour** *J* D-Day
judiciaire judicial, legal
judicieux sensible
juguler to suppress; to strangle
jumeau, -elle *m./f.* twin
juron *m.* swear word; curse

lâcher to let go
lâcher *prise* to let go, lose one's hold
ladrerie *f.* stinginess, meanness
laitue *f.* lettuce
lamelle *f.* thin sheet; small leaf
lampe *de poche f.* flashlight
lampion *m.* Chinese lantern
lancée *f.* momentum, impetus
lanière *f.* thin strap
laque *f.* lacquer
lard *m.* back-fat, lard
larmoyer to shed tears, snivel
se **lasser** *de* to get tired of
lassitude *f.* weariness
latte *f.* slat
lavande *f.* lavender
layette *f.* baby clothes and linen
Lazare *m.* Lazarus
lésiner to be stingy or tight-fisted
leucocyte *m.* white blood corpuscle
leurre *m.* lure
leurrer to delude, deceive
lever *tribut* to collect a tribute
du bout des **lèvres** faintly; in a forced
    manner
liasse *f.* wad of bank notes
licenciement *m.* termination of
    employment, discharge
au **lieu** *de* instead of
ligne *de démarcation f.* dividing line
limier *m.* bloodhound
liquide *m.* ready cash
lisière *f.* edge, border
lisser to smoothe
livrer *à* to turn s.o. in to
livrer *un combat* to give battle, wage a
    fight

livrer *un secret* to reveal a secret
local *m.* room; premises
locomotive *à vapeur f.* steam engine
se **loger** to get into, get stuck in
logiciel *m.* software
de tout son **long** full length
tout au **long** *de* throughout
longer to run along, flow along
à la **longue** in the long run
lorgner to stare at; to cast a glance at
louche shady, dubious
loup *de mer m.* sea dog
jeune **loup** *m.* ambitious young man
lubrique lewd, lustful
lueur *f.* glimmer of light
faire la **lumière** *sur qqch.* to clear a
     matter up
lumineux shining, luminous
lunettes *d'approche f. plur.* field glasses
luthier *m.* maker of stringed instruments

machine *à écrire f.* typewriter
mâchoire *f.* jaw
maculé spotted, stained
madrier *m.* plank, piece of lumber
larges **mailles** *f. plur.* wide-mesh stitches
lire dans les lignes de la **main** to read
     s.o.'s palm
maint many
maintenir to support
maison *de repos f.* rest home
mal *m.* misfortune
mal *à l'aise* uneasy
en **mal** *de* suffering from the lack of
maladif sickly
malaise *m.* uneasiness, discomfort
malchance *f.* bad luck, ill fate
malentendu *m.* misunderstanding
malhabile clumsy, awkward
de **malheur** bad luck, of ill omen, cursed
malheur *à!* woe betide!, curse!, cursed
     be!
malicieux mischievous
malin shrewd, sharp; malicious, wicked
mallette *f.* briefcase
manche *m.* handle, helve
manchette *f.* headline (of newspaper)
maniéré affected
manœuvre *f.* movement, action
à la **manque** second-rate, failed
manuel *m.* textbook
manuscrit handwritten
maquillage *m.* make-up
marché *m.* negotiation, deal
marécage *m.* marshland, swamp
marée *f.* tide
marelle *f.* hopscotch
marge *f.* margin
marier to join, unite, blend

marinière *f.* sailor shirt
marionnette *f.* puppet
marmonner to mumble, mutter
marmotte *f.* groundhog
marque *de commerce f.* trademark
marquer to indicate
marquer *un temps* to pause, stop
marteler to hammer out
d'humeur **massacrante** vile-tempered
se **masser** to form a crowd, gather
massif *m.* clump (of trees); bed (of
     roses)
mat dull, flat
mât *m.* mast
mater to subdue, tame, humble
matière *f.* substance; essence; matter
matrice *f.* womb, uterus
maudit damn, damnation
maussade glum, irritable, grumpy
mécréant disbelieving, incredulous;
     miscreant
médisant, -ante *m./f.* slanderer,
     scandalmonger
méfiant suspicious, distrustful
mégot *m.* cigarette butt
à **même** directly from
* *de* **même** that way
menace *f.* threat
faire le **ménage** to do the housework
menottes *f. plur.* handcuffs
menton *en galoche m.* protruding or
     jutting chin
composer un **menu** to work out a menu
menuisier *m.* carpenter, joiner
mesquinerie *f.* meanness, pettiness
à **mesure** *que... à* **mesure** the more...
     the more
à **mesure** *que* as
météo *f.* weather report
métro *m.* subway
mets *m.* dish of food; food
apprêter un **mets** to prepare a dish
mettre *à la porte* to throw out, force to
     leave
mettre *au monde* to deliver, bring into
     the world; to give birth to
mettre *du temps* to take a while
mettre *en marche* to start
meuble moveable, loose
meubler *un silence* to fill a gap in a
     conversation
meugler to low, moo
meurtre *m.* murder
meurtrier murderous
miaulement *m.* whining, caterwauling
miette *f.* morsel, scrap
juste **milieu** *m.* happy medium
mimodrame *m.* dumb-show performance,
     pantomime

minable shabby
mince small, thin
mine *f.* appearance
faire **mine** *de* to pretend to
mineur *de fond m.* underground miner
minot *m.* minot (obsolete measure of about 39 litres)
minutieusement thoroughly, meticulously
point de **mire** *m.* centre of attention
mise *en confiance f.* gaining of trust
mitrailleuse *f.* machine gun
mobile *m.* motive; reason
mœurs *f. plur.* morals, manners, mores
moignon *m.* stump of an amputated limb
moine *m.* monk
moineau *m.* sparrow
en **moins** minus
moirer to mottle; to give watered, silky effect
moisi mouldy
moisson *f.* harvest
moite clammy, moist
mollet *m.* calf (of leg)
mondial world-wide
menue **monnaie** *f.* small change
montant new; on the rise
montée *f.* slope; ascent
monter *à bord* to embark
à **monture** *de corne* horn-rimmed
à **mort** eternally
mortel fatal
motif *m.* pattern, design, motif
moulant tightly fitting
mousse *f.* moss
mouvant changeable
muet silent (role)
multiconfessionnel multidenominational
muraille *f.* high defensive walls
museau *m.* snout
mutin saucy
mutisme *m.* muteness; stubborn silence

nabot, -e *m./f.* dwarf, midget
nappe *f.* layer; flow (of water)
narine *f.* nostril
nasillard nasal, twangy
payer en **nature** to pay in kind
naturel *m.* disposition, character
navré sorry, upset
néanmoins nevertheless
néant *m.* nothingness, oblivion
nébuleux hazy, misty, nebulous
nécrologie *f.* obituary notice
nervosité *f.* nervousness
nettement clearly
se **nicher** to nest; to live in
la **nième** *fois* the *n*th time
nigaud *m.* simpleton

nimber to halo
noir *m.* darkness
nombril *m.* navel
notable *m.* leading citizen
avoir la gorge **nouée** to have a lump in one's throat
nouer to knot; to wrap
nourrisson *m.* suckling child, nursing infant
novateur, -trice *m./f.* innovator
nuée *f.* cloud
nuit *blanche f.* sleepless night
nuitamment by night
nullement not at all
numéro *m.* act, number
nuque *f.* nape

objectif *m.* lens of a camera
*s'***obscurcir** to grow dark, cloud over (sky)
obscurément vaguely
obstruer to block, obstruct
occiput *m.* back of the head
voir les choses d'un autre **œil** to see things in a new perspective
œillet *m.* carnation
offrande *f.* offering
omoplate *f.* shoulder blade, scapula
onctueux mellow, unctuous
ondes *f. plur.* (radio, T.V.) waves; vibrations
opérer to bring about
opiner *du bonnet fam.* to nod approval
ordinateur *m.* computer
ordures *f. plur.* garbage
orée *f.* edge
*tendre l'***oreille** to prick up one's ears
orgiaque orgiastic
orner to adorn
ornière *f./fig.* rut
orthographier to spell
ouais yes, yeah, yep, yup
ouaté fleecy, soft
ouateux fleecy, woolly
en **outre** moreover, besides

pagode *f.* temple, pagoda
paillasse *f.* straw mattress
pair *m.* equal, peer
pâleur *f.* paleness, pallor
palier *m.* landing, level
palissade *f.* fence
palmier *m.* palm tree
palper to feel; to examine
pan *m.* patch; flap, panel; section
paon *m.* peacock
papelard sanctimonious
paperasses *f. plur.* papers and records
papier *peint m.* wallpaper

papilloter to sparkle
parabole *f.* parable
parasites *m. plur.* interference, noise, static
paravent *m.* folding screen
parcourir to cover, travel over
parcours *m.* course; trip
paré *de* dressed in
parenté *f.* family, relatives
parier *sur* to bet on
parloir *m.* parlour; visiting room (of a prison, etc.)
paroi *f.* wall; partition; casing
paroisse *f.* parish
tenir **parole** to keep one's promise or word
parsemer to sprinkle; to strew
faire **part** *de qqch. à qqn* to inform s.o. of sthg
parturition *f.* childbirth
parvenir to reach; to manage, succeed
parvenu *m.* social climber, upstart, newly rich
d'un **pas** *retenu* stepping cautiously
passade *f.* passing fancy; brief affair
sur son **passage** along his path
passager temporary
passant *m.* passer-by
en **passe** *d'être* on the way to becoming
pastille *f.* lozenge
pâté *m.* block
pâtes *f. plur.* pasta, noodles
pâteux pasty
patiner to skate
patrimoine *m.* heritage
patronyme *m.* surname, family name
paume *f.* palm (of hand)
paupière *f.* eyelid
se **payer** to have to put up with
être en **pays** *de connaissance* to feel at home, be on familiar ground
peccadille *f.* slight offence
pêcheur *à la ligne m.* angler
pécule *m.* nest egg, savings
pécuniaire monetary
pellicule *f.* dandruff; film
pelouse *f.* lawn
pelure *f./fam.* peel, skin; layer of clothing
penchant *m.* fondness, partiality
se **pencher** *sur* to think about, reflect upon
pendaison *f.* hanging
pendentif *m.* pendant
* **pendrioche** *f.* strip of clothing hanging from a garment
pendulette *f.* small clock
pénombre *f.* semidarkness
pension *de famille f.* residential boarding house

pensionnaire *m.* inmate (of a mental hospital)
percevoir to discern; to understand
argument **percutant** *m.* argument that strikes home, piercing argument
périlleux dangerous, hazardous
périple *m.* tour; trip
perler to form in beads
se **permettre** to afford
à **perpétuité** forever
perron *m.* porch
pers sea green, blue-grey
perspicace shrewd
pesanteur *f.* weight, heaviness, sluggishness
peser *lourd dans la balance* to carry a lot of weight
pétarade *f.* succession of loud noises
pétillant sparkling
petit *matin* very early morning, dawn
peuplé *de* inhabited by; haunted by
photo-roman *m.* story told in photographs
* **piastre** *f.* dollar (bill)
picorer to scratch out; to peck at
pièce *f.* play
pied *cambré m.* foot with a high arch
remettre les **pieds** to set foot again, return
piège *m.* trap
pieu *m.* stake, post
pince *f.* nipper (of crab, etc.)
pincer to pluck, play
pingre miserly, mean
* **pinte** *f.* quart
piquer *une crise fam.* to throw a fit
pissenlit *m.* dandelion
pivoine *f.* peony
pivoter to swivel, turn
* *de la* **place** local
faire **place** *à* to give way to
plaie *f.* wound
plaindre to pity
de **plain-pied** straight into
plaisanter to joke, jest
sur du **plane** on flat ground
planer to hover, hang over, float
planté *fam.* standing
planter to stick
plaque *f.* plate; slab; patch, spot
plat *m.* dish
plat dull, insipid, banal
plateau *m.* platter, tray; plateau
plateau *m.* set
pleurnicher to whimper, whine
faire un **pli** to make a crease in; *fig.* to make a change
pliant *m.* folding chair
plier *bagage* to pack up
se **plier** *à* to yield, submit

plisser *les yeux* to screw up one's eyes
plongeon *m.* dive, plunge
ployer to bend
poche *f.* sack, bag, pouch
avoir des **poches** *sous les yeux* to have
  bags under one's eyes
poignée *f.* handle
poilu hairy
coup de **poing** *m.* punch
à **point** perfectly
mettre le **point** *final* to add the finishing
  touches
tomber à **point** to come at the right
  moment
pointe *f.* twinge
se **pointer** *fam.* to appear, turn up, show up
poivré peppery (of taste); pungent
roman **policier** *m.* detective novel
polir to polish
pommelé dappled, mottled
pommes *frites f. plur.* French fries
pomponner to dress elegantly; to
  ornament
ponant *m.* West; setting sun
portant *sur* bearing on, dealing with
portée *f.* extent; implication
à **portée** *de* within reach, within range of
porte-monnaie *m.* wallet; purse
porte *roulante f.* sliding door
portière *f.* door of a vehicle
portique *m.* portico; porch
* **portuna** *m.* doctor's bag or case
posé calm, steady, even
posséder *qqn* to take s.o. in, fool s.o.
se **posséder** to control oneself
poste *m.* job, post
posture *f.* position; footing
poteau *m.* pole, post
* **pouce** *m.* inch
poudrer to powder
poudrerie *f.* gunpowder factory
poudreux powdery
poulie *f.* pulley
pouls *m.* pulse
poupin rosy-cheeked
pourboire *m.* tip
pourpre purple; crimson, scarlet
pourvoir *de* to provide with, equip with
pourvu *que* one can only hope
poussée *f.* thrust, shove; burst
poussières *f. plur.* a little bit
poutre *f.* beam
sans **préavis** without warning
précieux, -ieuse *m./f.* affected or
  mannered person
préciser to state, specify
se **préciser** to become clear, take shape
précision *f.* detail, exact piece of
  information

prendre *le parti de faire qqch.* to resolve
  or decide to do sthg
prendre *parti* to take sides
tout **prendre** *en main* to take control of
  everything
préposé, -ée *m./f.* official, attendant
*à... * **près** with the exception of, apart from
pressentir to have a presentiment of/that
presser *le pas* to quicken one's pace
pression *f.* tension; blood pressure
sous **pression** on tap
prêter *attention* to pay attention
prêter *main forte* to lend a helping hand
prêter *serment* to be sworn in, take an
  oath
prévenant obliging, attentive
prévenu *m.* accused
prévisible foreseeable
en **prévision** *de qqch.* in anticipation of
  sthg
prévu planned, expected
prier to request
prime *f.* bonus, recompense
principal *m.* principal, capital
prise *f.* catch, capture, taking
prise *d'air f.* air intake, ventilation
  aperture
de **prix** expensive
procès *m.* trial
(se) **procurer** to obtain; to find
prodigieux extraordinary, prodigious
se **produire** to occur
progéniture *f.* progeny, offspring
proie *f.* prey
en **proie** *à* a prey to; possessed with
projeter to plan
prône *m.* sermon
pronostic *m.* forecast
se **propager** to spread
propice favourable
propos *m.* remark; words
propriétaire *terrien m.* landowner
se **prosterner** to prostrate oneself; to
  bow down
faire **provision** *de* to stock up on
provisions *de bouche f. plur.* food
puériculture *f.* child rearing, child care
pulpeux pulpy, soft
pupitre *m.* desk
putain *f./fam.* whore
pute *f./fam.* whore

quai *m.* wharf, pier; berth
qualifier *de* to term, designate, call,
  describe as
quasi almost
quelconque any (whatever)
quête *f.* search
en **quête** *de* in search of, going to fetch

jouer aux **quilles** to bowl, play at ninepins
être **quitte** *de* to be free of
à **quoi** *bon* what's the use
quotidien *m.* daily newspaper

rabattre to bring down on, hammer down
râblé strong-backed
rabrouer to rebuff
raccorder to connect
raccrocher to hang up (the receiver)
se **raccrocher** *à* to catch on to
racler to scrape
se **racler** *la gorge* to clear one's throat
* **racontement** *m.* narration, account
radieux radiant
se **radoucir** to calm down
rafale *f.* strong gusts of wind, squall
vent qui souffle en **rafales** gusty wind
raidillon *m.* a short and steep rise
raie *f.* part (in hair)
avoir **raison** *de qqch.* to get the better of, overcome sthg
donner **raison** *à* to admit that s.o. is right
raisonner to reason
se **raisonner** to try to be reasonable
au **ralenti** in slow motion
ralentir to slow down
ramage *m.* twittering, chirping (of birds)
rame *f.* train (subway)
ramener to bring back again; to recall
rameur, -euse *m./f.* rower, oarsman
ramollir to soften
rampe *f.* handrail
ramure *f.* branches and boughs
rance rancid, rank
rancœur *f.* resentment
rangée *f.* row
se **ranger** *à* to come to a stop at, pull up at
râpé shabby, threadbare
rapporter to report, relate
ras close-cropped
rasade *f.* dollop
raté *m.* washout, failure
rauque hoarse, rough
ravi delighted
se **raviser** to think better of, change one's mind
ravissant lovely
ravissement *m.* rapture
ravitaillement *m.* supply, provision
rayé striped
rayonner to radiate
réaménager to refit, redecorate
rebondir to rebound
rebord *m.* brim
à **rebours** backwards
rebrousser *chemin* to retrace one's steps, turn back

rebutant tedious
rebuter to reject; to dishearten
récepteur *m.* receiver
se **réchapper** *de* to escape from; to recover from
recherché elaborate; stylish
recherches *f. plur.* search; investigations
réclamer to call for; to require
vivre en **reclus** to live the life of a hermit or recluse
récolte *f.* harvest
réconfort *m.* comfort, consolation
réconforter to reassure, comfort
reconnaissance *f.* gratitude, gratefulness
recourbé bent, recurved
recouvrer to retrieve
rectification *f.* adjustment, amendment
se **recueillir** to meditate; to collect oneself
reculé out of the way, remote
à **reculons** (to walk) backwards
se **reculotter** to put one's pants back on
récupérer to recover, retrieve
rédaction *f.* writing; drawing up
rédempteur redeeming
rédiger to write
redouter to fear, dread
se **redresser** to stand up
réendosser to put on again
se **refermer** *sur* to close behind; to close on
réfléchir to reflect
reflet *m.* reflection
refluer to resurface, re-emerge
refouler to drive back, force back
se **réfugier** to take refuge
regard *luisant m.* eyes gleaming
regard *oblique m.* side glance
régime *m.* diet
en **règle** regular, in proper form
regorger to overflow with; to run over
à **regret** reluctantly
rehausser to set off, enhance; to heighten, raise
réinsertion *sociale f.* social reintegration
rejeton *m.* descendant; offspring
réjouissance *f.* rejoicing
relancer *fam.* to pursue; to badger s.o.
relation *f.* communication; relationship
relent *m.* unpleasant smell
relever to pick up on (remark)
se **relever** *des catacombes* to come back from the dead
relié bound (volume)
rembarrer *fam.* to put s.o. in his place; to rebuff
remettre to postpone
remonter to raise up again
remords *m.* remorse

remous *m.* stir, swirl, movement
rendement *m.* performance
rendre *compte* to render an account of, report
se **rendre** *compte de* to realize, become aware of
rendu having arrived, having reached
à grand **renfort** *de* with, by exercising a lot of, by dint of
renifler to sniffle, snort
renommée *f.* fame, renown
renouvellement *m.* postponement; renewal
rentable profitable
renverser *qqn fam.* to stagger, astound
se **renverser** to capsize
répandu widespread, prevalent
répartir to distribute, divide
repasser to go over
repère *m.* point of reference
repérer to locate, find
répéter to rehearse
répit *m.* respite
repli *m.* fold, crease
réplique *f.* retort; cue, line
reporter *qqch. à plus tard* to defer, postpone sthg
repoussant repugnant
reprendre *ses droits* to reclaim one's rights
reprendre *son trot* to break into a trot again
réprimer to hold back, repress
à quelques **reprises** on some occasions, a few times
requin *m.* shark
rescapé, -ée *m./f.* survivor (of shipwreck, disaster)
rescaper to rescue
sous **réserve** *que* provided that
résorber to reduce, curb
respiration *f.* breathing
se **ressaisir** to regain one's self-control
ressuscité *m.* person come back from the dead
du/au **reste** besides, moreover
rétabli recovered
prendre du **retard** to lose time, be behind
retarder to delay
se **retenir** *à qqch.* to cling to, catch hold of
retenu controlled
retenue *f.* reserve
rétorquer to retort
se **retourner** to reverse, turn around
en **retrait** recessed; sunk; indented; set back
prendre sa **retraite** to retire
rétrécir to shrink

retrousser *les lèvres* to pucker one's lips
retrouver *ses esprits* to regain one's composure
rétroviseur *m.* rearview mirror
rets *m.* net
en **revanche** on the other hand
revenu *m.* income
revivre to come alive again
revoir to read over
révolu completed, bygone
rez-de-chaussée *m.* ground floor
ricaner to laugh derisively
ricaneur, -euse *m./f.* sneerer, someone who laughs mockingly
rictus *m.* grin
ride *f.* wrinkle
rien *à faire* there was no help for it
risée *f.* laughingstock
risquer *de* to be likely to
rivé *à* riveted to
robe *cintrée f.* tight-fitting dress
bien **rodé** well-rehearsed
rôder to prowl
rogne *f.* bad temper
rogner to cut short; to whittle down
rognon *m.* kidney (of animals)
romancé in the form of a novel
à tout **rompre** at a mad pace
rompu *à* to be experienced in, to be used to
tourner en **rond** to go around in circles
à la **ronde** around
ronflant grand-sounding
ronfler to snore; to roar, boom
ronron *m.* purr(ing)
rosse *f.* nag
roué, -ée *m./f.* rake, profligate
rougir to redden, turn red
rouille rusty
taches de **rousseur** *f. plur.* freckles
ruban *m.* ribbon; band
rudimentaire primitive
ruée *f.* rush
ruelle *f.* lane, alley
se **ruer** *sur* to hurl oneself at, rush at
rugueux gnarled, rough
rutiler to glow, shine

saccadé staccato, jerky
sachet *m.* small bag, sachet
sacré bloody, damned
* *s'en* **sacrer** not to give a damn about
safran saffron-coloured
saigner to draw blood from
saisir to get or take hold of
saisir *au vol* to overhear
saisissement *m.* shock
salaud *m./fam.* bastard, swine, louse
saleté *f.* filth

salle *de séjour f.* family room, living room
salopette *f.* overalls
salut *m.* salvation
sanglant bloody
sanglot *m.* sob
sangsue *f.* leech
sans-gêne *m.* overfamiliarity, offhandedness
satané confounded
à **satiété** to one's fill, to satisfaction
sauter *aux yeux* to stare one in the face, be obvious
sautiller to hop
sauvegarde *f.* safekeeping
savamment knowingly, deliberately
saveur *f.* flavour
savourer to relish, enjoy, linger over
sceau *m.* seal
schiste *m.* shale, schist
schisteux slaty, schistose
* **scie** *ronde f.* circular saw, buzz saw
scieur *de long m.* pit sawyer
scintiller to sparkle, scintillate
scruter to scan; to scrutinize
séchage *m.* seasoning (wood); drying
secourir to help
porter **secours** to help
secousse *f.* jolt
section *f.* berth section (of train)
sécuriser to give s.o. a feeling of security
sein *m./fig.* womb
au **sein** *de* within
séjour *m.* stay, sojourn
semblant *m.* semblance, appearance
quand bon leur **semblera** whenever they want
sente *f.* footpath; track
sentir to smell of
serrer to squeeze, press, hold close
*(des)***serrer** *les dents* to (un)clench one's teeth
serres *f. plur.* claws, talons
serrure *f.* lock
serveuse *f.* waitress
service *m.* department
sidérer to stagger; to astonish
siffloter to whistle to oneself
signaler to report
signifier to signify, to tell; to notify
signifier *à qqn de faire qqch.* to intimate
simili-brique *f.* imitation brick
simple single
singulier odd, peculiar, strange
siroter to sip one's drink
soigneur *m.* physician
sol *en terre battue m.* mud floor
sombrer to sink, go down
somme *toute* altogether; when all is said and done

dormir du **sommeil** *du juste* to sleep the sleep of the just
sommeiller to nap
somnifère *m.* soporific, narcotic
somnoler to doze
sondage *m.* poll
songe *m.* dream
sonné *m./fam.* crazy loon
sonnerie *f.* ringing
sorbier *m.* sorb, service tree
sorcier *m.* sorcerer
sornettes *f. plur.* nonsense, idle talk
sort *m.* destiny, fate
sortir *de* to take out of
sosie *f.* twin image, double, counterpart
sot silly, foolish, stupid
sou *m.* cent
souche *f.* stock
souci *m.* concern
soucieux worried, preoccupied
à bout de **souffle** winded, out of breath
souffle *coupé* winded
soufflé padded; puffy
ne pas **souffrir** *de retard* to brook or admit no delay
à **souhait** according to one's wishes; perfectly
souiller to soil, dirty
tout son **soûl** as much as one wants, to one's fill
soulagement *m.* relief, comfort
soulager *sa conscience* to ease one's conscience
se **soûler** to get drunk
soupçon *m.* touch, slightest bit of
soupçonner to suspect
soupir *m.* sigh
pousser un **soupir** to heave a sigh, sigh
sourdre to spring up, well up
sournois sly, sneaky, shifty
sous-entendu *m.* implication
sous-sol *m.* basement
soyeux silky
statuaire *f.* statuary art
store *m.* window blind
stupéfiant dumbfounding, astounding
subit sudden, unexpected
submerger to overwhelm; to cover with
subvention *f.* subsidy, grant
sucer to suck
sueur *f.* sweat
suinter to sweat; to emit moisture
par la **suite** thereafter
supplier to beg
supportable bearable
sur *ce* thereupon
* **surbroquer** to nickname
surcharge *f.* overload
surdité *f.* deafness

surdoué exceptionally gifted
sureau *m.* elder tree
surexcitation *f.* overexcitement
(re)faire **surface** to (re)surface
sur-le-champ there and then, on the
   spot, at once
surmonter to overcome, rise above
sursaut *m.* start
sursauter to give an involuntary start,
   jump
surveillé guarded
survenir to happen; to crop up, arise
survie *f.* survival
survolté excited, worked up

tableau *m.* panel
tablier *m.* apron; table; stand
répondre du **tac** *au* **tac** to give tit for tat
tache *f.* patch
tâche *f.* task
tâcher *de* to attempt, try
taille *f.* waist
tailler to shape, cut
taillis *m.* copse, thicket of small trees
talus *m.* slope, embankment
tamiser to soften (lights); to sieve, sift
tancer to scold
tanguer to undulate, move; to reel
tanné tanned
tant *bien que mal* somehow or other, after
   a fashion
en **tant** *que* as
tant *pis* too bad
tantinet *m.* a tiny bit
tantôt presently, soon
taper *du pied* to stamp one's foot
(se) **tapir** to lurk, cower; to nestle
revenir sur le **tapis** to recur as a topic for
   discussion
tapoter to tap
taquiner to tease
tarder to be long in coming
tardif late
tartine *f.* slice of bread and butter
* **tasserie** *f.* granary; hayloft
tâtonnement *m.* groping; tentative effort
tâtonner to grope, feel one's way
teint *m.* complexion
teinture *f.* dye, colour
télédiffusion *f.* televised broadcasting
téméraire daring, reckless
témoigner to testify
être **témoin** *de* to witness
lumière **témoin** *f.* pilot light
prendre à **témoin** to call or take as a
   witness
tempe *f.* temple

temps *de chien m.* foul weather
temps *de cochon m.* foul weather
temps *des fêtes m.* holiday season
tenace persistent, tenacious
tenailler to torture, rack; to gnaw at
tendre to offer, bring near
tendre *la main* to offer s.o. a helping hand
tendre *un piège* to set a trap
tendre *une corde* to tighten a string (music)
ténèbres *f. plur.* darkness, gloom
tenir *à* to value, prize; to care about
tenir *bon* to hold out, resist, stand fast
tenir *lieu de* to serve as, take the place of
n'y plus **tenir** not to be able to bear it any
   longer
se **tenir** to sit in; to keep to; to stand
s'en **tenir** *à* to confine oneself; to keep to
tentative *f.* attempt
* **tenture** *f.* drape
tergiversation *f.* evasiveness, beating
   about the bush
terne dull, uninteresting
téter to suck
théière *f.* teapot
tiens! well!
tinter to toll
tiraillement *m.* tugging, pulling
tirer to shoot
tirer *à sa fin* to draw to a close, come to an end
tirer *en surface* to drag up to the surface
se **tirer** to extricate oneself, get out of
tirer *sur* to shoot at; to verge on, border on
tireur, -euse *m./f.* shooter; marksman
tisane *f.* infusion, herbal tea
tisonnier *m.* poker
tituber to stagger
toile *cirée f.* oilcloth
toiser to scrutinize, to eye from head to foot
tôle *f.* sheet metal
tomber *dessus* to jump on; to fall on
ton *m.* pitch, volume
tonitruant thunderous, booming
lampe **torchère** *f.* floor lamp
tordre to twist
torpeur *f.* torpor
torticolis *m.* stiff neck
avoir **tôt** *fait* not to be long in doing sthg
touffe *f.* tuft; clump, pile
touffu thick, bushy
toupie *f.* top
tour *à* **tour** in turn
à **tour** *de rôle* each in turn
tourbillon *m.* whirlwind
tourne-disque *m.* record player, turntable
tournée *f.* round
tourner *en rond* to go in circles
tourniquet *m.* turnstile
tournoi *de dames m.* checker tournament
tournoyer to whirl

tout *à* entirely absorbed in
tout *de travers* the wrong way, crooked
toutefois nevertheless, however
toux *f.* cough
trac *m.* stage fright
tracas *m.* worry, trouble
se **tracasser** to worry
trafiquant *m.* trafficker; trader
traîneau *m.* sleigh
traîner to be lying about
se **traîner** *les pieds* to drag one's feet, loaf around
trait *m.* feature
traite *f.* milking
traiter *de* to call s.o. sthg
traître treacherous
trajet *m.* journey; ride
tranchée *f.* trench
transat *m.* deck chair
transparaître to show through
transpercer to stab, pierce
trapu squat
traverser to flash through or cross one's mind
trébucher to totter, stumble
tressaillir to start, shudder (with fear); to leap for joy
tressauter to start, jump
treuil *m.* winch
trêve *f.* truce
tribunal *de la pénitence m.* confessional
trombe *d'eau* burst of water; waterfalls
troquer to barter, swap
trotter to haunt; to trot about
trotter *dans la tête* to be constantly on s.o.'s mind
troublant heady, sensuous
trouble confused, dim; blurred, hazy
trousse *f.* doctor's bag
trouvaille *f.* find; brainwave; windfall
truisme *m.* self-evident truth
truqué faked, meddled with, rigged
tumulte *m.* uproar, commotion, turmoil
tympan *m.* eardrum
type *m./fam.* guy

uni smooth
appeler *d'***urgence** to call in an emergency
usage *m.* custom
usure *f.* usury

vacarme *m.* racket, din
va-et-vient *m.* comings and goings
vagabonder to wander
vagin *m.* vagina
vaillamment valiantly
mettre en **valeur** to show to advantage
vallonné undulating
valse *f.* waltz
vanter to praise

se **vanter** *de* to brag about
vedette *f.* star; hero
veilleuse *f.* night-light
être en **veine** *de* to be in the mood for
veinule *f.* small vein
vêler to calve
velouté velvety
vénérer to revere, worship
* **venir** *pour* to be on the point of
venter to be windy
verdeur *f.* vigour
* **verge** *f.* yard (measure)
sans **vergogne** shamelessly
vérification *f.* checking; proofreading (of texts)
vermoulu worm-eaten; decrepit
vernir to varnish, glaze
vernis *m.* varnish
verre *m.* drink
verres *fumés m. plur.* glasses with smoked lenses
se **verser** *une rasade* to fill one's glass to the brim
vertement severely, sharply
donner le **vertige** to make dizzy
vestibule *m.* entrance; hall
vestige *m.* remains, trace
veston *à queue m.* tailcoat
vétille *f.* trifle
viaduc *m.* viaduct
vide *m.* void, emptiness
vieillerie *f.* old thing
violer *un secret* to violate a pledge of secrecy
violoncelle *m.* cello
vis-à-vis *de* opposite
visite *f.* visitor(s)
vison *m.* mink
vitesse *vertigineuse f.* breakneck speed
vitré glazed
vitrine *f.* shop window
vive *(couleur)* bright, vivid (colour)
vivre to experience
vœu *m.* wish
voiler to veil
voix *blanche f.* toneless voice
volant *m.* steering wheel
se **volatiliser** to dissipate, fade away
n'avoir pas **volé** to deserve sthg; to serve s.o. right
volontiers willingly
volupté *f.* sensual pleasure
en **vouloir** *à qqn* to bear s.o. a grudge, be angry with s.o.
vriller to bore through
vu *que* given that

wagon-citerne *m.* tank car, tank waggon

zélé zealous, eager
bon **zigue** *m./fam.* decent type, good sort

Acknowledgments

The publisher wishes to thank the following for permission to reprint the material below:

JEAN-PIERRE APRIL for « Le miracle de Noël »; first printed in *Imagine*, Vol. 1, No. 2, December 1979–February 1980.

ANDRÉ BERTHIAUME for « La montée »; reprinted from André Berthiaume, *Le Mot pour vivre*, Les Éditions Parallèles, 1978.

ÉDITIONS HURTUBISE HMH LTÉE for « Le coffret de la Corriveau » by André Carpentier; reprinted from André Carpentier, *Rue Saint-Denis : contes fantastiques*, Éditions Hurtubise HMH Ltée, 1978, pp. 75–91.

LES ÉDITIONS INTERNATIONALES ALAIN STANKÉ LTÉE for « L'avenir, Mossié, est dans votre main blanche... » by Roch Carrier; reprinted from Roch Carrier, *Les Enfants du bonhomme dans la lune*; copyright © Les Éditions Internationales Alain Stanké, 1979.

LES ÉDITIONS LEMÉAC INC. for « L'homme aux yeux lumineux » by Jean Ferguson; reprinted from Jean Ferguson, *Contes ardents du pays mauve*, Les Éditions Leméac Inc., 1974.

ÉDITIONS QUÉBEC/AMÉRIQUE for « La dernière cigarette ou la tentation du désert » by André Major; reprinted from André Major, *La Folle d'Elvis*, Éditions Québec/Amérique, 1981.

LES ÉDITIONS LA PRESSE for « Le luthier » by Madeleine Ferron; reprinted from Madeleine Ferron, *Histoires édifiantes : nouvelles*, Les Éditions La Presse, 1981. « Agonie » by Jean-Yves Soucy; reprinted from *L'Étranger au ballon rouge*, Les Éditions La Presse, 1981. « Les cyclopes du jardin public » by Marie José Thériault; reprinted from *La Cérémonie : contes*, Les Éditions La Presse, 1978.

ÉDITIONS PIERRE TISSEYRE for « L'œillet » by Louise Maheux-Forcier; reprinted from *En toutes lettres : nouvelles*, Édition Pierre Tisseyre, 1980. « La dénonciation » by Jean Tétreau; reprinted from Jean Tétreau, *La Messe en si mineur; contes de la nuit noire*, Éditions Pierre Tisseyre, 1983.

LES QUINZE, ÉDITEUR for « La boule de caoutchouc » by Victor-Lévy Beaulieu; reprinted from André Carpentier (ed.), *Dix Nouvelles humoristiques par dix auteurs québécois*, Les Quinze, éditeur, 1984. « Ascenseur pour le sous-monde » by Michel Bélil; reprinted from *Dix Contes et Nouvelles fantastiques par dix auteurs québécois*, Les Quinze, éditeur, 1983. « L'Assassin du président » by Claude Jasmin; reprinted from *Fuites et poursuites*, Les Quinze, éditeur, 1982. « Retour » by Lise Lacasse; reprinted from Lise Lacasse, *Au Défaut de la cuirasse*, Les Quinze, éditeur, 1977.

VLB ÉDITEUR for « Les trains-bulle de janvier » by Huguette Légaré; reprinted from Jean-Marc Gouanvic (ed.), *Les Années-lumières : dix nouvelles de science-fiction*; copyright © VLB Éditeur, 1983.

Every reasonable effort has been made to acquire permission for copyright material used in this book, and to acknowledge all such indebtedness accurately. All errors and omissions called to our attention will be corrected in future printings.